编委会

普通高等学校"十四五"规划旅游管理类精品教材
教育部旅游管理专业本科综合改革试点项目配套规划教材

总主编

马　勇　教育部高等学校旅游管理类专业教学指导委员会副主任
　　　　中国旅游协会教育分会副会长
　　　　中组部国家"万人计划"教学名师
　　　　湖北大学旅游发展研究院院长，教授、博士生导师

编　委（排名不分先后）

田　里　教育部高等学校旅游管理类专业教学指导委员会主任
　　　　云南大学工商管理与旅游管理学院原院长，教授、博士生导师
高　峻　教育部高等学校旅游管理类专业教学指导委员会副主任
　　　　上海师范大学环境与地理学院院长，教授、博士生导师
韩玉灵　全国旅游职业教育教学指导委员会秘书长
　　　　北京第二外国语学院旅游管理学院教授
罗兹柏　中国旅游未来研究会副会长，重庆旅游发展研究中心主任，教授
郑耀星　中国旅游协会理事，福建师范大学旅游学院教授、博士生导师
董观志　暨南大学旅游规划设计研究院副院长，教授、博士生导师
薛兵旺　武汉商学院旅游与酒店管理学院院长，教授
姜　红　上海商学院酒店管理学院院长，教授
舒伯阳　中南财经政法大学工商管理学院教授、博士生导师
朱运海　湖北文理学院资源环境与旅游学院副院长
罗伊玲　昆明学院旅游管理专业副教授
杨振之　四川大学中国休闲与旅游研究中心主任，四川大学旅游学院教授、博士生导师
黄安民　华侨大学城市建设与经济发展研究院常务副院长，教授
张胜男　首都师范大学资源环境与旅游学院教授
魏　卫　华南理工大学经济与贸易学院教授、博士生导师
毕斗斗　华南理工大学经济与贸易学院副教授
史万震　常熟理工学院商学院营销与旅游系副教授
黄光文　南昌大学旅游学院副教授
窦志萍　昆明学院旅游学院教授，《旅游研究》杂志主编
李　玺　澳门城市大学国际旅游与管理学院院长，教授、博士生导师
王春雷　上海对外经贸大学会展与旅游学院院长，教授
朱　伟　天津农学院人文学院副教授
邓爱民　中南财经政法大学旅游发展研究院院长，教授、博士生导师
程丛喜　武汉轻工大学旅游管理系主任，教授
周　霄　武汉轻工大学旅游研究中心主任，副教授
黄其新　江汉大学商学院副院长，副教授
何　彪　海南大学旅游学院副院长，副教授

普通高等学校"十四五"规划旅游管理类精品教材
教育部旅游管理专业本科综合改革试点项目配套规划教材

总主编 ◎ 马 勇

研学旅行概论
The Introduction of Study Travel

主 编 ◎ 潘淑兰　王晓倩
副主编 ◎ 毛 焱

http://press.hust.edu.cn

中国·武汉

内 容 简 介

研学旅行是国家大力推动教育改革的方向之一。本书从研学旅行的缘起、理论和研究入手,叙述了国际、国内研学旅行的发展历程,以及研学旅行的目的与要素。接着详细说明研学旅行中,教育部门与学校及教师的职责、课程设计与评价、基地(营地)的建设与管理、研学导师的培训与管理、研学旅行服务机构的角色与评价,最后归纳出研学旅行的挑战与展望。期望本书系统的梳理,能让读者清楚了解研学旅行的全貌,也让想投身研学旅行行业的人们,熟悉不同要素的角色与责任,找到自己合适的切入点,并实践研学旅行重要的目标与使命。

图书在版编目(CIP)数据

研学旅行概论/潘淑兰,王晓倩主编. —武汉:华中科技大学出版社,2022.2(2025.7重印)
ISBN 978-7-5680-7951-8

Ⅰ.①研… Ⅱ.①潘… ②王… Ⅲ.①教育旅游-高等学校-教材 Ⅳ.①F590.75

中国版本图书馆 CIP 数据核字(2022)第 023740 号

研学旅行概论　　　　　　　　　　　　　　　　　　潘淑兰　王晓倩　主编
Yanxue Lüxing Gailun

策划编辑:胡弘扬　李　欢
责任编辑:洪美员
封面设计:原色设计
责任校对:李　琴
责任监印:周治超

出版发行:华中科技大学出版社(中国·武汉)　　　电话:(027)81321913
　　　　　武汉市东湖新技术开发区华工科技园　　　邮编:430223
录　　排:华中科技大学惠友文印中心
印　　刷:武汉市籍缘印刷厂
开　　本:787mm×1092mm　1/16
印　　张:13
字　　数:320 千字
版　　次:2025 年 7 月第 1 版第 3 次印刷
定　　价:49.80 元

本书若有印装质量问题,请向出版社营销中心调换
全国免费服务热线:400-6679-118　竭诚为您服务
版权所有　侵权必究

Introduction 总 序

伴随着我国社会和经济步入新发展阶段,我国的旅游业也进入转型升级与结构调整的重要时期。旅游业将在推动形成以国内经济大循环为主体、国内国际双循环相互促进的新发展格局中发挥出独特的作用。旅游业的大发展在客观上对我国高等旅游教育和人才培养提出了更高的要求,同时也希望高等旅游教育和人才培养能在促进我国旅游业高质量发展中发挥更大更好的作用。

《中国教育现代化2035》明确提出:推动高等教育内涵式发展,形成高水平人才培养体系。以"双一流"建设和"双万计划"的启动为标志,中国高等旅游教育发展进入新阶段。

这些新局面有力推动着我国高等旅游教育在"十四五"期间迈入发展新阶段,未来旅游业发展对各类中高级旅游人才的需求将十分旺盛。因此,出版一套把握时代新趋势、面向未来的高品质和高水准规划教材则成为我国高等旅游教育和人才培养的迫切需要。

基于此,在教育部高等学校旅游管理类专业教学指导委员会的大力支持和指导下,教育部直属的全国重点大学出版社——华中科技大学出版社——汇聚了一大批国内高水平旅游院校的国家教学名师、资深教授及中青年旅游学科带头人在成功组编出版了"普通高等院校旅游管理专业类'十三五'规划教材"的基础上,再次联合编撰出版"普通高等学校'十四五'规划旅游管理类精品教材"。本套教材从选题策划到成稿出版,从编写团队到出版团队,从主题选择到内容编排,均作出积极的创新和突破,具有以下特点:

一、基于新国标率先出版并不断沉淀和改版

教育部2018年颁布《普通高等学校本科专业类教学质量国家标准》后,华中科技大学出版社特邀教育部高等学校旅游管理类专业教学指导委员会副主任、国家"万人计划"教学名师马勇教授担任总主编,同时邀请了全国近百所开设旅游管理类本科专业的高校知名教授、博导、学科带头人和一线骨干专业教师,以及旅游行业专家、海外专业师资联合编撰了"普通高等院校旅游管理专业类'十三五'规划教材"。该套教材紧扣新国标要点,融合数字科技新技术,配套立体化教学资源,于新国标颁布后在全国率先出版,被全国数百所高等学校选用后获得良好反响。编委会在出版后积极收集院校的一线教学反馈,紧扣行业新变化,吸纳新知识点,不断地对教材内容及配套教育资源进行更新升级。"普通高等学校'十四五'规划旅游管理类精品教材"正是在此基础上沉淀和提升编撰而成。《旅游接待业(第二版)》《旅游消费者行为(第二版)》《旅游目的地管理(第二版)》等核心课程优质规划教材陆续推出,以期为全国高等院校旅游专业创建国家级一流本科专业和国家级一流"金课"助力。

二、对标国家级一流本科课程进行高水平建设

本套教材积极研判"双万计划"对旅游管理类专业课程的建设要求,对标国家级一流本科课程的高水平建设,进行内容优化与编撰,以期促进广大旅游院校的教学高质量建设与特色化发展。其中《旅游规划与开发》《酒店管理概论》《酒店督导管理》等教材已成为教育部授予的首批国家级一流本科"金课"配套教材。《节事活动策划与管理》等教材获得国家级和省级教学类奖项。

三、全面配套教学资源,打造立体化互动教材

华中科技大学出版社为本套教材建设了内容全面的线上教材课程资源服务平台:在横向资源配套上,提供全系列教学计划书、教学课件、习题库、案例库、参考答案、教学视频等配套教学资源;在纵向资源开发上,构建了覆盖课程开发、习题管理、学生评论、班级管理等集开发、使用、管理、评价于一体的教学生态链,打造了线上线下、课堂课外的新形态立体化互动教材。

在旅游教育发展的新时代,主编出版一套高质量规划教材是一项重要的教学出版工程,更是一份重要的责任。本套教材在组织策划及编写出版过程中,得到了全国广大院校旅游管理类专家教授、企业精英,以及华中科技大学出版社的大力支持,在此一并致谢!衷心希望本套教材能够为全国高等院校的旅游学界、业界和对旅游知识充满渴望的社会大众带来真正的精神和知识营养,为我国旅游教育教材建设贡献力量。也希望并诚挚邀请更多高等院校旅游管理专业的学者加入我们的编者和读者队伍,为我们共同的事业——我国高等旅游教育高质量发展——而奋斗!

总主编
2021 年 7 月

前言 Preface

研学旅行是一个既古又新的事件。早在春秋战国时期，贤士周游列国的行为，可谓研学旅行在中国之雏形。近年来国家大力推动基础教育改革，研学旅行再次强势归来，进入大众视野。因此，虽然研学旅行不是一个新鲜事件，却是目前教育发展的一个重要方向。国外有关研学旅行的活动很多，类似的名称表述多样，如环境教育、自然教育、户外教育、教育旅游、修学旅行等。许多国家和地区的推动历程和实践经验都值得我们借鉴和学习。

本书以由浅入深的方式，先探究国内及国际发展的历程、研学旅行有关的理论与研究、研学旅行的内涵与特色，并从研学旅行的范畴与要素角度阐明有效推动研学旅行的方法与原则。章节中多以实际的案例辅助说明，最后以研学旅行的挑战与应对，勾勒出研学旅行最佳的发展方向。本书适合所有想要了解与实践研学旅行的人使用，包含教育部门、各级学校、研学旅行基地（营地）、研学旅行服务机构人员及研学导师等，也可以作为相关专业本科和专科的教材。

本书具有以下几个特点：

(1) 有清楚的学习目标、问题引导。
(2) 章节结构清晰易懂。
(3) 多用图表与案例来说明研学旅行的操作与实践。
(4) 文中附有"知识链接"促进延伸阅读。
(5) 每章附有"本章小结""核心关键词"等，引导读者总结与反思。
(6) 每章最后附有"案例分析"，从案例中可验证本章的理论与陈述。
(7) 书后的参考文献可引导读者进行更广泛与更深刻的阅读与思考。

本书由湖北经济学院旅游与酒店管理学院潘淑兰、王晓倩与毛焱三位老师合力撰写完成。潘淑兰老师专长环境教育，多年来在中国大陆与台湾两地积极推动环境教育、自然教育与研学旅行。王晓倩老师专长旅游目的地管理、旅游规划与开发。毛焱老师专长为研学导师与研学旅行服务机构的管理。三位老师目前在协助神农架国家公园编制一系列中小学研学旅行教材，从教育与旅游不同的理论背景，多角度地阐述研学旅行的原则、精神与操作。

在本书的撰写过程中，作者参阅了众多的研究成果，对这些成果的作者致以诚挚的谢意，并要感谢湖北经济学院旅游与酒店管理学院的领导和老师在这期间的协助与鼓励。感谢朱翠兰老师，上海辰山植物园王西敏、王宋燕老师，神农架国家公园杨敬元院长等提供的案例。也要感谢华中科技大学出版社旅游分社李欢社长和胡弘扬、洪美员编辑，以及湖北经

济学院李玲玲、彭雨辰、占妍、樊红、朱文君、陈燕等同学的协助。

　　囿于时间、精力与能力，书中难免有缺漏与不足之处，敬请所有专家、广大读者给予批评指正，以便再版时能够加以完善。

潘淑兰、王晓倩、毛焱
2022 年 1 月 3 日

Contents

1　第一章　研学旅行的缘起
　　第一节　研学旅行的历史演变　　　　　　　　　　　　　/1
　　第二节　研学旅行的时代发展　　　　　　　　　　　　　/5
　　第三节　研学旅行的工作目标与主要任务　　　　　　　　/10

16　第二章　研学旅行的理论与研究
　　第一节　研学旅行的概念界定与范围理解　　　　　　　　/16
　　第二节　研学旅行的特征、价值取向与内涵　　　　　　　/21
　　第三节　研学旅行的理论依据　　　　　　　　　　　　　/23

34　第三章　研学旅行的国际发展
　　第一节　国际研学旅行的发生　　　　　　　　　　　　　/34
　　第二节　国际研学旅行的发展　　　　　　　　　　　　　/41

49　第四章　研学旅行的国内发展
　　第一节　国内研学旅行的发生　　　　　　　　　　　　　/49
　　第二节　国内研学旅行的发展　　　　　　　　　　　　　/55

63　第五章　研学旅行的目的与要素
　　第一节　研学旅行的主要目的　　　　　　　　　　　　　/63
　　第二节　研学旅行的目的地范围　　　　　　　　　　　　/68
　　第三节　研学旅行的要素　　　　　　　　　　　　　　　/72

80　第六章　研学旅行中教育部门与学校及教师的职责
　　第一节　教育部门的职责　　　　　　　　　　　　　　　/80

第二节　学校及教师的职责　　　　　　　　　　　　　　　　　　/90

97　第七章　研学旅行课程设计与评价
第一节　研学旅行课程的目标与设计　　　　　　　　　　　　　　/97
第二节　研学旅行课程的设计步骤　　　　　　　　　　　　　　　/105
第三节　研学旅行课程的评价　　　　　　　　　　　　　　　　　/113

119　第八章　研学旅行基地（营地）的建设与管理
第一节　基地（营地）建设的原则与要求　　　　　　　　　　　　/119
第二节　基地（营地）的经营与管理　　　　　　　　　　　　　　/127

136　第九章　研学导师的培训与管理
第一节　研学导师的能力与培训　　　　　　　　　　　　　　　　/136
第二节　研学导师的考核与管理　　　　　　　　　　　　　　　　/147

161　第十章　研学旅行服务机构的角色与评价
第一节　研学旅行服务机构的角色与策略　　　　　　　　　　　　/161
第二节　研学旅行服务机构的要求与评价　　　　　　　　　　　　/164

175　第十一章　研学旅行的挑战与展望
第一节　研学旅行的价值与意义　　　　　　　　　　　　　　　　/175
第二节　研学旅行面临的挑战及其应对方式　　　　　　　　　　　/177
第三节　研学旅行的展望　　　　　　　　　　　　　　　　　　　/181

187　参考文献

第一章

研学旅行的缘起

1. 了解研学旅行的历史演变。
2. 熟悉研学旅行的时代发展。
3. 掌握研学旅行的目标与任务。

1. 进入21世纪,我国什么时候开始正式出现"研学旅行"的概念?
2. 研学旅行活动开展的核心是什么?

第一节 研学旅行的历史演变

2016年11月,教育部等11个部门印发《关于推进中小学生研学旅行的意见》(以下简称《意见》),提出全国各中小学要开展研学旅行。其目标主要对接2016年9月中国学生发展核心素养课题组正式发布的《中国学生发展核心素养》总体框架中的"人文底蕴、科学精神、学会学习、健康生活、责任担当、实践创新"六大素养的综合能力培养。由此,"行走的课堂""学习永远在路上"等相关话语在社会教育领域被广泛传播,并成为我国教育界与旅游界的重要议题。

追根溯源,诸如此类"在生活中学习,在学习中生活"的教育理念,其实早在中国传统文化中就已体现为"游学"的思想,并经历了古代游学、20世纪中国修学旅行以及21世纪研学旅行的发展过程,表现出中国从古至今教育理念的一脉相承。

一、中国早期的古代游学

"游学"一词在中国古籍著作中并不鲜见。据考证,"游学"最早出现于《史记·春申君列传》中的"游学博闻"。可见,"游学"是中国古代一种常见的求学方式,多发生于文人雅士,以求得更为广阔的见识、体验、价值与身心发展。正所谓"读万卷书,行万里路","游学"的产生与发展,体现了中国传统文化中的博采众长。

纵观历史,尽管历朝历代对于"游学"的政策不同,但游学现象在先秦到清朝的历代史料中均有所记载。据史料显示,早期游学可追溯至春秋战国时期。一方面,彼时社会局势动荡不安,诸侯国国君与新崛起的卿大夫之间的斗争异常激烈,由此,诸侯争霸、百家争鸣,他们竞相研究治平之术,"纳贤养士"盛行,大批有知识、有才能的游士为了实现自己的治平抱负,宣传自己的学说和主张,纷纷走出家门,游遍列国。如战国时期的四大公子——赵国平原君、齐国孟尝君、魏国信陵君、楚国春申君都是上述"纳贤养士"的代表,他们广纳各方游士为己所用,储备、培养治国人才。另一方面,这一时期私学兴起,聚集性讲学和著书立说之风开启。众所周知,孔门弟子在当时多达三千人,他们于孔子门下学习诗书礼乐、六艺经传。据《史记·孔子世家》记载,鲁定公十四年(公元前496),56岁的孔子带着弟子们周游列国,一路读书问道长达14年之久,同门学子彼此陪伴、共同生活、相互学习,游学足迹遍及卫、陈、鲁、宋、郑、蔡、楚诸国。在这样的游学过程中,事事皆有启发,可谓"处处皆为吾师",即便是大儒孔圣,也会遇到"两小儿辩日"这样的"不能决"的情况。

由此可见,中国早期的古代游学,作为提高从游者身心发展的教育方式,既能彰显士人个人价值,并成为当时的学者在迷雾中寻求出路主动选择的道路,又兼具别样化的社会文化内涵,是彼时社会文化发展的产物,具有多重价值。

二、20世纪中国修学旅行

20世纪30年代,中国著名教育学家陶行知先生在其文章《中国普及教育方案商讨》中提出"修学旅行应特别提倡",认为"行是知之始,知是行之成",这也是20世纪中国修学旅行的雏形与启蒙。陶行知先生教育思想的核心理论是生活教育理论,其"生活即教育""社会即学校""教学做合一"的三大教育思想,作为中国现代教育的典范,对后来研学旅行的实践开展奠定了重要的理论基础与逻辑主张。

其后,1949年,中华人民共和国成立,不同的社会发展时期对教育有着不同的要求。在改革开放前期,由学校主导的研学活动仍处于初步探索阶段,主要表现为对课堂内容的补充和学习方式的多样化尝试,如带有研学性质的勤工俭学的岗位体验、带有爱国主义教育色彩的红色活动开展、带有历史文化探源目的的考察行为等。这个发展阶段中,修学旅行的组织方仍是传统教育体系中的学校。

而随着改革开放的逐步深入,社会文化的包容性和创新性得到极大的拓展,由传统学校之外的行业组织机构主导的修学旅行成为主流。大量来自日韩、东南亚和欧美国家与地区的修学旅行团来华访问,时下中国的龙头旅行社,如中国国际旅行社(中国国旅,CITS)、中国旅行社(现为中国旅行社总社,CTS)、中国青年旅行社(简称"青旅总社",CYTS)等纷纷成立修学旅行接待部门,设计、组合并推出了多种具有中国地域文化资源特色的修学旅行产品与线路,极大地拓展了中国修学旅行的活动内容与参与形式。与此同时,中国经济飞速发展,社会文化水平得到了空前的提升,学校、学生及家长等不同教育行业群体对于修学旅行的教育属性认知愈加认同,参与意愿也愈加强烈。一些教育理念相对大胆、开放的学校作为先行者,开始组织学生进行异地范围的、带有研学性质的旅游活动,中国的修学旅行开始呈现主动探索之势。

由此可见,修学旅行在这一阶段虽呈现主动探索之势,但总体受限于中国应试教育体制的诸多限制,包括制度设计与规范引领的缺失,总体仍表现为野蛮生长的状态,在社会文化生活中并没有展示出较好的教育成果示范作用。

三、21世纪中国研学旅行

21世纪中国研学旅行更加强调将其作为基础教育的重要补充,认为研学旅行就是研究性学习和旅行体验相结合的校外实践活动。2012年11月,教育部启动中小学研学旅行工作研究项目,指定合肥、上海、西安、杭州4个城市为全国首批研学旅行试点城市;2013年2月,国务院办公厅印发了《国民旅游休闲纲要(2013—2020年)》,指出要逐步推行中小学研学旅行。这也是为迎合教育的发展需要,第一次从国家层面上提出研学旅行的教育规划。2014年,教育部为了全面开展素质教育,促进教育的转型与发展,将研学旅行扩展到9个省(区、市)进行试点。2016年11月,教育部等11部门联合印发的《意见》明确提出要将研学旅行纳入中小学教育教学计划中,研学旅行一般安排在小学四到六年级、初中一到二年级、高中一到二年级,并要求逐步建立小学阶段以乡土乡情为主、初中阶段以县情市情为主、高中阶段以省情国情为主的研学旅行活动课程体系。2017年9月,教育部印发《中小学综合实践活动课程指导纲要》,明确将研学旅行划归为考察探究形式的综合实践活动,强调对学生不断发现、思考、研究和探索能力的引导与培养。

由此可见,21世纪中国研学旅行已成为学校教育和校外教育衔接的创新形式,是教育教学的重要内容,是综合实践育人的有效途径,已逐渐成为公认的"在路上的课堂",进入大有可为的发展机遇期。

四、研学旅行的继承与发展

历史的车轮滚滚向前,时代的发展势不可挡。越是先进的事物,越会跨越时空的界限,形成共通的标准。从古代游学到研学修行,再到如今的研学旅行,既是一种继承,又更是一种发展。

(一)继承

研学旅行继承的要义有以下三点。

首先,从行为发生的主体来看,"学生"都是核心参与者,包括从非正式制度环境下的"学生"身份逐渐向正式制度环境下的"学生"身份的转变,体现出中国传统教育理念中的精髓在不断传承。

其次,从行为发生的价值诉求来说,"学"都是核心价值,包括学习知识与增长阅历。各个阶段类似行为的发生,都展现出求学者追求知识与体验的价值诉求。

再次,从行为发生的途径和方法来说,"游"都是重要载体,包括在"游"中学习,以及在

"游"中反思。

(二)发展

研学旅行发展的内涵有以下四点。

首先,表现在中国传统教育理念的迭代。从源于春秋战国时期孔子的游学精神,到逐步吸纳中国传统教育的精华,到成为近现代教育理念改革的重要产物。

其次,表现在相关理论基础的深化。从儒家的"仁学之游"、道家的"逍遥游"等传统朴素游学思想,到逐渐吸纳西方较为先进的理论精粹,如自然哲学观、学习科学理论、认知心理学理论、全域旅游理论等。

再次,表现在具体教育内容的侧重。如古代游学侧重自然要素,提倡把教育的场所扩大到自然的大环境中,提倡通过对自然的观察、探索来获得知识与体验,教学中要遵守自然的秩序。教育家陶行知提倡生活教育,认为基础教育的趋势是把理论、技巧和实践结合起来,把脑力活动与体力活动结合起来,学校教育不能与社会生活脱节,教育要回归现实世界,主张"教学做合一"。这种对具体教育内容的侧重有着社会发展的阶段性。

最后,表现在教育情境的延展。从相对单一的"游学"情境,到逐渐开始追求丰富多元的实践体验,既讲究"真",引导学生接触真实世界,又追求"美",引导学生享受审美情趣,还追求"情",引导学生增强情感认知,最终突出"思",为学生拓宽思维空间。

知识链接 宋代样本分析:游学中的求知与求仕①

宋代是一个重文轻武的朝代,其文武失衡的悬殊,在中国历史上实属罕见。虽然北宋在部分时期对文人士子的游学活动有所限制,但是其"重文"的总方针,吸引了庶族士子踊跃参政,这既提高了文人士子的社会地位,又使得游学这种教育形式普遍存在并广为流行。到了南宋,对于游学活动,官学一般不加以限制。同时,宋代的一些大教育家、民间收徒的学者,以及条件较好的书院、义塾等也公开接纳游学之士,形成了学者周游讲学和游士出外求学的教育良性互动。游学在当时成了非常流行的讲学和求学方式。

私学在宋代较为活跃。宋代私学教育具有更大的适应性,可以因时、因地、因人而设,满足各种不同的要求。这一"百花齐放"的局面,特别适合于游学这种教学形式,这也是私学教育在宋代具有强大生命力的原因之一。宋代私学教育包括私塾、义学、学塾、村塾、冬学、书院等各种形式,其开设范围遍及全国各地。宋代以私人创办为主的书院为盛,其数量之多,远非汉唐、五代可比。虽然私学规模比官学要小,但因私学收费低廉、门槛稍低,所以很受贫寒士子的青睐和各方游学之士的欢迎。宋代许多布衣寒门出身的名臣,如大名鼎鼎的范仲淹,在其青少年时期就曾

---

① 古人游学和现在有什么不一样[EB/OL].(2017-06-25)[2021-10-10].https://www.sohu.com/a/151825365_255783.

有游学于私塾读书的经历。宋代私学开办条件简单、场地较为简陋,主要以主讲先生的声望作为号召,他们或因不愿入仕,或因在家侍奉老人,或因告老还乡,或因四方游历讲学,或因官职升迁等在当地开设讲坛,举办私学,慕名登门造访的游学之士络绎不绝。

宋代文人学子向往游学,其实也是想通过学习知识,为以后做官显达、入将拜相、报效朝廷,以及施展抱负等创造条件。当时,各地教育发展是不平衡的,京都和江南一带的教育程度远高于其他地区,所以学子们都愿意游学于教育发达地区,学到在乡间僻壤学不到的知识,结识一些原本见不到的名师硕儒,为以后的仕途援引、提携创造条件。因此,京都和江南一带,成为众多游学之士汇聚的中心,官学和民间私学的游学普遍流行。

宋儒读书,多以功名利禄为先念,学子们为了得到出仕的机会,游历天下,结交权贵,由此形成了大规模的游学之风,这种风气进一步对游学产生了推动作用。求知与求仕的动机一样,是儒士们希望通过游学改变自身的处境,反映了儒士们对美好生活和理想的追求。

第二节 研学旅行的时代发展

一、研学旅行的政策提出

2013年2月,国务院办公厅发布《国民旅游休闲纲要(2013—2020年)》,首次将研学旅行提升到了国家倡导层面,并明确提出要"逐步推行中小学生研学旅行""鼓励学校组织学生进行寓教于游的课外实践活动,健全学校旅游责任保险制度",这为全面推进研学旅行创造了历史机遇。

2014年4月,教育部基础教育一司司长王定华在第十二届全国基础教育学校论坛上发表了题为《我国基础教育新形势与蒲公英行动计划》的演讲。会上,王定华首先提出了研学旅行的定义:学生集体参加的有组织、有计划、有目的的校外参观体验实践活动。他还提出,研学要以年级为单位,以班为单位,乃至以学校为单位进行集体活动,同学们在老师或者辅导员的带领下,一起活动,一起动手,共同体验,相互研讨。研学还应确定主题,以课程为目标,以"动手做、做中学"的形式,分组活动,相互研讨,书写研学日志,形成研学总结报告。

2014年7月,为促进中小学学生研学旅行活动健康发展,维护师生合法权益,教育部发布了《中小学生赴境外研学旅行活动指南(试行)》(以下简称《指南》),以期为中小学学生研学旅行社会实践提供方向性和规范性指导。一方面,《指南》明确界定了中小学学生赴境外研学旅行活动的范围,即"根据中小学学生的特点和教育教学需要,在学期中或者假期以集体旅行和集中住宿的方式,组织中小学学生到境外学习语言和其他短期课程、开展文艺演出和交流比赛、访问友好学校、参加夏(冬)令营等开阔学生视野、有益学生成长的活动"。另

一方面,《指南》强调安全出行和寓学于游,对举办者安排活动的教学主题、内容安排、合作机构选择、合同订立、行程安排、行前培训、安全保障等内容提出了指导性意见。特别是在操作性方面,《指南》规范了带队教师人数、教学内容占比、协议规定事项、行前培训等具体内容。《指南》为研学整个行业的活动划定了基本标准和规则,并希望这些标准和规则能够形成社会的共识。

2014年8月,国务院办公厅印发《关于促进旅游业改革发展的若干意见》,提出要"积极开展研学旅行",并明确教育部负责"加强对研学旅行的管理",将"研学旅行"纳入中小学生日常教育范畴。

2015年8月,国务院办公厅发布《关于进一步促进旅游投资和消费的若干意见》,通过改革创新促进旅游投资和消费。强调旅游业是中国经济社会发展的综合性产业,是国民经济和现代服务业的重要组成部分。同时,明确提出将研学旅行作为新的消费热点进行培育。

2016年11月,教育部等11个部门联合印发《意见》。《意见》由教育部牵头,联合国家发展改革委员会、公安部、财政部、交通运输部、文化部、食品药品监督管理局、国家旅游局、保监局、共青团中央、中国铁路总公司共同发布,主旨是联合多方力量,共同保障研学旅行有序发生、健康发展。《意见》总体要求各地将研学旅行摆在更加重要的位置,推动研学旅行健康快速发展。《意见》重点倡导五个方面的内容:纳入中小学教育教学计划、加强研学旅行基地建设、规范研学旅行组织管理、健全经费筹措机制、建立安全责任体系。《意见》明确提出开展中小学生研学旅行工作的四项基本原则,包括教育性原则、实践性原则、安全性原则和公益性原则。除此之外,《意见》还对研学旅行工作的组织领导、经费保障、安全保障、督查评价、宣传引导等方面提出了明确要求。

2016年12月,国家旅游局发布《研学旅行服务规范》,于2017年5月1日起正式实施,适用于中华人民共和国境内组织开展研学旅行活动的旅行社和教育机构。该规范对服务提供方、人员配置、研学旅行产品、服务项目,以及安全管理等几大类内容进行了详细规定,同时要求研学旅行的承办方提供的产品必须结合实际教育目标及不同学级的特点进行设计,小学低年级与高年级、初中、高中等不同阶段的学生都有相适应的产品类型一一对应。最特别的是,该规范指出小学低年级学生应以乡土乡情研学为主;小学高年级学生应以县情市情研学为主;初中年级则应将县情市情省情作为主要研学对象;高中生的研学落点更拔高到以省情国情研学为主。除此以外,该规范对服务项目的规定具体细化为教育、交通、住宿、餐饮、导游讲解及医疗救助等方向,其目的一方面是为了规范研学旅行的服务流程,避免形成"各自为政"的局面;另一方面,也是希望规范的实施能够将研学旅行这一新概念导入正确的发展轨道中。

2017年8月,教育部印发《中小学德育工作指南》。该指南在"实践育人"版块中指出:"组织研学旅行。把研学旅行纳入学校教育教学计划,促进研学旅行与学校课程、德育体验、实践锻炼有机融合,利用好研学实践基地,有针对性地开展自然类、历史类、地理类、科技类、人文类、体验类等多种类型的研学旅行活动。要考虑小学、初中、高中不同学段学生的身心发展特点和能力,安排适合学生年龄特征的研学旅行。要规范研学旅行组织管理,制定研学旅行工作规程,做到'活动有方案,行前有备案,应急有预案',明确学校、家长、学生的责任和权利。"

2017年9月,教育部印发《中小学综合实践活动课程指导纲要》。该纲要的制定是新一轮课程改革所倡导的学习方式更新的重要指引,提炼出考察探究、社会服务、设计制作、职业体验等主要研究性学习方式,并将研学旅行纳入中小学综合实践课程,将其作为研究性学习的一种重要参与方式和途径进行了界定。可以说,该纲要的出台进一步明确了研学旅行的具体实施方向和细则,也为将育人理念落实到具体课程中提供了教学行为的操作指南。

2017年12月,教育部办公厅发布《关于公布第一批全国中小学生研学实践教育基地、营地名单的通知》,在国家有关基地主管部门和各省级教育行政部门推荐基础上,经专家评议,营地实地核查及综合评定,命名中国人民革命军事博物馆等204个单位为"全国中小学生研学实践教育基地",河北省石家庄市青少年社会综合实践学校等14个单位为"全国中小学生研学实践教育营地"。同时,再次强调,"各中小学校要结合当地实际,把研学实践纳入学校教育教学计划,根据教育教学计划灵活安排研学实践时间,一般安排在小学四到六年级、初中一到二年级、高中一到二年级,尽量错开旅游高峰期。各地要建立健全中小学生参加研学实践的评价机制,把中小学组织学生参加研学实践的情况和成效作为学校综合考评体系的重要内容。学校要在充分尊重个性差异、鼓励多元发展的前提下,对学生参加研学实践的情况和成效进行科学评价,并将评价结果逐步纳入学生学分管理体系和学生综合素质评价体系"。

2018年10月,教育部办公厅发布《关于公布2018年全国中小学生研学实践教育基地、营地名单的通知》,在中央有关部门和各省级教育行政部门推荐基础上,经专家评议、营地实地核查及综合评定,命名中国人民解放军海军南海舰队军史馆等377个单位为"全国中小学生研学实践教育基地",北京市自动化工程学校等26个单位为"全国中小学生研学实践教育营地"。同时,补充强调,"国家有关基地主管部门和各省级教育行政部门要高度重视,坚持'谁推荐谁负责'的原则,全面加强预算管理和绩效管理,履行监管责任,指导本地本行业基地、营地做好项目实施工作,加强资金使用与管理,实现项目支出绩效目标。基地、营地要开发一批育人效果突出的研学实践活动课程,打造一批具有影响力的研学实践精品线路;建立一套管理规范、责任清晰、筹资多元、保障安全的研学实践工作机制,构建以营地为枢纽,基地为站点的研学实践教育网络。各地各校要在当地教育行政部门的指导下充分利用研学实践教育基地、营地,组织开展丰富多彩的研学实践教育活动,着力在坚定理想信念、厚植爱国主义情怀、加强品德修养、增长知识见识、培养奋斗精神、增强综合素质上下功夫,提高中小学生的社会责任感、创新精神和实践能力,促进学生德智体美劳全面发展"。

二、研学旅行的试点实践

自2013年2月教育部首次提出研学旅行以来,经过近10年的发展,研学旅行从一开始的小范围试点,发展至如今的各个省(市、区)都在积极参与实践,也都各自出台了相应的推进意见、实施意见等,全国研学旅行呈现蓬勃发展的良好态势。

2014年12月,在全国研学旅行试点工作推进会上,教育部基础教育司积极肯定了各地在研学旅行试点工作中所做的积极探索,尤其是作为早期试点城市的西安在制定研学旅行工作计划中具备完善的管理标准,上海在开展研学旅行工作计划中有有效的保障机制,石家庄已有较多数量的专业研学旅行挂牌机构,合肥、武汉等城市还积极开展了全国及本地区

的研学旅行论坛和专业研讨会,杭州在研学旅行课程设计中突出了地域优势和文化特色等,总体表现出诸多的有益探索和不懈实践。2016年12月,在全国校外教育经验交流暨研学旅行工作部署会上,教育部指定西安市教育局和安徽省教育厅进行了研学旅行试点实践的经验交流。

(一)西安研学旅行的试点实践

2013年,西安市首批共有54所中小学校进入研学旅行试点单位;2014年,西安开始逐步扩大研学旅行试点范围,再次加入115所学校进入试点单位;2015年,西安没有停下步伐,而是由市教育局投入30万元专项经费,用于研学旅行试点工作培训,切实提高活动组织质量,并继续扩大试点范围,使全市超过50%的学校都成为试点单位,同时加大经验总结与课程研究,将红色革命遗迹、丝绸之路研究等18项方面的内容确定为研学课程设计中的特色项目,在寓教于乐的同时很好地突出了西安本土的地域文化特色;2016年,西安实现全市中小学研学旅行试点工作全覆盖,加强科学指导与规范管理,形成了政府主导、部门协作、经费支持、组织规范、基地建设、课程推动、宣传引导、评价激励八大工作机制。目前,已有累计1000余所学校的60余万名学生走出校园参与了课外的研究式学习。同时,帮助服务单位、接待单位制定了上百个研学旅行一日、两日或多日方案,形成了四面八方布点、各具主题特色的研学旅行西安教育地图。

(二)安徽研学旅行的试点实践

2013年,安徽省教育厅下发了《关于开展中小学生研学旅行试点工作的通知》,决定在全省开展研学旅行试点工作。第一阶段计划要求安徽省每个市和省直管县都要参与试点实践,且本次试点工作只在初级中学和普通高中学校进行;每个市承担试点的学校不少于2所初级中学、2所普通高中,省直管县不少于1所初级中学或1所普通高中;原则上初级中学只开展境内游,且以省内游为主,普通高中也尽量以境内游为主,条件成熟时可开展境外游项目;省内游开展时间限定为2~4天/次,省外游项目开展时间限定为3~7天/次,境外游项目开展时间限定为7~15天/次。可以看到,安徽省对于研学旅行试点实践的细节掌控非常严谨,并强调学校活动的开展一定要坚持自愿的原则、食、宿、学统一的原则、安全第一的原则。2016年,安徽省全省16个市、2个省直管县已普遍参与了研学旅行试点实践,全省试点学校达147所,参与学生达100余万人次。

知识链接　　打造国内研学旅游样板　安徽约你来[①]

2018年10月23日下午,由安徽省旅游发展委员会主办、中国青年报社承办的"皖约"安徽省研学旅游大型传播活动启动仪式在中国青年报社举行。

"皖约"安徽研学旅游大型传播活动是贯彻党中央、国务院关于青年工作和发

---

① 齐征.打造国内研学旅游样板　安徽约你来[N/OL].中国青年报,2018-10-26[2021-10-12].http://tour.cyol.com/content/2018-10-26/content_17724530.htm.

展旅游业的相关精神,落实安徽省委、省政府《关于将旅游业培育成为重要支柱产业的意见》,加快旅游强省建设,培育推广安徽研学游品牌的重要措施。

安徽拥有丰富的历史文化资源,兼具南北风骨,融汇东西韵味,发展研学旅游的条件得天独厚。2018年,安徽省旅游发展委员会开展了"研修安徽"主题营销活动,在充分梳理安徽省研学旅游资源脉络的基础上,发布了10条研修旅行精品线路产品。这些线路是安徽研学旅游的精华所在,也是"研修安徽"的"导航图"。

安徽省旅游发展委员会副巡视员许建民表示,此次与中国青年报社联手,举办"皖约"安徽研学旅游大型传播活动,力求最大限度扩大安徽研学游品牌的知名度和影响力,进而提升品牌美誉度和市场竞争力。通过"研修安徽"和"皖约"项目的落地实施、品牌建设,安徽将力争成为国内发展研学旅游的高地和样板。

中国青年报社常务副总编辑陈章乐表示,共青团是为党和国家事业育人的大学校,"推动社会进步,服务青年成长"是中国青年报社的办报宗旨,参与推动研学旅行是共青团系统发挥实践育人优势、开拓青少年思想引导工作新天地的重要途径。他说:"研学旅行的开展有助于青少年拓宽视野、温润心灵、增强交往;有助于让青少年在实践中更丰富、更深切地认识自然、认识国家、认识社会、认识时代,从而更深刻地认识自己的人生理想和奋斗使命;有助于促进青少年勤学、修德、明辨、笃实,培育践行社会主义核心价值观。"

40年前,小岗村的18个"红手印"拉开了中国农村改革的序幕;39年前,邓小平同志的"黄山讲话"开创了中国旅游业的新纪元。安徽省境内这些星罗棋布的优质文化资源、自然资源,是青年学生学习和传承中华优秀文化,树立文化自信,激发青少年爱国情怀的最生动教材。安徽工程大学体验产业学院院长薛保红表示,安徽省作为全国研学旅行最早的试点省,形成了特有的"安徽经验""合肥现象"和"黄山示范效应",为全国开展研学旅行奠定了模式、基石。

2018年10月18日至21日,在安徽省旅游发展委员会的主导下,中国青年报社组织来自全国部分重点中学的优秀教师代表,来自北京大学、清华大学、中国人民大学等12所高校的大学生代表及部分中央媒体,赴安徽,分别对皖北、皖中、皖南3条研学游经典线路进行了为期4天的考察,收获颇丰。启动仪式上,不仅有实地考察者对安徽研学线路体会的分享,而且有关于"我们需要什么样的研学游"话题的思想碰撞。

北京101中学教学处主任高建民老师参加了皖北线路"道源问道"的采风活动,亳州花戏楼、华祖庵、古井贡酒厂、寿县古城、八公山公园等研学资源给他留下了深刻的印象,他表示,"安徽省文化资源丰富,未来的研学发展空间让人期待"。

"魅力皖中"的研学之旅给清华大学的宋琨留下了深刻的印象。"当我们围坐在当年大包干带头人严金昌老人身边,听他讲述那段故事,实实在在浸入这个场景当中时,我感觉鸡皮疙瘩都起来了。每个学生心里都有一颗种子,我们希望有更多机会与世界连接,激活我们心中的种子,使其慢慢长大,渐渐发芽。"宋琨说。

北京交通大学教授、博士生导师、北京旅游学会副会长张辉认为,要发展好研学游,未来还有许多工作要做,如大中小学的假期制度改革。张辉表示,"如果能缩

短寒暑假,增加春秋假,就能给研学游的发展创造机会","在完善假期和健全安全保障体系的大前提下,未来 5 年内,研学游将释放出千亿元的消费潜力。世界上 80%的研学游都是依托景区发展的,我们的景区如何从服务于观光游向服务于研学游转变,改革势在必行"。

中国旅游经济与政策研究中心主任、北京联合大学教授曾博伟认为,研学游的主体是青少年学生,要系统梳理传统文化资源,让收藏在禁宫里的文物、陈列在广阔大地上的遗产、书写在古籍里的文字都活起来。他说:"我们要通过研学的方式,以文化人,用文化去感染年轻人。希望有更多孩子到祖国大地上去寻找美。"

第三节 研学旅行的工作目标与主要任务

从上述有关研学旅行的各类政策和各项实践的发展历程中可以看到,中小学生研学旅行已成为我国学校教育和校外教育衔接的创新形式。当前,我国已全面建成小康社会,研学旅行正处在大有可为的发展机遇期,各地要把研学旅行摆在更加重要的位置,推动研学旅行健康快速发展。

一、研学旅行的工作目标

2016 年 11 月,教育部等 11 部门联合印发的《意见》明确指出,开展研学旅行要"以立德树人、培养人才为根本目的"。2017 年 8 月,教育部在印发的《中小学德育工作指南》中具体要求:通过开展各类主题实践、劳动实践、研学旅行、志愿服务等,增强学生的社会责任感、创新精神和实践能力。由此可见,研学旅行的总体目标可总结为"实践育人"。具体为:开发一批育人效果突出的研学旅行活动课程,建设一批具有良好示范带动作用的研学旅行基地,打造一批具有影响力的研学旅行精品线路,建立一套管理规范、责任清晰、多元筹资、保障安全的研学旅行工作机制,探索形成中小学生广泛参与、活动品质持续提升、组织管理规范有序、基础条件保障有力、安全责任落实到位、文化氛围健康向上的研学旅行发展体系。

(一)开发一批育人效果突出的研学旅行活动课程

成才先成人,育人先立德。研学旅行作为教育的一种形式,当然也必须将"立德树人"作为活动开展的首要任务。

1. 何为研学旅行活动课程所指的"育人"?

我们都知道,教育是民族振兴、社会进步的重要基石。党的新教育方针提出:"坚持教育为社会主义现代化建设服务、为人民服务,与生产劳动和社会实践相结合,培养德智体美全面发展的社会主义建设者和接班人。"素质教育理念也重视人的思想道德素质、能力培养、个性发展、身体健康和心理健康等多方面教育。教育是事关全民族的一件大事,且重在基础教育。长期以来,实践教育环节薄弱甚至缺失,已成为制约我国中小学实施素质教育、改革人才培养模式的重要瓶颈。在上一节中,我们也很清楚地看到,国家有关研学旅行诸多政策的推进与试点实践的总结工作都来自教育部基础教育司,这也充分说明了研学旅行与基础教育之间的联系紧密。

由此,教育部立足于面向未来、面向现代化,促进每个学生全面发展,全面提高国民素质,提升综合国力做出重大战略决策,印发了《基础教育课程改革纲要(试行)》,试图让基础教育适应经济、社会发展的需要,充分体现了基础教育性质和素质教育精神。该纲要要求在小学、初中、高中不同的学习阶段,都要设置与学生身心成长相适应的课程。其中,综合实践课程应作为必修课程,其内容应包括信息教育、研究性学习、社区服务与社会实践,以及劳动与技术教育。可以看到,对综合实践课程的强调已成为基础教育改革的重要内容,目的是增强学生借由实践而增长的主动性学习思维与解决问题的综合能力,增强他们的探究意识与创新能力,增强学校与社会的密切联系,培养学生的社会责任感。

2.何为研学旅行活动课程所指的"效果突出"?

按照《基础教育课程改革纲要(试行)》要求,基础教育效果应体现时代要求。"要使学生具有爱国主义、集体主义精神,热爱社会主义,继承和发扬中华民族的优秀传统和革命传统;具有社会主义民主法制意识,遵守国家法律和社会公德;逐步形成正确的世界观、人生观、价值观;具有社会责任感,努力为人民服务;具有初步的创新精神、实践能力、科学和人文素养,以及环境意识;具有适应终身学习的基础知识、基本技能和方法;具有健壮的体魄和良好的心理素质,养成健康的审美情趣和生活方式,成为有理想、有道德、有文化、有纪律的一代新人。"

因此,研学旅行活动课程的开发要紧密围绕上述目标开展工作,方能借由活动实现突出的育人效果。

(二)建设一批具有良好示范带动作用的研学旅行基地

研学旅行,育人是目的,基地是载体。目前,我国研学旅行已涉及校外教育、亲子体验、社会实践、主题营地、户外拓展和自然科考等领域,均需要一定的场所作为活动开展的载体。研学旅行基地是培养学生综合素养和社会实践能力的重要课堂。建设具有良好示范、带动作用的研学旅行基地的首要满足条件是基地建设要体现地域特色。

研学旅行的开展是全国性的教育改革活动,为此,原国家旅游局确定了10个城市为首批"全国研学旅游目的地"、20家旅游景点为首批"全国研学旅游示范基地",但显然这不能满足全国广大中小学生和家长对研学旅行的需求。因此,《意见》明确要求"研学旅行要因地制宜,呈现地域特色"。

另外,建设具有地域特色的研学旅行基地也有利于研学旅行育人目标的落地实现。对大多中小学而言,全国性的研学旅行基地相对数量少、距离远、旅行耗时长,而具有地域特色的研学旅行基地更能贴合地方性中小学生开展研学旅行活动的需求。依托有地域特色的研学旅行基地,活动的时间选取会更加具有弹性,如既可利用节假日、周末开展活动,亦可直接将研学旅行活动纳入日常教学计划,就近安排教学实践随时进行。对于学生而言,在自己相对熟悉的家乡环境开展综合实践,也能增强他们对地域文化、民族文化的认同感,从而提升研学旅行育人目标的眼界和格局。

(三)打造一批具有影响力的研学旅行精品线路

研学旅行线路是在一定区域范围内由研学旅行营地、研学旅行基地、交通线等组成的综合体,是研学旅行实践活动运行的基础,是研学旅行实践课程资源的载体。2016年,教育部等11个部门印发的《意见》强调,"要以研学旅行基地为重要依托,积极推动资源共享和区域合作,打造一批示范性研学旅行精品线路,逐步形成布局合理、互联互通的研学旅行网络"。如此要求对照的现实困境是,目前,全国各地设计的研学旅行线路大多存在资源数量不够多、资源整合力度不够强、资源与学科知识融合不紧密等问题。为解决上述问题,寻求更完善的思路,重点要确定研学旅行精品线路设计的目标与原则。

依据《意见》,研学旅行线路设计的目标要有示范性,能为国内各地研学旅行活动的线路设计提供具有普适性的设计标准,并最终促成布局合理、互联互通的研学旅行网络。

研学旅行线路设计的原则应包括典型性原则、兼容性原则、可行性原则与安全性原则。其中,典型性原则要求线路沿线的地理事物应真实典型;兼容性原则要求线路设计应在主题鲜明的基础上,兼顾与其关联的其他研学内容;可行性原则要求线路沿线的景点应与研学主题相适应,具有必要的基础设施及配套服务设施,具备研学活动开展的合理接待体量及能力;安全性原则要求线路沿线没有安全隐患,或具备避开危险地段的常态化预案措施及紧急保障措施。

(四)建立一套规范管理、责任清晰、多元筹资、保障安全的研学旅行工作机制

各地要逐步在建立起一套规范管理、责任清晰、多元筹资、保障安全的研学旅行工作运行和管理机制,为全国中小学生全面发展提供良好成长空间,使研学旅行真正实现"以研促学"的教育目的,促进研学旅行和学校课程的有机融合,实现文化旅游资源共享,让学生在研学旅行中继承和弘扬优秀传统文化,进一步增强文化自信。

二、研学旅行的主要任务

任务源自目标,往往表现为与目标的一脉相承与相互呼应。针对上述有关研学旅行目标的阐述,由教育部等11部门联合印发的《意见》明确界定了具有可操作性的若干工作任务。

(一)纳入中小学教育教学计划

各地教育行政部门要加强对中小学开展研学旅行的指导和帮助。各中小学要结合当地实际,把研学旅行纳入学校教育教学计划,与综合实践活动课程统筹考虑,促进研学旅行和学校课程有机融合,要精心设计研学旅行活动课程,做到立意高远、目的明确、活动生动、学习有效,避免"只旅不学"或"只学不旅"的现象。学校根据教育教学计划灵活安排研学旅行时间,一般安排在小学四到六年级、初中一到二年级、高中一到二年级,尽量错开旅游高峰期。学校根据学段特点和地域特色,逐步建立小学阶段以乡土乡情为主、初中阶段以县情市情为主、高中阶段以省情国情为主的研学旅行活动课程体系。

(二)加强研学旅行基地建设

各地教育、文化、旅游、共青团等部门、组织密切合作,根据研学旅行育人目标,结合域

情、校情、生情，依托自然和文化遗产资源、红色教育资源和综合实践基地、大型公共设施、知名院校、工矿企业、科研机构等，遴选建设一批安全适宜的中小学生研学旅行基地，探索建立基地的准入标准、退出机制和评价体系；要以基地为重要依托，积极推动资源共享和区域合作，打造一批示范性研学旅行精品线路，逐步形成布局合理、互联互通的研学旅行网络。各基地要将研学旅行作为理想信念教育、爱国主义教育、革命传统教育、国情教育的重要载体，突出祖国大好风光、民族悠久历史、优良革命传统和现代化建设成就，根据小学、初中、高中不同学段的研学旅行目标，有针对性地开发自然类、历史类、地理类、科技类、人文类、体验类等多种类型的活动课程。教育部将建设研学旅行网站，以促进基地课程和学校师生间的有效对接。

（三）规范研学旅行组织管理

各地教育行政部门和中小学要探索制定中小学生研学旅行工作规程，做到"活动有方案，行前有备案，应急有预案"。学校组织开展研学旅行可采取自行开展或委托开展的形式，提前拟定活动计划并按管理权限报教育行政部门备案，通过家长委员会、致家长的一封信或召开家长会等形式告知家长活动意义、时间安排、出行线路、费用收支、注意事项等信息，加强学生和教师的研学旅行事前培训和事后考核。学校自行开展研学旅行，要根据需要配备一定比例的学校领导、教师和安全员，也可吸收少数家长作为志愿者，负责学生活动管理和安全保障，与家长签订协议书，明确学校、家长、学生的责任权利。学校委托开展研学旅行，要与有资质、信誉好的委托企业或机构签订协议书，明确委托企业或机构承担学生研学旅行中的安全责任。

（四）健全经费筹措机制

各地可采取多种形式、多种渠道筹措中小学生研学旅行经费，探索建立政府、学校、社会、家庭共同承担的多元化经费筹措机制。交通部门对中小学生研学旅行公路和水路出行严格执行儿童票价优惠政策，铁路部门可根据研学旅行需求，在能力许可范围内积极安排好运力。文化、旅游等部门要对中小学生研学旅行实施减免场馆、景区、景点门票政策，提供优质旅游服务。保险监督管理机构会同教育行政部门推动将研学旅行纳入校方责任险范围，鼓励保险企业开发有针对性的产品，对投保费用实施优惠措施。鼓励通过社会捐赠、公益性活动等形式支持开展研学旅行。

（五）建立安全责任体系

各地要制定科学有效的中小学生研学旅行安全保障方案，探索建立行之有效的安全责任落实、事故处理、责任界定及纠纷处理机制，实施分级备案制度，做到层层落实，责任到人。教育行政部门负责督促学校落实安全责任，审核学校报送的活动方案（含保单信息）和应急预案。学校要做好行前安全教育工作，负责确认出行师生购买意外险，必须投保校方责任险，与家长签订安全责任书，与委托开展研学旅行的企业或机构签订安全责任书，明确各方安全责任。旅游部门负责审核开展研学旅行的企业或机构的准入条件和服务标准。交通部

门负责督促有关运输企业检查学生出行的车、船等交通工具。公安、食品药品监管等部门加强对研学旅行涉及的住宿、餐饮等公共经营场所的安全监督,依法查处运送学生车辆的交通违法行为。保险监督管理机构负责指导保险行业提供并优化校方责任险、旅行社责任险等相关产品。

本章小结

(1)中国早期的古代游学既是彼时社会文化发展背景的产物,也是当时的人们为在迷雾中寻求出路而主动选择的道路。

(2)陶行知先生教育思想的核心理论是生活教育理论,其"生活即教育""社会即学校""教学做合一"的三大教育思想,作为中国现代教育的典范,对后来的研学旅行的实践开展奠定了重要的理论基础与逻辑主张。

(3)20世纪中国研学旅行更加强调将其作为基础教育的重要补充,认为研学旅行就是研究性学习和旅行体验相结合的校外实践活动。

(4)2013年2月,国务院办公厅印发《国民旅游休闲纲要(2013—2020年)》,首次将研学旅行提升到了国家倡导层面。

(5)2016年11月,教育部等11部门在联合印发的《关于推进中小学生研学旅行的意见》中明确指出"以立德树人、培养人才为根本目的"。

核心关键词

基础教育(Basic Education)

素质教育(Quality Education)

生活教育(Life Education)

休闲教育(Leisure Education)

研究性学习(Inquiry Learning)

思考与练习

1. 中国研学旅行实践的核心要义是什么?

2. 中国研学旅行实践对教育体系和旅游行业提出怎样的要求?

案例分析

市教育局 市旅游发展委员会印发关于开展全市中小学研学旅行试点工作方案的通知①

各区教育局、各区旅游委(局),市教育局直属中小学:

为深入贯彻党的十九大精神,落实国家、省、市中长期教育规划纲要和教育事业发展"十三五"规划总体要求,落实全市旅游发展大会部署,围绕立德树人根本任务,聚焦中小学生发展核心素养,增强市民旅游获得感幸福感,激发中小学生了解武汉热爱武汉,形成武汉基础教育实践育人范式和武汉特色旅游+教育模式,市教育局和市旅游发展委员会共同拟定了《关于开展全市中小学研学旅行试点工作的方案》,现印发给你们,请认真贯彻落实。

附件:关于开展全市中小学研学旅行试点工作的方案

武汉市教育局 武汉市旅游发展委员会
2018 年 4 月 10 日

思考:

1. 在以上案例中,地方有关研学旅行的总体要求哪些源自国家要求?哪些方面又体现出了地方研学旅行活动开展的特色性?
2. 这些共性与特性对研学旅行实践的发展会产生了哪些影响?

---

① 武汉市教育局.市教育局 市旅游发展委员会印发关于开展全市中小学研学旅行试点工作方案的通知[EB/OL]. (2018-04-17)[2021-10-12]. http://jyj.wuhan.gov.cn/zfxxgk/fdzdgknr/wjtz20201009/202010/t20201012_1463081.shtml.

第二章

研学旅行的理论与研究

学习目标

1. 了解研学旅行的概念界定与范围理解。
2. 熟悉研学旅行的特征、价值取向与内涵。
3. 掌握与研学旅行相关的学科理论及其最新进展。

问题引导

1. 你理解的研学旅行是怎样的？
2. 你认为研学旅行和哪些学科紧密相关？

第一节 研学旅行的概念界定与范围理解

研学旅行是什么？从宏观上看，研学旅行是在我国21世纪教学改革中提出的一种教育教学理念，最早出现于2013年2月国务院办公厅印发的《国民旅游休闲纲要（2013—2020年）》文件中。从微观上说，研学旅行是一种创新的教育教学模式。那么，什么是研学？什么是旅行？"研学"与"旅行"是一种怎样的关系？研学旅行是简单的研学加旅行吗？研学旅行的概念界定是什么？其包含的范围应该如何理解？研学旅行区别于一般性旅行的特征与要素是什么？其演变过程有哪些学科理论作为依据和支撑？其最新进展又是什么？……所有这些问题，都是我们开展研学旅行教育教学研究时必须回答的。

一、研学旅行的概念界定

研学旅行，从字面意义上理解，即研究性学习和旅行体验的结合。但作为概念界定，其不仅仅是一种"研学"和"旅行"的简单相加，而是包含主客体、作用目标及作用渠道等多个要素的集合。弄清楚这些要素,才能得到研学旅行完整的概念界定。

(一)从研究到研学

首先来理解研学。自古以来,有很多学者在哲学、文学、法律、教育等领域中讨论过"研究"一词,却很少有人提出过"研学"的概念或对"研学"进行深入阐释。因此,有必要对教育理论视阈中的"研究"与"研学"进行区分,从而进一步清晰地界定研学的概念。

1. "研究"的概念

"研究"分为"研"与"究"。"研"的最早解释来自东汉时期著名学者许慎所著的《说文解字》:"研:䃺也。从石,声。"可见,"研"的本义是"细磨、研细",后引申为"反复、仔细分析琢磨、探求",用于抽象事物。再来看"究",《说文解字》注明:"究:穷也,从穴,九声。"可见,"究"的本义是"穷尽",后引申为"谋划、研究、探求",含有"系统调查或追根溯源"的意味。由此,"研""究"二字同义并列连用而成为一个双音词,意喻"钻研、探索"。

按照一般观点来看,"研究"是一个主动和系统的过程,是为了发现、解释或校正事实、事件、行为、理论,或把这些事实、法则、理论做出实际应用。"研究"大致可分为专家研究与一般性研究两大类型。

(1)专家研究不过是"科学研究"的代名词,是研究者用科学的方法去探究事物的各种类型和事物与事物之间的关系。科学研究就是分类并寻找关系。

(2)一般性研究则是指学习者具有科学精神,以创新意识、探索态度,通过借鉴科学研究的某些方式方法,主动去探究事物发生发展的基本规律和属性。一般性研究并非严格遵循专家研究的研究范式,而是采用"发现问题—分析问题—解决问题"的基本思路和方法,对在学习过程中出现的问题进行由表及里、由外向内、由浅入深的分析探究。

2. "研学"的概念

在以上"研究"概念的基础上,"研学"的概念包含"研究"的"研",但更突显的是"学"。"研学"即按照"研"的要求,开展"学"的活动。具体来说,即要求学习者以研究的意识、钻研的态度来进行知识的探索。"研学"的概念对学习者提出了更高的要求。

(二)从"研学"到"旅行"

作为文明古国,我国古代文人一向有游学之风,既要"读万卷书",又要"行万里路","学"与"游"从来都是紧密相连的,明代徐霞客的《徐霞客游记》即是这样的存在,如图 2-1 所示。在旅行中实现探究性学习,不是研究性学习和旅游体验的简单相加,而是承载着基础教育阶段如何拓展素质教育的重任等。

研学旅行体现了素质教育要求的自然教育,将对学生教育的场所由封闭的课堂引向开放的大自然和社会,促进学生对自然万物的直接接触、观察、体验、认知与思考,建立遵守这种自然秩序和自然本性的教育观。

研学旅行体现了素质教育要求的生活教育,倡导"生活及教育""社会即学校""行是知之始,知是行之成",生活中的一切都可以作为教育的内容,做到"教学做合一"。

研学旅行体现了素质教育要求的休闲教育,旅行中富有情趣的体验,反映在教育领域里是一种"寓教于乐"的教学方式,是打造"学习化生活方式"的重要手段。

图 2-1 徐霞客雕塑

因此,"研学"包含了诸多的要求和目标,"旅行"为其提供一种载体和渠道,它使得"研学旅行"区别于传统课堂内的教学与研究活动,强调的是户外的场景、行动中的研究和学习体验。

(三)研学旅行的相关定义

目前,学界尚未形成有关研学旅行的统一定义,但与其相关概念的讨论与探究日益丰富,包括"修学旅游""修学游""修学旅行"等多种提法。其中,在国内被广泛引用的定义包括以下几种。

(1)白四座认为,所谓修学游,主要指针对学生群体设计的、以语言学习和教育机构观摩为特点的旅游产品,它既非单纯的旅游,也非纯粹的教学,它介于"游"与"学"之间,融合了二者的内容,是一种以"游"相伴的学习、以"学"为主的旅行。

(2)陈非认为,修学旅游是以提高国民素质为主旨,以一定的修学资源为依托,以特定的旅游产品为载体,以个人的知识研修为目标,以旅游为表现形式的市场化的专项旅游产品。

(3)曹晶晶认为,修学旅游是指针对学生群体设计的、以增进技艺和增长知识为目标的、通过丰富多彩的形式来实现的教育型旅游产品。它是以在校学生为主体,以教师等其他人员为补充的一种专项旅游活动。

(4)布伦特·里奇提出,"教育旅游"是指参与到旅游活动中的人,如远足游客和过夜游客等,将"学习"作为主要内容的旅游性活动。这些活动包括但不限于普通教育旅游、成人教育旅游,以及国内、国际大学旅游和各个学校学生的旅行,如学校远足、交换生项目、语言培训学校学习等。

> **知识链接**　研学旅行成假期教育新选择[①]

去银装素裹的哈尔滨感受冰雪文化的魅力,在首都北京触摸历史文化,到哈佛、耶鲁感受世界顶尖大学的氛围……除了补习班,越来越多的学生和家长开始选择以研学旅行的方式度过假期。

研学旅行由古代游学、近现代修学旅行逐步发展而来。2013年2月,研学旅行的概念正式出现在《国家旅游休闲纲要(2013—2020年)》中。相比于旅游,研学旅行更强调研究性学习和旅行体验的结合,更加注重"学"的效果。冬令营、夏令营、游学等均可被称为研学旅行。

研学旅行在我国发展已久,但其逐渐走向热门与国家的一纸文件有关。2016年12月,教育部等11部门联合印发《意见》,研学旅行就此正式被作为一个细分行业来看待。2017年10月,教育部发布的《中小学综合实践活动课程指导纲要》中又提出,将游学研学纳入中小学生必修课,使得研学成为"刚需"。

同程旅游发布的《2018暑期旅游消费趋势报告》显示,国内研学旅行最热门的是各类主题夏令营,一般面向13岁以下儿童,出游时长在1周左右,费用通常在2000~8000元,行程1周以上的高端长线研学线路费用可达1万元以上。以名校为主的研学线路也很受欢迎,北京是国内名校研学旅行最热门的目的地,其次是上海、南京、武汉等名校集中的城市。

而境外游学群体则以中学生和大学生为主,热门线路基本以发达国家目的地为主,主要集中在美国、加拿大、英国、德国、法国、澳大利亚等主要留学目的地,行程多以参观国外高校为主。1周的费用一般在2万元左右,2周以上的行程费用则在3万元以上。

2019年1月,中国社会科学院财经战略研究院等三家机构联合发布的《旅游绿皮书:2018—2019年中国旅游发展分析与预测》显示,我国研学旅游主要潜在消费者超过2亿人,潜在整体市场规模超千亿元。

利好政策密集出台,使得每年寒暑假、春节临近时,教育机构与旅行社们扎堆推出研学旅行项目,期望从中分得一杯羹。据商业报纸《21世纪经济报道》指出,仅2017年内,工商资料中新增的"研学"机构就超过5000家。

在资本市场,研学旅行项目也同样受到关注。除了新东方教育科技集团等传统的知名教育机构,研学旅行市场也涌现出了一批以研学为主营业务的企业,如世纪明德、行动者、乐旅股份、中凯国际、启行营地教育等。其中,世纪明德、乐旅股份、中凯国际等已在新三板挂牌上市。

但是,作为新兴产业的研学旅行仍处在初级发展阶段。在2010—2018年完成

[①] 胡晓蕊.课外补习熄火,研学旅行成假期新选择[EB/OL].(2019-02-05)[2021-10-15]. https://www.traveldaily.cn/article/127321.

的27次相关投融资中,B轮后融资仅占5次。根据文旅消费新媒体"执惠"发布的《2018中国研学旅行和营地教育行业研究报告》,60.7%的研学旅行机构员工规模在30人以下,年接待量在1000人次以下的机构占比为56.9%。

极为分散的市场状态也让这一领域亟待监管和规范。在国务院新闻办公室2019年1月30日召开的发布会上,文旅部资源开发司副司长张吉林表示,目前我国存在多个类别的研学产品,存在的问题是标准化不足,市场上还没有可遵循的准则。因此,文旅部正在研究制定研学旅游的一系列产品标准,进一步规范市场环境。

千亿级的市场前景之下,研学旅行正逐渐形成学校、教育机构、旅行社多方联动发展的市场格局。在大学招生录取更加偏向综合素质评价,以及超前、超纲学习不再被政策鼓励的背景下,研学旅行"吃"下的可能将是原本属于课外培训班的"大蛋糕"。

二、研学旅行的范围理解

依据参与群体的范围不同,研学旅行亦可分为广义和狭义两种。

(一)广义的研学旅行

广义上的研学旅行是指任何旅游者出于文化求知的需要,在人生任何阶段暂时离开常住地,以独立出游、结伴或团队到异地开展的文化考察活动。这是目前学界对研学旅行进行的通识定义。也就是说,广义的研学旅行的参与主体可以是所有的社会公民。

(二)狭义的研学旅行

狭义的研学旅行主要指教育视域内研学旅行活动的开展。根据2016年11月教育部等11部门联合发布的《意见》中对中小学生研学旅行的概念界定,狭义的研学旅行的参与主体是学校组织和广大学生。

在此需要说明的是,本书中提及的研学旅行均是从教育的角度对研学旅行的定义,即狭义范围的研学旅行,具体范围出自国务院和教育部的有关文件。研学旅行主要在中小学生范围内进行,出于安全性的考虑,兼顾学生的认知水平。首先,对不同学龄的学生所研学的主要范围有相应规定,小学阶段以乡土乡情研学为主,初中阶段以县情市情研学为主,高中阶段以省情国情研学为主。其次,对研学旅行目的地的范围有相应规定,小学生以省内研学为主;初中生以省内和周边省份为主;高中生以境内为主,有条件可适当组织开展出境研学旅行。再次,对研学活动的时间范围有相应规定,小学阶段2天1夜,在小学四到六年级实施;初中阶段3天2夜,在初中一或二年级实施;高中阶段4天3夜,在高中一或二年级实施。

对研学旅游的对象、时间和目的地的范围进行这样的原则规定是科学合理的,学生在研学旅行中从培养对家乡的感情开始,地点由近及远,时间由短至长,随着学生认知水平的提高,研学内容也由乡情、市情到省情、国情,内容范围逐渐扩大,从而可以循序渐进地培养学生热爱家乡、热爱祖国的思想感情。

第二节　研学旅行的特征、价值取向与内涵

一、研学旅行的特征

研学旅行是一种群体性的社会实践活动,依据《意见》对研学旅行概念和范畴的界定,研学旅行活动的开展具有明确的指向性,是青少年由个体人成长为社会人的过程中不可多得的经历。作为综合实践类课程的重要组成部分,研学旅行具有以下特征。

（一）真实性的实践特征

研学旅行的本质是实践,它打破了传统的课堂与教材的局限性,面向的是生活这样一个大舞台,包括自然与社会。研学旅行的感受内容会因不同的时间和空间而不同,并且伴随活动的不断开展,学习者会不断产生新的思想火花和生活体验,生成新的学习主题和内容,使得研学旅行的广度、深度都时刻处于延展之中。因此,研学旅行可以使学生身处真实的自然社会情境,不断与外界进行直接而有效的沟通,具有真实性的实践特征。

（二）研究性的学习特征

研学旅行中的研究性学习体现了研学旅行的研究性特质。在研学旅行活动的一整个过程中,都需要开展一系列的研究性学习,包括在确定研学旅行主题时,此时学生首先遇到的问题就是如何选择合适的研学旅行主题,这需要学生在前期准备中善于观察、不断思考、学习归纳总结。在研学旅行的过程中,生活知识与信息的海量输入,需要学生不断地对核心问题进行界定、甄别、筛选和整合。在研学旅行结束之时,认真地整理与总结、归纳与提升,也都是必须要历练的学习能力……这也是研学旅行与一般性旅行的最大区别。研究性学习让学生带着问题进入活动情境,或者在真实情境中去观察、发现问题,甚至很多遇到的问题可能是学生始料未及的,这都需要学生通过自主学习、合作学习、探究学习等多种方式,不断探索和试错,以寻找解决问题的方式方法,发现新知。最后,通过验证新知,用于解决类似问题,形成举一反三的学习体验。因此,研学旅行具有研究性的学习特征。

（三）自主性的旅行特征

研学旅行中的旅行强调了研学旅行的自主性特征。这种自主性主要体现为学生在主体意识的指导下,主动参与旅行活动的能动性。他们是研学旅行活动的主要参与者,在旅行过程中依据自身兴趣,关注和选择想要探究解决的问题,确定活动主题并预设研学内容;同时,他们也是研学旅行活动的主要承担者,在旅行过程中经过反复斟酌,自主确定旅行线路、经费预算、规则与纪律、分工与合作等。在研学旅行的整个活动过程中,在自然和社会的大环境里,学生需要接触、感受、体会不同于传统封闭课堂里的万事万物,眼睛要看、耳朵要听、头脑要转,所有的感官都需要他们自己主动积极地调动起来,去观察、触摸、体验外在的环境,才能产生全方位的旅行刺激。因此,研学旅行具有自主性的旅行特征。

(四)计划性的组织特征

研学旅行是由教育部门和学校组织,大多在教师和专业技术人员的统筹安排和引导下进行。主要参与人员是以班级、年级,甚至是学校为单位展开的,目的就是让同龄人群相聚、集合、共同学习、相互研讨,具有典型的组织行为特征。在研学旅行活动开展前,需要进行很多的准备工作,如研学主题的确定、研学线路的规划、研学课程的设计、旅行体验的安排等,以满足"活动有方案、行前有备案、应急有预案"。研学旅行不包含也不允许来一场"说走就走的旅行"。因此,较于一般性的旅行活动,研学旅行是有计划性、有组织性的学习活动,具有计划性的组织特征。

二、研学旅行的价值取向

依据研学旅行的概念界定与范围理解,结合研学旅行的实践过程,研学旅行表现出明确的价值取向。作为综合实践育人的有效路径,研学旅行的价值取向主要体现在三个方面,即真实、生活与创新。通过对这三个主要方面价值取向的剖析和透视,能更好地理解研学旅行的有效输入与输出。

(一)何为"真实"

首先,真实地面对传统教育的弊端,即重说教而轻实践、重道德灌输而轻情感体验;其次,真实地面对客观存在的世界,走出课堂,与社会接触,与自然拥抱;再次,真实地面对自我,摒弃以抽象的文化知识积累为特征的自我认知方式,而更多地依赖自身的经历获得知识、发展情感、形成健康的"三观"。这些"真实",符合教育的本质与追求,也更接近人类生存与发展的幸福。

例如,对大多数中小学生来说略显枯燥的历史学科,若能提供机会直接去历史博物馆或历史古迹去参观体验,提供空间让学生自行感受历史的积淀与情绪。这种具有直接性、冲击力的直观真实感,会对学生知识、情感、态度和认知的输入产生更为深刻的影响。

(二)何以"生活"

生活,本应是最自然的状态。德国作家、哲学家尤尔根·哈贝马斯曾提出:生活包括客观世界、社会世界与主观世界,在一个整体的生活中,个体与作为自然的外部世界、与社会中其他行动者、与自我会同时产生关联,进而共同建构出完整的自我。因此,生活意味着"在自然中""在社会中",并"生在其中"。

例如,在春季或秋季组织学生参与户外劳动体验,帮助学生了解在不同的季节应如何开展生产生活,还原客观世界的真实面貌。这样的研学旅行不仅可以帮助学生完成在课堂教学中的知识储备,而且能帮助学生增强知识学习与生活意义的关联感。

(三)何能"创新"

传统教育一直以来被视作科学文化知识的有效传播方式,是为科学世界服务的工具,而作为主体的人却往往未得到相应重视。研学旅行提倡关注主体价值,强调人的主观能动性,目标指向培育具有主体性、创新意识、创新精神和创新能力的学生。这种创新源泉来自教育模式的丰富,即在教育的工具性上更强调"主体体验性",不仅丰富了教学内容,而且增添了教学体验。

三、研学旅行的内涵

研学旅行概念的提出与界定,主要体现为教育理念的一种合理化转向,饱含时代价值。研学旅行的内涵主要体现在研学旅行的教育目标和研学旅行的教育意义两个方面。

(一)研学旅行的教育目标

前面已经提到,研学旅行承载着在基础教育阶段实现素质教育的重任。这种素质教育包含自然教育、生活教育和休闲教育,包含"感受祖国大好河山,感受中华传统美德,感受革命光荣历史,感受改革开放伟大成就,增强对坚定'四个自信'的理解与认同"的爱国主义、革命传统和国情教育目标,也包含"学会动手动脑,学会生存生活,学会做人做事,促进身心健康、体魄强健、意志坚强,促进形成正确的世界观、人生观、价值观,培养他们成为德智体美全面发展的社会主义建设者和接班人"的社会责任感和实践能力培养目标。

(二)研学旅行的教育意义

研学旅行的教育意义包含三个层面:国家层面、学校层面和学生层面。

1. 国家层面

于国家层面,研学旅行是贯彻《国家中长期教育改革规划和发展纲要(2010—2020年)》的行动,是培育学生践行社会主义核心价值观的重要载体,也是拓展文化旅游发展空间的重要举措。

2. 学校层面

于学校层面,研学旅行是深化基础教育课程改革的重要途径,是推进实施素质教育的重要阵地,是学校教育与校外教育相结合的重要组成部分。它作为对新兴教育方式的积极探索,是现行学校教育之外的实践补偿。

3. 学生层面

于学生层面,研学旅行可以帮助学生增长见识、培育情感、锻炼意志,促使学生在问题思考和解决能力、人际沟通能力、信息管理能力、自我管理的学习能力、适应能力、对社会与文化的包容能力、时间及财务管理能力及自我激励和独立个人品性能力等多项能力上获得全面发展。在这一过程中,研学旅行积极调动了人的知、情、意等心理结构,并使它们有效配合、协调运转。

第三节　研学旅行的理论依据

进入21世纪,中国教育事业的建设与改革,与经济、文化等各个领域一同开展得如火如荼,并取得了令人瞩目的成绩。传统封闭固化的教育教学理念、陈旧单一的教学方式方法等,已难以适应当今时代发展的要求,难以满足当代青少年成长的需求。在此背景下,研学旅行概念得以提出,并且伴随着教育学、心理学、旅游学等众多学科交叉发展与共同支持,研学旅行也有了充分的学科理论滋养以指导实践。

一、哲学理论：卢梭的自然哲学观

（一）什么是卢梭的自然哲学观

卢梭是法国著名启蒙思想家、哲学家、教育家、文学家，是18世纪法国大革命的思想先驱，启蒙运动最卓越的代表人物之一，如图2-2所示。在崇尚理性至上的时代大潮中，卢梭高举"回归自然"的旗帜，对文明社会进行了猛烈的批判，震惊了世界，并在政治、哲学、艺术、教育领域中产生了巨大的影响。

在卢梭的《论人类不平等的起源和基础》《社会契约论》《爱弥儿》《忏悔录》等诸多论著中，均崇尚自然价值，对科学做出深刻的洞见与批判，主张返回自然，主张从文明的规律与束缚中解脱，回归人心朴实与自然的一面。尤其是在《爱弥儿》第四卷"一个萨瓦省的牧师述"中，卢梭多次阐述自己的哲学思想。他在对自然的观察和研究中，形成了唯物主义的自然哲学思想。卢梭所理解的自然，是指不为社会和环境所歪曲、不受习俗和偏见支配的人性，即人与生俱来的自由、平等、纯朴、良知和善等。

图2-2 卢梭

（二）自然哲学观的主要观点

卢梭认为，人本性是善的，若让其自由发展，必然趋于善，故教育应放任人的本性自然发展。卢梭正是从其自然主义哲学出发，构建了他的人本主义自然教育理论体系。换言之，他的自然主义教育思想的基本前提是关心人、尊重人和发展人的人本主义思想。他关于教育的本质、目的、作用、途径、原则、方法等问题的论述，都是以他的自然哲学思想为出发点。在他看来，人的本质是自由的，即人是自由主动者，这是卢梭自然哲学观的根本原则。

卢梭自然哲学观中的唯物主义感觉论，深刻地影响了他的教育思想的形成，使其认识论蒙上了感觉论的色彩。他通过对人的认识工具和认识能力的考察，确认感性比理性可靠，坚信感觉经验是认识真理之路。在卢梭看来，感觉比判断、推理可靠，因为它更直接、主观成分更少、更接近自然，人的意识、感情和行为在很大程度上受到感觉的影响。卢梭认为真理是客观的，认为只有通过感官的感觉才能获得对周围物质世界的正确认识。卢梭的感觉论，使他无论在教学内容还是教学方法上，都表现出注重儿童感觉能力的倾向。卢梭主张让儿童在日常生活和实践活动中不断锻炼和培养自己的感觉能力，通过观察获得直接经验，从而获得关于客观物质世界的知识。在教育过程上，卢梭强调要依据儿童认识发展的不同阶段循序渐进地进行教育，使教育过程与认识过程相一致。这种循序渐进的教育原则和教育思想，至今仍闪烁着智慧的真理之光。

(三)自然哲学观与研学旅行

1. 儿童应在生活中感受教育

卢梭在《爱弥儿》中讲述了主人公爱弥儿通过与导师一起"种蚕豆",懂得"财产权"的概念,他强调儿童应在生活经验中接受教育,实践是儿童获得认知的最基本途径。实践具有真实性,让儿童通过行为感知善恶,比旁人的说教更有效用。研学旅行的"真实""生活"价值取向均与此有着丰富的联系,共同展现出自然教育的魅力。

2. 儿童应成为学习的主人

卢梭认为儿童教育应先有探索欲望,后有学习方法,应鼓励儿童发展个体思维,培养其成为学习的主人,充分调动其主观能动性。研学旅行的教育模式即让儿童在学习的目标管理上更加自主,知其然更知其所以然,这样真正的学习兴趣才能成为持续的学习动力。

二、教育学理论:学习科学

(一)什么是学习科学

学习科学最早于20世纪80年代由西方学者提出,主要研究如何支持和促进人在整个生命历程中的学习活动,通过教学的、技术的和社会政策方面的创新来促进教育的改善。简而言之,即主要研究一个命题:人究竟是怎么学习的及怎样才能促进有效的学习?这不仅是一个关于人类社会永恒进步的话题,也是一个与我们每个人日常生活息息相关的话题。学习科学在20世纪90年代开始走向成熟,开始作为一个独立的学科领域脱颖而出,至21世纪来临之际,这一新兴学科已经开始影响课堂教学、校外教育、学习产品设计、学习组织设计、教师教育、职业培训等诸多方面的变革与创新。

学习科学作为一门交叉形成的前沿学科,旨在建立心智、大脑与教育之间的桥梁,将生物科学的最新成果,包括认知神经科学、情感神经科学、基因科学和生物分子学等应用于教育和学习过程。它整合心理学关于认知和学习的心理过程的研究,课程和教学论关于教材组织、教学过程的研究,以及教育技术学关于如何建立动态系统以支持学习的研究,同时综合其他相关学科(如社会学、文化人类学、知识论等)的视角,全面研究学习活动的认知过程、社会情境和设计方式,从而给学习、教育及政策制定提供科学的指导,以迎接教育的重大变革。

(二)学习科学的主要原理

1. 大脑是如何学习的

大脑的核心特征——可塑性,可分为两种,即加强或减弱神经元的联系。这种修改的程度取决于学习的类型,而长期的学习会让神经元之间联系的修改更为深刻持久。不但如此,修改的程度还取决于学习的时期,如婴儿期的孩子新突触的发育极为迅猛。

2. 后天环境的重要性

既然大脑具有可塑性,那么影响大脑最关键的因素就是环境。很多日常的环境因素都对改进大脑功能有益,如社会环境及与之相应的互动性、营养的摄入、体育锻炼、睡眠等。这些因素对教育的影响显而易见,但常常被人们忽视。只有通过正确调节人们的大脑和身体,

人们才有可能发挥大脑可塑性的潜能来促进学习过程。

除了日常环境之外,环境中的情绪对人的影响也至关重要。人们的情绪会重塑大脑神经组织。在人们所处的社会环境中,有效管控情绪是一名高效学习者需要掌握的关键技能;自我调节能力也是人们的行为和情绪技能中的重要技能。

(三)学习科学与研学旅行

1.研学旅行需要基于身心、情感和认知相结合的整体方案

一方面,饮食、运动、睡眠等方式通过对大脑功能的影响会进而对学习产生影响。另一方面,情绪不仅在大脑运转过程中发挥着重要作用,而且影响着其他人,特别是在教育当中。通过分析恐惧和压力两种情绪,人们发现这两种情绪会降低人类分析能力,反之亦然,积极的情绪会提升大脑的分析能力。

2.研学旅行需要更好地理解青春期

神经科学为青春期及其发生的变化提供了新视角,这个阶段对于个人教育生涯的发展发挥着重要作用。青年人正处在青春期,他们的认知能力较强(高潜力),但情感不够成熟(低控制)。有效地管控情绪是一名有效学习者需要掌握的关键技能。在年轻人青春期的关键时期,鉴于他们情绪的"低控制"特征,培养他们成熟情感的价值显得更为重要,神经科学的"情绪调节"概念将有助于学生的情感发展。

3.研学旅行需要考虑时间和周期

现代教育神经科学引入了皮亚杰模型,同时通过学习敏感期的研究扩大对学习时间和周期的理解。神经科学认为,关于对终生存在的大脑可塑性的理解告诉我们,人们总是能打开新的知识大门。另外,它也给"敏感期"赋予了精确界定,即个体特别擅长从事某项学习活动的最佳时期。

4.研学旅行需要个性化的评估,而非单一模式的选拔和淘汰

大脑呈现的潜力可能会对教育产生深远影响,也可能引发重大伦理问题。关于大脑如何运作的知识,以及大脑结构和过程如何反映学习者能力和掌握能力的相关内容,都可以作为评估传统教学及学习者是否处在学习关键期的标准。

知识链接　　学习科学:正在进行的学习革命[①]

伴随着技术和教育的进步,学习科学正成为教育教学改革的核心理念和强大力量。在由北京大学教育学院、北京教育学院朝阳分院、北京市海淀区教育科学研究院共同主办的"2018年学习科学与教师发展前沿"论坛上,相关专家和学者对学习科学进行了讨论和展望。

郭广生(教育部学习科学教学指导委员会主任):学习科学是近三十年发展起

---

① https://baijiahao.baidu.com/.

来的关于教和学的跨学科研究领域,目标是了解学习者的认知过程。发达国家目前已将学习科学研究的重要成果作为国家行动和决策的重要基础。2018年,我国正式在国家自然科学基金中设立教育信息科学技术专题,围绕认知知识和认知规律开展基础性、前沿性的研究,表明了教育与科技的融合趋势。

王珠珠(中央电化教育馆原馆长):学习科学是一门年轻的学科,也是近年来十分热门的学科,但是要让学习科学在中国的教育实践中发挥作用,我们要做的工作还有很多。学习科学在中国的发展还应注重时代性、针对性和有效性。学习不是为了一段时间,而是为了一生的发展,终身学习是教育应该回答的课题,希望学习科学研究能够关注实践、研究实践、引领实践。

罗陆慧英(香港大学教育学院教授):什么是学习?学习发生于大脑、个人、机构、团体和社区、教育体制和社会这一复杂的多层次结构之中,不同层次上的学习发展节奏有所不同,少则几秒,多则几十年,而教育是基于各层次内部及各层次之间的学习交互。我们在研究中发现,小学与中学彼此之间有交流的价值,因为小学想知道自己教出的学生到了中学怎么样、中学想知道小学是怎么学的,从而各自调整各自的教育和教学,同样,大学也有这样的需要。简而言之,教育归根结底是一门设计科学,通过学习科学,我们可以把学习的各个层次联系起来而达成更好的设计。

张秋丽(新加坡教育学院高级研究员):怎样用学习科学的原则来取代教师惯用的传统教学法,是进行学习科学教学实践研究的关键。什么是知识建构的教室以及教师如何设计知识建构的教室?利用学习平台的学习分析工具对学生掌握的技能进行形成性评估,教师群体之间应形成学习共同体,在各个群体中不断分享信息,促进自身发展。

吴颖惠(北京市海淀区教育科学研究院院长):教育的核心使命是帮助学生学会学习。口耳相传是教育传播的重要渠道,但21世纪以来,技术在其中扮演了重要角色。OECD(经济合作与发展组织)、美国、欧盟委员会、新加坡的核心素养框架的最终目标都指向培养学生的学习能力。于是,"深度学习"的概念被随之引出。深度学习需要在教师的引领下,围绕有挑战性的学习主题,全身心地积极参与有意义的学习过程,掌握学科的核心知识。

三、心理学理论:皮亚杰的认知心理学

(一)什么是皮亚杰的认知心理学

皮亚杰是世界上伟大的儿童心理学家,如图2-3所示。他长期以儿童为研究主体,将人的认知发展视作智力发展和逻辑思考的能力,认为人的认知发展具有典型过程,因此提出了著名的认知发展理论,包括儿童认知发展的两个基本假设、儿童认知发展的四个阶段,以及由心理学出发,指向教育学的重要价值。

(二)认知心理学的主要观点

1.儿童认知发展的两个基本假设

皮亚杰针对儿童个体发展,提出儿童认知发展包含两个基本假设。

(1)儿童的认知是主动的。皮亚杰认为,个体自出生后即开始了一生的发展历程。为探索周边世界,个体会主动与环境互动,并非只是被动地接受环境的刺激,而认知即在这种互动中产生。

(2)认知发展受到遗传和环境的多维交互影响。皮亚杰并不将认知发展看作停滞不前的状态,尤其儿童认知发展过程是伴随有机体的成熟与学习交互作用而动态生成的。

2.儿童认知发展的四个阶段

皮亚杰认为,认知结构支配行为,而行为的改变界定了儿童认知发展的阶段,从婴儿呱呱坠地到成长为成年人,其大致会经历四个发展阶段。

图2-3 皮亚杰

(1)感知运动阶段,从出生至2岁。这个阶段的婴幼儿是借由感觉和动作来探索外在世界的,缺乏思考、语言和概念的统筹。

(2)前运算阶段,从2岁至7岁。运算是个体内部的智力或者操作,儿童在感知运动阶段后期,能够运用一些动作图式,但是这些图式需要与具体的运动动作相联系,而与动作分离的认知的第一种类型是使得动作图式符号化,即形成和使用字词、手势、标记、想象的能力,这些即为前运算阶段的主要成就。

(3)具体运算阶段,从7岁至11岁。这个阶段的儿童认知结构已经发生了重组和改善,思维具有一定弹性,可以逆转。随着守恒、分类、顺序排列、运算能力的掌握,儿童认知处于具体运算阶段,可发展出思维的完整性、逻辑性体系。但这个阶段的儿童思维仍需要具体事务的支持,还不能进行抽象的逻辑思维。

(4)形式运算阶段,从11岁至成年。这个阶段的儿童思维是以命题形式存在的,并且能够发展命题之间的关系,能够依据逻辑推理、归纳或者演绎的方式来解决问题,能够理解符号的意义、隐喻和直喻,能够做一定的概括,其思维发展水平已接近成年人。

(三)认知心理学与研学旅行

研学旅行的主体是年龄在10~14岁的中小学生。按照皮亚杰的认知心理学理论,这个阶段的儿童处于认知发展的第三、四阶段,个体的身体和心理都经历着巨大的变化。

其中,值得教育者关注是,一方面,这个阶段的中小学生身体处于持续发展过程中。如,身高、体重的增加相对平稳;精力充沛,创造性、想象力、自我控制意识、思维品质和意志品质等都有了长足发展,高层次美感、道德感正在逐渐形成;他们与周围环境(如同学、朋友或父母之间)的互动也开始增多,融入复杂社会的能力也在增强。另一方面,随着越来越多地融入学校、家庭乃至社会活动,他们在不同程度上也存在发展性问题。他们试图在勤奋学习、努力表现中获得赞扬与肯定,如果无法得到,就会产生自卑感,长此以往,将不利于自我同一性的形成。他们也开始从内在层面整合自我,但由于现实自我与理想自我之间存在较大矛盾与冲突,使其较为容易产生强烈、波动的情感体验。此外,与同学、朋友或父母互动产生的冲突也会非常频繁。

上述情况对于思维尚不成熟的中小学生而言,无疑是巨大的挑战。因此,研学旅行的开展,在"学"与"研"的有机融合过程中,应强调学生本位,更加突出儿童主动学习的特性,注重依据儿童的认知发展顺序和需求规划与设计课程。

四、旅游学理论:全域旅游

(一)什么是全域旅游

在2016年全国旅游工作会议上,国家旅游局提出开展"国家全域旅游示范区"创建工作,旨在推动旅游业由景区旅游向全域旅游发展模式转变。全域旅游是指在一定区域内,以旅游业为优势产业,通过对区域内经济社会资源,尤其是旅游资源及相关产业、生态环境、公共服务、体制机制、政策法规、文明素质等进行全方位和系统化的优化提升,实现区域资源有机整合、产业融合发展、社会共建共享,以旅游业带动和促进经济社会协调发展的一种新的区域协调发展理念和模式。简而言之,全域旅游是将区域整体作为旅游目的地发展的新理念和新模式,是一种区域旅游资源的有机整合、产业融合、社会共建共享的发展理念,因此,全域旅游是空间全景化的系统旅游。

(二)全域旅游的主要观点

全域旅游首先要打破旧的旅游格局,形成一种新的发展格局。这应该是全域旅游的核心问题。从全域旅游提出的社会背景和旅游背景来分析,全域旅游的核心不在"全"而在"域",即空间域、产业域、要素域和管理域的完备。

1. 空间域

从空间域来说,全域旅游是要改变以景区为主要架构的旅游空间经济系统,构建起以景区、度假区、休闲区、旅游购物区、旅游露营地、旅游功能小镇、旅游风景道等不同旅游功能区为架构的旅游目的地空间系统。

2. 产业域

从产业域来说,全域旅游是要改变以单一旅游形态为主导的产业结构,构建起以旅游为平台的复合型产业结构。

3. 要素域

从要素域来说,全域旅游是要改变以旅游资源单一要素为核心的旅游开发模式,构建起旅游与资本、旅游与技术、旅游与居民生活、旅游与城镇化发展、旅游与城市功能完善的旅游开发模式,推动我国旅游要素域由旅游资源开发向旅游环境建设转型。

4. 管理域

从管理域来说,全域旅游是要改变以部门为核心的行业管理体系,构建起以旅游领域为核心的社会管理体系。

(三)全域旅游与研学旅行

1. 研学旅行符合全域旅游发展理念

全域旅游理念关注时间与不同空间尺度的变化,强调的是"旅游+"形式的多业态融合,强调旅游的广泛参与性和管理监控的全时性。这与研学旅行有始有终、集旅学研于一体、全员参与的活动导向相呼应,并且研学旅行对旅游资源的需求也是多时段、多层次的。

2. 研学旅行是全域旅行的新业态

全域旅游有示范区、研学旅行需要研学基地,二者在空间上存在交集,由此,研学旅行的发展受到全域旅游观的指引,研学旅游的实践也受到全域旅游技术的支撑。如选点布线,作为开展研学旅行活动的前瞻性工作,从适宜开展研学旅行的中小学生人数的确定,到景区景点空间分布情况的掌握,都将以全域旅游发展理论为参照,来进行研学旅行基地建设、路线设计等相关工作。可以说,全域旅游为研学旅行的发展提供了更全面的格局和视角。

本章小结

(1)"研学"即按照"研"的要求,开展"学"的目标。具体来说,要求学习者以研究的意识、钻研的态度来进行知识的探索。

(2)"研学"包含了诸多的要求和目标,"旅行"提供了载体和渠道,它使得"研学旅行"区别于传统课堂内的教学与研究活动,其强调的是户外的场景、行动中的研究和学习体验。

(3)广义的研学旅行是指任何旅游者出于文化求知的需要,在人生任何阶段暂时离开常住地以独立出游、结伴或团队到异地开展的文化考察活动。

(4)狭义的研学旅行是由教育部门和学校有计划地组织安排,通过集体旅行、集中食宿方式开展的研究性学习和旅行体验相结合的校外教育活动,是学校教育和校外教育衔接的创新形式,是教育教学的重要内容,是综合实践育人的有效途径。

(5)研学旅行的特征包含真实性的实践特征、研究性的学习特征、自主性的旅行特征和计划性的组织特征。

(6)研学旅行的价值取向主要体现在真实、生活与创新三个方面。

(7)研学旅行的相关学科理论包括哲学理论中的自然哲学观、教育学理论中的学习科学、心理学理论中的儿童认知发展心理学,以及旅游学理论中的全域旅游理论。

核心关键词

- 研学旅行(Study Travel)
- 自然教育(Natural Education)
- 认知发展(Cognitive Development)
- 学习科学(Learning Sciences)
- 全域旅游(All-for-one Tourism)

思考与练习

1. 研学旅行的价值取向更多是在"研"还是在"旅"呢?如何理解两者的关系?
2. 如何理解研学旅行在真实、生活与创新三方面所体现的价值取向?请举例说明。

案例分析

市场调研,家长是如何看待研学旅行的?[①]

2016年12月,教育部等11部门联合印发《意见》,2017年12月,四川省教育厅等11部门印发《关于推进中小学生研学旅行的实施意见》,"研学旅行"再一次从政策层面走进学校教室,影响着千千万万的中小学生,如图2-4所示。

图2-4 研学旅行

---

① 市场调研.家长是如何看待研学旅行的?[EB/OL].(2018-09-25)[2021-10-18]. https://www.sohu.com/a/256042567_124468.

之前,家长们探讨的"研学旅行有没有必要""研学对于学生来说到底有何影响"等问题,在家长群中引起很大反响。对于家长来说,理想中有价值的研学旅行该是什么样的?实际中的研学旅行体验如何?为此,《成都商报》记者专门采访了几位家长。

1. @锦江区吴先生(孩子小学四年级)

"去年暑假,我女儿通过某旅游机构参加了第一次研学旅行,地点是北京,前期旅游机构的介绍中,说明了这趟研学之旅不仅有北京主要历史文化景点的参观,还有清华、北大等名校的校园主题研学游,但是女儿回来之后跟我说,历史景点的确去了,清华、北大也去了,不过都是'走马观花式'的匆匆一瞥,偶尔会有导游来讲解一番,除此之外,看不出研学游跟普通的旅游有什么区别。我认为研学旅行要有价值,重点应该放在研学上,而不在乎旅行的线路和地点,让孩子走出去,能够真正学到东西,而不是玩玩就结束了。"

2. @锦江区陈女士(孩子小学二年级)

"我家孩子因为年龄还太小,想让她再稍微大点再参加类似的研学旅行,不过身边倒是已经有不少朋友让他们的孩子尝试走出去。从他们的反馈来看,有认为好的,也有认为没什么用的。在我看来,研学旅行其实还是很有必要的,多让孩子出去走走,去更大的世界开眼界、长见识,对他们世界观的培养会很有帮助。不过,以后真要让她参加研学旅行,我肯定更看重考察研学的主题、线路等,我认为一趟有价值的研学旅行在于主题明确、线路清晰,每到一处,都能让孩子打开新世界的大门。"

3. @成华区沈女士(孩子初二)

"我家的孩子出去不多,但庆幸的是,每一次出去都还是挺有意义的。目前,印象最深刻的还是在2015年纪念中国人民抗日战争暨世界反法西斯战争胜利70周年时,我让她参加了一趟主题为'重走长征路'的研学之旅,在贵州遵义,孩子重访了当年的遵义会议会址、红军山、娄山关、苟坝会议会址、四渡赤水纪念馆等地方,用脚步还原了当年的长征路,还体验了相关的红色教育主题课程,对这段历史有了更加切身的体会。所以,我认为,一趟有价值的研学旅行一定要有与之相匹配的课程教育,孩子不能光看一看新鲜就完了,重要的是,一定要在参观中形成自己对历史、对社会的见解与认识。"

4. @温江区王女士(孩子初三)

"因为到了升学季,孩子这两年出去参加研学旅行的时间在逐渐减少,回想前几年的研学之旅,有的虽然还是摆脱不了'春秋游'的大框架,但有的还是很有意义的,比如我们去了成都的成飞航空主题教育基地、去了汶川的地震博物馆等,每到一个地方,总会有非常专业的老师给孩子们进行讲解,让孩子们了解相关的知识,体验过这样的课程后,孩子自己也觉得非常有意义。如今总结过去的几次研学旅行,我发现,每一次有价值的研学旅行跟其他毫无意义的'春秋游'相比,都有几个共同点:一是去的地方都是高端的科研场所、博物馆、工厂基地等,孩子在看的同时,能亲自进行实践操作;二是在研学的过程中,专业的老师在里面会起到非常重要的作用,他们会将零散的参观体验形成固定的知识框架传输给孩子,让孩子对这次研学之旅印象深刻。"

5.@高新区李先生(孩子小学五年级)

"研学的确是近几年才火起来的,身边已经有不少朋友的孩子在参加类似的研学之旅。受他们的影响,去年我花了4万元让孩子参加了某培训机构的美国名校研学之旅,结果大失所望,孩子回来后,给我展示了一张张在名牌大学门口的合影照,但对学校的历史和特色却语焉不详。不过值得欣慰的是,孩子对名校有了亲近感,还表示要报考麻省理工学院。但这趟所谓的研学之旅其实也是典型的'花钱旅游',跟研学还差得远。我认为真正有价值的研学不仅要帮孩子形成正确的世界观、人生观、价值观,还要让他们真正在这个过程中增长见识、开阔眼界,并对他们品质塑造有更加深刻的帮助。"

思考:

1.在以上案例中,家长们所普遍接受的研学旅行的要义包括哪些?这与研学旅行的特征、价值取向及内涵有何关联?

2.这些价值取向是否对应了本章所述的相关理论要点?

第三章

研学旅行的国际发展

学习目标

1. 了解国外研学旅行的主要方式与发展目标。
2. 了解国外研学旅行的典型案例。
3. 思考国外经验对我国研学旅行发展的借鉴意义。

问题引导

1. 国外研学旅行的主要方式是什么？
2. 国外的研学旅行和国内的研学旅行有什么不一样的地方？

第一节　国际研学旅行的发生

　　放眼国际，研学旅行在西方国家出现得较早，发展得较完善，尤其在西方一些发达国家，研学旅行很早前就已成为青少年成长过程中的重要教育方式。例如：英国早在一个世纪以前就已经有研学旅行的雏形——游学，这种形式有助于当时的英国贵族学习其他国家先进性的科学文化知识，更好地为君主服务和提升贵族的绅士风度；美国户外教育中，户外学校的诞生将美国研学旅行的发展拉上了一个新的台阶，它致力于提升学生对自然的感受力，使得学生的课程体系更加系统、科学、有趣；加拿大的传统夏令营，既可以让孩子们感受自然的美妙与神奇，又可以让他们在团队中感受合作的魅力，还可以提高他们的野外生存技能，一举三得。如此多内容、多途径、多方式的研学实践发展特征，以及成熟的研学旅行发展模式，都值得我们学习、思考与借鉴。

一、主要方式

由于国情与文化背景存在差异,国际研学旅行具有多种方式,如参观博物馆等文化机构、参观与校内课程相关的自然环境及企业等具体空间场景、参加短期夏令营项目等,并延伸出不同的学术表达,包括体验式教育(Experiential Education)、户外教育(Outdoor Education)、田野工作(Field Trip)、教育与旅游的结合(Education Tourism)等。

(一)美国

工业革命之后,美国的城市与乡村逐渐开始分离,大量乡村居民涌入城市,导致大片土地和森林被破坏,大量的建筑占据了原本应是森林的地方。近代文明的发展使得人们与自然之间的距离越来越远,此时,越来越多的人意识到要重新学习如何与大自然和谐相处。美国的户外教育也因此得到发展。"户外教育"这一名词被诸多学者定义。例如,乔治·唐纳森认为户外教育是位于、关于和为了户外的教育;Priest认为户外教育是一种运用所有感官来体验的学习模式,而且通常是在自然环境下进行;把户外当作学习的延伸,同时强调无感学习的户外教育有其高度专业性,也就是需要特殊的技巧与知识来操作与引导,以进行教学。

在美国的户外教育中,户外学校尤其具有代表性,到现在已有一百多年的历史。20世纪30年代,美国的少数学校通过有组织的露营活动来进行户外教学的课程。40年代,更多的学校通过学校露营、学校花园、学校农场及学校森林来进行"走出教室"的学习实验。直至50年代,美国的露营活动被户外学校取代,户外教育的标准也得到了一定的规范。70年代,户外教育打破露营教育的局限,冒险教育出现在美国公众的视野中。可以说,美国具有极其丰富的户外教育经验。多元的户外教育民间组织成为美国户外教育的发展强有力的助推剂。美国外展学校、国家户外领导学校、野地教育协会、体验教育协会及户外游憩与教育协会等都是非常具有代表性的组织。尤其是外展学校与国家户外领导学校。外展学校以"为全人教育"为教学理念,重视学生同理心的培养,不仅仅要求学生课业得到发展,而且要求学生养成"对人关怀"的人格,它们通过登山、攀岩、泛舟、雪攀、独木舟、滑雪等活动来提高学生自给自足的能力,锻炼学生的体能、技能和适应能力,培养学生的关怀服务意识。国家户外领导学校着重培养学生的环境伦理、户外技能、野地医疗、风险管理的能力和领导力、判断力,它们通过让学生进行野地征远,在原始真实的荒野环境里进行模拟求生等来锻炼学生的心智、毅力,培养学生负责任的态度,并鼓励学生将在户外所学到的知识运用到自己的生活环境中。

(二)日本

野外教育是日本近40年来较为热门的一种教育方式,由于"石油冲击"后的经济迅速发展,教育上出现了"偏差值教育",即补习班泛滥的教育,此时整个社会都十分关注学生的升学率。为了让学生从高强度的教育教学中得到解放,日本出台了相应的政策,要求学生进行野外教育活动。后来,周休二日制的推行使得学生与家长的休息时间增加,如何安全愉快地度过假期也成了家长们需要思考的问题。政府就这一问题为各类野外活动和野外教育研修会制定了相关法律,以保障野外活动的安全开展。

日本文部科学省出台的《关于充实青少年的野外教育报告书》中,将野外教育定义为"在大自然中,有组织、有计划的、秉持一定的教育目标所进行的自然体验活动"。美国野外教育学者乔治·唐纳森将野外教育定义为"在野外教育""有关野外的教育""为野外而教育"三个方面。但日本对于野外教育的定义有着不同的见解,日本学者认为野外教育作为教育学的一个分支,它的概念深受教育学科发展影响,难以界定,并且从历史发展来看,有的学者认为野外教育"是一种为了培养生存所需的基本能力,包括智慧、知识、技能和体力等的教育活动"。它的活动领域包括水、陆、空,内容十分丰富,如野营、登山、攀岩、越野、郊游、山地自行车、摩托车、野外旅行、休闲、探险、滑冰、滑雪、划船、潜水、冲浪、钓鱼、游泳、漂流、滑翔、跳伞、热气球等。它具有多样性、自由性、团体性、身体运动性及创造性等特点,能够帮助青少年人格形成、人性伸展,以及培养良好的思想品质、促进身心平衡发展等。

日本的野外教育体系大致可以分为自然与生活、野外运动、历史与传统三类。自然与生活包含植物观察、动物观察、海洋生物观察、地质观察、气象观察、农业水产业体验、野外生活;野外运动包含远距离徒步、野外游戏;历史与传统包含庆典和年终行事、地域调查。每种目标活动都侧重于人与自然的亲近与互动,随着时间的推移,野外教育文化体系的内涵也从单一的自然活动发展成为多方面的与日本民间习俗相结合的模式,这一课程的设置贴近日本学生的现代化需求,容易被家长所接受,也符合时代发展的潮流,是日本成功开展野外教育的重要基础。

(三)英国

英国作为一个从20世纪初就开始倡导中小学生研学旅行的国家,在百年之内已经形成了研学旅行的传统,其中最具历史性的教育旅行曾风靡全国。中世纪时的英国曾流行过一种朝圣之旅——大陆游学,这基本可以视作英国研学旅行的初期形式。这种在当时被视作传教的行为,不仅满足了英国人在信仰上的追求,还极大地帮助了他们扩大对岛外世界的认知。英国人逐渐发现了这种游学的好处,并形成了一种在旅行中接受教育的传统。

在工业革命之后,英国贵族和早期资本家为了更好地学习国外的经验来为国家和君主服务,便派遣人员或者亲自前往亚欧大陆游历学习。他们学成归国之后将所学到的先进经验和先进思想传播开来,并在传播的过程中将其与本土特色相结合,形成了一种"为教育而旅行"的理念。在18、19世纪交接之际,英国"为教育而旅行"的群体从贵族走向大众,大量的中产阶级和普通工人阶级的子女都参与到这样一种研学过程中来,这种现象引起了英国政府的关注,他们很快将研学旅行作为一项重要内容纳入了课程大纲中,并要求各个学校开展相应的研学活动。

在教育旅行的鼎盛时期,富有的家庭子弟通常会去国外旅行三到五年,甚至更长的时间。他们中的一些人会在私人教师及仆从的陪同下,研究艺术,探访建筑珍品,欣赏风景。他们时而混迹于大殿高堂中,时而游走于达官贵人间,学语言,习礼仪,并尽情地享受自身地位所提供的闲暇和便利。直到现在,大家在时间、金钱都充足,以及外部环境良好的状况下,仍十分愿意出国修学。

(四)加拿大

加拿大多元的气候与地形,为它形成可以支持众多不同教育活动的多元场所提供了良好的条件。由于现代化的发展,加拿大北部发展起了矿业、伐木业和石油业,这些具有侵略性的产业让加拿大的生态环境被破坏得十分迅速,于是环境保护被提上了日程。自1970年起,户外教育逐渐被公立学校所采纳。这个发展归功于一小群勇于尝试不同教学方法的教师和家长,他们重视种植、园艺课程、校外教学、田径和校外露营的价值。

加拿大的户外教育表现形式多样,有学校本位户外教育、冒险教育、夏令营、户外教育中心、治疗型户外教育、荒野户外教育、原住民教育、地方本位教育、环境教育和都市生态教育等。其中,学校本位户外教育有主要面向自然的、有面向森林的。自然本位学校的课程无论是在室内还是室外,基本都以自然为主题,它们会结合儿童中心的理念,专题式或探索式学习;森林本位学校主要被当作一个以儿童为中心的基地,多适用于学龄前儿童,孩子们可以在自然环境中待一整天。而冒险教育就更注重户外的冒险活动,如漂流运动、攀岩、登山、在松软的雪地或偏僻区域滑雪等。夏令营在加拿大十分受欢迎,送孩子去夏令营是加拿大的传统,约47%的家长认为夏令营重要是因为它可以为学生提供其他地方很难获得的社会实用技能。

（五）丹麦

丹麦的研学拥有一种独特的表现形式,称作Udeskole（户外学校）,这个概念衍生自挪威学者Jordet的著作。Jordet认为户外教育（Outdoor Schooling）是一种操作方法,它将学校各部分的日常生活从教室挪到当地环境中,通过这种方式让学生的身体和感官获得个人具体的经验。而户外教育则为学生提供了这样的一种发挥空间,帮助实现各学科的整合,将户外和室内的活动紧密连结起来。

由于丹麦的孩子会在3~6岁上幼儿园,7岁开始接受义务教育,学校与教师拥有更多自主管理教学和课程的权利,他们需要负责确认课程的范围及哪些内容适合在户外进行,因此某些科目会被直接建议在户外进行教学,如生物、地理和体育。只要不违背教育部设定的目标和技能领域,学校可以设计自己的课程内容,教师们也可自由选择教学方法,教学过程不会有过多的干扰。

Udeskole会让学生定期在校外进行义务教育活动,教师们会充分利用当地独特的环境条件进行相关科目课程的设计,如上数学课时会让学生测量树木的大小,在历史课上安排学生参观具有历史意义的地点或者建筑等。教师们十分注重和鼓励学生通过小组协作完成一些教学任务,当然这些小组任务会侧重于实践技能与生活的结合。他们强调学校的日常生活应该灵活化,让学生与周围的自然环境、人文环境、社区环境融为一体,建立在小区中的自我归属感和培养人际关系。Jordet特别提到户外教学要以课程为基础,但不能让教室之外的活动变成"只是野餐"的行为。为了践行这样的理念,丹麦学校教师全身心地投入到学科建设中去,努力将室内的教学带到身边的环境中去,通过将书本知识与当地户外环境的融合,赋予学习过程的真实性,并通过这样的方式来培养学生对大自然文化、美学及知识与技能的感知。

（六）澳大利亚

澳大利亚的冒险教育和进行环境研究的田野工作十分著名。冒险教育是指在荒野般的环境中进行冒险挑战。由于具有许多不可确定性,这种教育方式也许还会伴随风险,这就需

要每个参与冒险的人善于灵活施展个人才能和利用自身的体能来面对荒野带来的挑战。于是,个人品格就可以通过这样看似是一次性的冒险教育活动来养成。《澳洲全国课程基础能力·个人与社会能力篇》中就要求学生接触不同类型的事物,这其中包括分辨和及时调整情绪、发展对他人的同情心和认识不同的关系、开始建立真正的关系、做负责任的决定、在团队中进行有效率的互动、有建设地处理挑战局面并锻炼领导技能。这样的一种表现形式并没有被当作学生的课外休闲活动,而是被当作教学实践的一种方式。他们认为学习者在高压的环境之下会回应挑战、克服犹豫或者恐惧而促进个人成长。这在一定程度上,可以让澳大利亚的教师成为学生发展的促进者,而不只是知识的"守门员"。

进行环境研究的田野工作则需要在对生态知识的探求中,将教学法准则和实践延伸到环境伦理。学生在进行环境研究时可能会被安排一个名为"看守"标题的课程方案,主要内容将会从看守珊瑚、看守漂白剂、看守海洋、看守海草、看守红树林、看守虫子、看守青蛙、看守河流、看守水源、看守港湾、看守盐分等中选择,以便更好地帮助学生了解自然。

二、主要发展目标

从各个国家的不同表现形式中,我们不难看出,无论使用的是哪种方式,其最终目标都是为了提升学生的全面发展能力。例如:美国户外教育的出现就是为了弥补工业革命发展下人们对自然认识的缺失,后期逐渐发展成为培养美国学生生存能力的一种手段;日本的野外教育基于战争时期对青少年们自救能力的培养,后期逐渐发展成为促进青少年个性养成、思考判断能力的提升的一种手段;英国的游学从为了获取其他国家先进知识与经验到贵族青年为了提升自己的语言能力及社交礼仪,再到普通群众参与,最终发展成为希望学生学会学习、学会做事、学会交流、学会生存的一种教育方式;在加拿大,户外教育以培养交际和人的能力为目标;在丹麦,提供定期户外学习的互动被称为Udeskole,丹麦语意指户外学校,甚至包含运用学校的自然场域及文化背景作为教室的延伸,主要由班主任引导,希望能够激发学生的好奇心,促进学生对大自然的兴趣和探索欲望,以及增加美学上的知识和技能;在澳大利亚,倡导通过冒险教育的方式提高学生在高压处境下回应挑战、克服犹豫或恐惧的能力,以达到促进个人成长的目的。以上这些虽然会有些许目的上的差异,但最终都是聚焦于学生的个人素质与综合能力的培养,这也体现出各个国家都十分重视青少年思想与技能的培养。

(一)美国

美国的户外教育注重从社会学的视角透视户外教育的价值,他们认为自然体验的户外教育是美国青少年生存、教育的重要手段,是户外活动、环境教育、个人与社会发展三者产生的交集。Phenix教授和Smuys教授认为,户外教育的最大意义就在于将教育中许多抽象的内容变成实实在在的实用知识。美国的青少年户外教育注重让学生在轻松的户外氛围中接触自然与社会,学习人类生存、生活所需要的知识和技能,从而达到促进学生形成正确的世界观的目的。这样一种方式不仅可以营造轻松愉快的氛围,让学生获得直接的感官体验,而且可以激发学生的学习兴趣,促进他们的创造力,提高他们的动手能力。

随着经济和教育方式的发展,美国户外教育的发展目标也在逐渐发生变化。美国第一次经济危机期间,许多儿童居无定所,只能生活在脏乱的贫民窟中。这个时候,美国户外教育的雏形——野营教育诞生了。这种模式主要是通过户外教育这种方式,为学生提供一个充满阳光和新鲜空气的生活环境。后来,经济危机加剧,美国人将目光转向了能够促进美国经济发展的自然资源,相应的户外教育也开始蓬勃发展。第二次世界大战之后,美国经济得到快速发展,人民生活水平提高,更多的人选择通过户外休闲娱乐的方式来获得愉悦感和知识。从这时起,美国的户外教育开始向大众群体普及,户外教育的发展理念也被更多人所接受。20世纪20年代,美国兴起了一场进步主义运动。这场运动倡导教育要以儿童为中心,要给青少年提供独特的户外教育体验,要让他们走进田园、森林、农场等户外场所。此时,美国户外教育的重心就转移到了提高身体心理素质、培养学生社交能力和临场发挥能力上来,他们认为这样做有助于提高学生对未来的适应性。同时,在这段时间,美国政府发现当时的儿童花费在户外运动上的时间是历史上最少的,而且社会上出现的儿童肥胖问题应该引起注意,于是美国国会专门通过了一项法案,让青少年能够通过户外运动的方式来改善运动习惯,促进身体健康。美国的户外教育课程化之后,严格遵循教育宗旨,将户外教育的课程形式覆盖学校营地式项目、荒野基础探险项目和长期项目这三个层面,囊括了滑雪、皮划艇、远足、露营、山地自行车、攀岩等现代运动项目。此外,留宿式户外教育是当前美国青少年最为喜欢的一种户外教育方式。这种模式可以让学生在户外教育中心居住一段时间来完成各项具体的教学任务,并在课程结束之后对学生进行综合性评估,从而让学生了解到自己的学习情况。

以上所有表现形式都具有实践性和开放性这两种特征,这也是美国户外教育的共性,也体现出美国户外教育的基础就在于实践,虽然包含在教育里,但这种模式与课堂教学不同,它可以与多种场景融合,在真实情境中实现教学目标。

(二)日本

野外教育就是在野外自然环境中进行的教育活动。它的范围十分广泛,涵盖了海、陆、空三大领域。同时,内容丰富多样,既包括向自然和体力挑战的滑冰、滑雪、划船、潜水、冲浪等项目,又包括以休闲娱乐为主的钓鱼、游泳等项目,既可以独自进行,又可以集体活动,具有多样性、自由性、团体性、身体运动性和创造性等特点。由于野外教育活动本身存在的安全隐患和危险性,这类活动在一定程度上可以培养学生独立思考的能力和独自判断的能力,以便学生的人格和个性能够得到充分的发展。

在不同发展时期,野外教育对于青少年的要求也不同。在野外教育的发展初期,也就是在日本的战争年代前期,野外活动还未形成系统的野外教育,一般以野营为中心,在野营中进行军事活动的训练,通过这种训练来提高青少年的组织纪律性及他们的野战搭营的技术技巧。第二次世界大战后,日本的物资处于紧张状态,同时民主主义、民主政治兴起,人们的观念发生改变,大家开始关心要用什么样的方式才能让青少年感觉到对未来的希望,因此文旅部决定开展青少年的野外活动。但在政府发文之后,由于社会上对野外活动的狂热追求,出现了一大批社会问题,于是政府出台了禁止野营的条例。随后,日本又掀起了一股登山热潮,由于没有安全措施的登山让死难事故增加,于是政府又出台了禁止登山的条例。这样一些社会性事件让政府意识到指导的重要性。于是政府开始着手指导者的培养工作,并在全国开展了以青少年为中心的团体组织进行的野营,也称之为"野营教育"。到后期日本经济得到迅猛发展,人们又开始担心在这种安逸的生活年代,战争之后出生的青少年该如何得到良好的教育。此时政府认为推行野外教育依旧是一项有效的教育手段，野外教育因此继续得以发展。随着日本经济持续发展，在注重升学率的时代，各种补习班泛滥，过去的青少年教育的野外活动目标逐渐转向青少年的个人健康。学习了美国的经验后，日本开始将野外活动引入学校教育，希望学生能站在体验学习的立场上，从教育上认识到野外活动的意义，同时让学生能够对自然环境产生一个科学性的认知，并将保护环境的思考带进生活中，培养学生的行为能力和认知态度。

（三）英国

英国游学最初出现于中世纪，那时英国人多信奉天主教。许多英国的天主教徒前往亚欧大陆进行朝圣，朝圣的地方主要是耶路撒冷、罗马和西班牙，其中圣城耶路撒冷是他们最期望朝圣的地方，但由于战争及高昂的费用，常让人们望而却步。相比之下，罗马和西班牙的康博斯特拉反而成为最受欢迎的朝圣地点。这种早期的游学既可以满足英国人对宗教的虔诚追求，又可以扩展他们对岛外世界的认知，于是便慢慢兴盛起来。

工业革命之后，英国贵族和早期资本家为了更好地为英国君主服务和学习国外先进技术经验，开始派遣人员前往欧洲大陆游历学习。他们可以在这样一个过程中掌握近代语言和历史，学习各种体育技能，熟悉各种社交礼仪，学习其他国家先进技术和经验，从而促进自身和本国经济发展。后来，一批牛津学子通过这种方式前往意大利进行考察学习，并将他们在国外学习到的先进思想和实践经验带回本国，促进了英国现代学术的发展。

在18、19世纪交接之际，这种研学方式开始从贵族阶级走向大众群体。许多中产阶级和普通工薪阶级家庭都会让自己的子女参加这种活动。这样的局面引起了英国政府的关注，他们将这样的形式纳入地方教学大纲，并要求各个学校开展相应的研学旅行活动。在这样的政策下，英国教育与技能部在2006年发布的报告《课外教育宣言》中明确表示，研学旅行的最终目标在于促进学校为每一个学生提供高质量且安全的学校参观活动。在这一时期发展研学旅行有如下六项目标：①给所有儿童提供一系列内容广泛且高品质的课外体验，培养包括个人学习、思考、探究等内在的关键生活技能；②鼓励教师或其他相关人员开展行动研究，探寻更为有效的实施研学旅行的方法；③支持学校和地方教育当局安全、有效地管理参观活动，并为儿童提供保障；④为教师提供组织参观活动时所需要的指南、建议及资源；⑤鼓励家长支持和参与儿童的课外教育，并且确保他们的孩子能够从课堂外的体验中获得最大的收获；⑥鼓励学校与其他学校及各类组织联合开展相关活动，一起从活动中获得成长。

英国政府通过这样的研学旅行措施，帮助学生亲自去体验和感受各项活动，从而获得各种经验与知识，并潜在地提升孩子们对空间方位的感知、对感知对象的记忆及语言描述的能力，从而让他们学会学习、学会做事、学会交流、学会生存。

（四）加拿大

加拿大的户外教育承接Priest的体验教育理念，通常以培育人际和个人能力为目标。例如，加拿大的夏令营十分热门，曾有调研表明47%的加拿大人曾在童年时期参加过在外过夜的夏令营，而84%的加拿大人认为夏令营之所以重要是因为它可以提供给孩子在其他地方无法获得的社会、实用、体能与其他生活技能。它能够为学生提供在团体中生活、作业与玩耍的机会,获得生活基本历程中的体验和洞察力。另外,还有加拿大的原住民教育,由于加拿大的历史遗留因素,原住民在过去数千年都是在自然环境中教育他们的孩子,所以原住民教育会认为教育过程是一个公共的社交活动。他们能够透过教育和生命整体,在心灵深处种下对自然世界的敬意。同时,也能够让学生了解到原住民的一些传统故事、仪式和礼节,将学生的情感、身体、心灵融入教学,促进学生真实的体验感。加拿大的环境教育与都市生态教育会利用一些能够激发学习者运用感官的游戏,提高学生对自然环境的关注。还有一种原始主义教育方案,十分适合野外求生者,它需要参与者熟练搭建营帐、生火、辨认植物、猎捕、定向及个人照护等生存技巧,能够极大地提升参与者的个人能力。

(五)丹麦

丹麦的 Udeskole 运动主要表现为自下而上的教育草根运动,它并没有在任何正规课程中明确提出,却依然在各类学校教学中如火如荼地开展。尽管有支持和思想交流网络(Udeskole. net)和一个为教师提供资源的组织(Skoven I Skolen)[①],但大多数参与其中的教师都在利用自己的知识和热情进行户外教学,而不需要额外的资格。

学校教师将"Udeskole 运动"作为义务教育的部分活动,可以通过它传递关于学术、社会、动机、健康等多个方面的相关知识,可以促进学生专注力、学习力的形成,也有助于提升学生的学习效果。"Udeskole 运动"使用当地户外环境来赋予学习过程真实性,并引发学生的好奇心,促进学生对大自然的文化兴趣和探索欲望,以及增加美学上的知识和技能。班主任负责执行是整合户外体验和课堂学习的一个重要方面,也成为丹麦 Udeskole 运动的关键特色。

(六)澳大利亚

澳大利亚有一个特殊习俗,那就是因失败而死在荒野的探险家与成功者同样受到尊重,澳大利亚人对大自然秉持着尊崇和敬畏的态度。由于在荒野般的环境中进行冒险挑战带有许多不确定性,而这些不确定性更需要学生灵活使用他们的智力和体能技巧进行挑战,从而达到促进学生品格成长的目的。只有在这样能够直接体验的环境中,才能让学生的学习变得更加真实,他们必须为自己做决定,为自己的个人行为负责。只有这样,学生才能将在户外冒险课程中学习到的新知识应用于真实的生活。这同样符合澳大利亚"没有所谓的舒适圈"理论,教育者相信学生会在高压处境下回应挑战、克服犹豫或恐惧而促进个人成长。

第二节 国际研学旅行的发展

一、典型案例

(一)芝加哥植物园

芝加哥植物园位于美国伊利诺伊州格兰科区,隶属于库克县的森林保护区(见图3-1)。

---

① "Skoven I Skolen"是一个会员组织,旨在就户外学习向政府进行游说,并每年举办两次会议,成员们在会上交流想法和技能,在组织间形成协作,并讨论政策和实践。

它是美国人流量位居第二的植物园。园内收集展示了9000多种植物及可见鸟类250多种，是一座集科研、科普、美化环境于一体的活体植物博物馆。它的园内教育活动十分丰富且有趣，这些植物园内的教育课程主要由植物园的教育学习中心和小约瑟夫·瑞根斯坦学校这两个部门来负责。和其他载体不同的是，它们的服务对象主要是教师、学生和家庭。它们在实施教育项目时会具体结合学校及社区的教育内容。

图3-1　美国芝加哥植物园

1. 面向教师的教育项目

面向教师的教育项目会具体结合教师所从事的学校专业课程，刺激教师在植物学等方面的兴趣和能力，帮助他们提高教学能力及增长实践经验，这样就可以使他们更好地对学生进行教学。这一项目主要面向的是幼儿园到十二年级的教师，植物园会根据当地的教学标准，针对不同年级的教师对项目进行针对性的设计。另外，教师项目分为春、夏、秋、冬四季课程，根据不同季节下不同的自然风情打造特色课程，如春季有"北美草原讲座""惊人的适应性""在农场中学习"三种课程。"北美草原讲座"会教导教师如何带领学生在学校的操场建造一个原生草原，并学习这类型生态环境的特点，让学生想办法采取一些行动来保护自然环境；"惊人的适应性"是专门为幼儿园小班教师及看护人员设计的课程，主要是为了教授教师如何启发孩子们的创造力，通过对感觉的探索来了解适应性的概念；"在农场中学习"会向教师介绍粮食的生产、分配及与其他社会学科之间的联系，并教授教师如何进行有机园艺的种植。夏季课程会向教师介绍关于植物的基础知识，如植物们的器官、生命周期、植物的功能、对环境的影响等，还会介绍当地的生态系统和外来物种入侵会对原地区产生何种影响。另外，教育中心会有面对特殊学生的园艺疗法教学，以及专门为早教工作者设计的动手实践和向儿童介绍自然的技巧。秋季课程会进行"土壤研究"，学习如何通过唱歌、游戏的方式帮助儿童了解植物的生命周期循环。冬季课程会指导教师带领儿童了解自然的历史和文化的联系，通过儿童文学作品来调查大家对环保的看法等。

2. 面向学生的教学项目

面向学生的教学项目同样涵盖从幼儿园到十二年级的学生，它们会依据学校的学习标准向不同年级的学生提供不同的教学项目。这些教学项目都比较重视体验、实际考察、科学探索等，包括"学校实地考察""科学体验营""大学预科营"等项目。其中，"科学体验营"主要面向七到九年级的学生。夏季,他们会在植物园内度过一个月。在这一个月的时间里,他们可以观察园内动植物,与植物学遗传学家进行座谈,进行模拟狩猎的游戏。

3. 面向家庭的教育项目

面向家庭的教育项目希望父母能够带着孩子一起学习动植物知识,感受自然的变化之美,主要包含"周末家庭课程""小小挖掘家""自然之夜"等内容。"周末家庭课程"每隔一段时期就会更换相应的主题内容,如在2010年至2011年就学习用植物来制作颜料、美食等。还可以了解热带雨林植物与口香糖、蜜蜂与蜂蜡的关系等。"小小挖掘家"适合2~4岁的儿童,他们可以学习基础的水果、蔬菜看护知识,认识动植物。"自然之夜"可以让家长带着孩子在夜晚点燃篝火或者林中徒步或者草原探险,聆听自然之声,感受自然之美。

4. 其他的一些常规型项目

除了以上三种教学项目,植物园中还设计了一些常规型的项目。例如,在图书馆中开故事会、在水果园和蔬菜园种下小小种子,学习制作药茶、植物肥皂或者以热带树的汁液为原料的弹力球等。

植物园的另外一个教学负责部门小约瑟夫·瑞根斯坦学校同样也会开设一些课程,不过这里的课程则主要是针对成年人而设计的。学校会开设常规类课程、培训类课程、学位类课程及一些社区园艺项目。常规类课程主要包括"园艺学""花园设计""自然基础研究"等内容,参与者可以在参与过程中激发自己在艺术方面的潜力。培训类课程可以在通过培训后获得毕业证书,其中的园艺疗法课程已经开展了43年,取得的成绩一直处于园艺康复领域的前列。学位类课程主要是通过与其他大学进行合作,提供一些相关学科的学位证书,大学的学生们也可以与研究人员一起工作,将所学知识与实际状况结合起来。社区园艺项目则主要是通过这样一种义务性的服务来对社区大众进行潜移默化的影响,提高大众的环境意识。另外,还有一个"硕士园丁计划",学员在社区园艺项目的课程结束之后,必须完成60小时的义务服务,才可以成为硕士园丁中的一员。这种方式不仅可以让学员意识到这种服务的重要性,还可以让他们将学到的东西用于生活,做到活学活用。

(二)加拿大科瑞特环保基地

科瑞特环保基地是加拿大多伦多最重要的户外教育与环境教育相结合的可持续发展教育实践基地。它的建设保持原有生态的理念,整个环保基地被丛林环绕,与自然融为一体。它的建设没有引用任何外来物种,完全保留了该地区生态优良、物种丰富的特色。这样的建设,一是为了让学生充分感受自然的魅力,培养学生对自然环境的保护意识;二是可以更好地让学生理解生物的多样性,并对自然中的河流、树木、湿地等进行测量。

它在教育课程上的设计从其装修设计就能体现出来。林区参观步道上设置了木头小屋和树木年轮,这样一些木头元素可以让学生更好地了解树木与碳元素的关系。他们会在教师或者工作人员的帮助下了解到煤炭是亿万年前埋藏在地底下的植物形成的,植物中60%的重量是吸收大气中的碳元素转化而来的,植物能够通过光合作用将碳元素固化下来,植被可以储存水分,这也正是树荫底下更为凉爽的原因。类似于这样的情景设置能够更好地让学生感受到大自然的神奇并能够教会学生爱护花草树木,从而使学生形成尊重自然、保护自然、顺应自然的可持续发展理念。

除了这样一些情景设置,科瑞特环保基地还特意打造了一系列教育设施来帮助学生开展研究性学习。科瑞特环保基地同样根据当地学校的课程标准进行课程的设计,并为学生提供了保护生态教育、能源教育、家庭生态建设展示、新能源研究与利用展示及高校室内活动试验区等模型与建筑。比如,用于研究水土保持的设施——停车场路面渗水设计。这个样板在相邻两个区域的露天停车场分别使用人工渗透和自然渗透两种设计,学生可以通过比对这两块样板的渗透率来进行植物固水对比实验。又如,新能源节能小屋。这座小屋搭建所使用的材料均为环保材料,它充分利用了风能、太阳能、地热能等能源来维持小屋的能源供给,如,小屋通过使用较厚且外墙为水泥、内墙为两层木头的中空设计来维持室内的温度,使得屋内冬暖夏凉;外展窗户和尖尖的屋顶可以为小屋提供太阳能转化之后产生的电力;透明断层的墙体设计是为了方便学生进行数据的测量和采集。这所新能源节能小屋也是北美地区唯一一家可以对新能源吸收率进行监测分析、对比研究的场所。科瑞特环保基地还可以与相关院校进行合作,既可以帮助相关专业学生提高技术技能,也可以在一定程度上对学生形成节约资源、保护环境的意识产生积极影响。

太阳能水泵和人力资源自行车也是科瑞特环保基地一项有关水与能源现场教学的设施。这项成果是基地人员自己研发出来的,具有很高的实践价值和研究价值。其中,太阳能水泵可以汲取距离地表30米以下的水源,人力资源自行车通过人工骑车产生的能量来带动水泵的运行,从而让学生直观感受什么是能量转换。学生也可以在骑车抽水的过程中感受到抽取1泵水需要花费多少能量,感受到水资源的珍贵性和水资源的来之不易,从而树立节约用水的环保意识。另外,科瑞特环保基地还建立了新能源家庭样板间,学生可以在里面参观、学习与体验。

(三)日本国际儿童图书馆

国际儿童图书馆是日本的一家国家儿童图书馆,它全面收集日本国内的童书、儿童杂志、学习参考书及面向儿童的DVD等(见图3-2)。同时,它还会以购买或者进行国际交换、赠送的方式来收集全球120多个国家和地区的儿童读物。它会为日本的儿童和青少年举办各种讲座、读书推广活动等。在以前,它会为中小学生提供馆内参观、职业体验、故事会等形式的修学服务,但馆内图书多适合幼儿园和小学生阅读,很难满足初高中生的需求。图书馆为了提高可适性,在2011年决定计划以图书馆调查研究为基础,为前来修学旅行的初高中生开设研究室。为了建设初高中生需要的研究室,图书馆进行了大量的调查研究。首先,图书馆工作人员开始广泛搜集候选图书,并按照一定原则对图书进行筛选,从而保证图书对青少年的实用性。在经过了一段时间的筛选后,图书馆终于确定了可供学生使用的约10000册藏书。除了书籍的搜罗,他们还在研究室的空间设计上花了一番功夫。例如,将研究室分为两间房:一间房用来阅览图书,另一间房专门用来进行调研活动体验。房间内设显示屏、讲台和学生活动用桌椅等,学生可在此处开展相关活动。

最重要的是,图书馆为了吸引学生前来进行学习,还专门设置了六门实践课程。其中包含了四门研究型课程,即"解决问题竞赛""知识竞赛""馆内探索印章竞赛""提问比赛",以及"故事创作"和"制作POP广告"两门需要较强创造力的课程。"解决问题竞赛"需要团队使用研究室内的资料和网络,通过小组协作来寻找答案,最先找出答案者获胜;"知识竞赛"可以采用个人或团队的形式参与,同样也需要在一定的时间内找到正确的答案;"馆内探索印章竞赛"需要团队在图书馆内进行搜寻,通过解决找到的问题来收集印章,在规定的时间内收集到尽量多的印章;"提问比赛"则是将学生分为两队,两队相互提问并解答对方的问题;"故事创作"要求学生组成不同的队伍,并给每个队伍分发一本外语图画书,大家要通过看图来想象故事;"制作POP广告"要求每位学生选择一本研究室内的资料,并在短时间内掌握资料的基本信息,然后用简短的语言作为POP广告语向大家传达资料想要表达的精华内容。图书馆这六门课程难度各异,会根据学生年龄进行不同的安排,它们能够帮助学生切身感受使用书籍调研的乐趣,为青少年未来长期、高效的使用图书奠定了基础。

截至2019年3月,国际儿童图书馆开设的研究室和调查研究课程已经成功运作了5年,服务内容也在不断完善。图书馆已经为初高中生顺利地开展了85次服务,其中"解决问题竞赛"和"馆内探索印章竞赛"开展的次数最多。虽然这样一些数据在国际各大图书馆内仍显得微不足道,但对于我国来说,日本国际儿童图书馆案例仍能给人们带来许多启发。

图 3-2　日本国际儿童图书馆

二、发展趋势

（一）持续强调教育功能的导向

纵观国际研学旅行实践,主要的研学旅行实施模式包括自然教育模式、生活体验模式、文化考察模式和交换学习模式四种类型,其共同点在于对个体成长的持续探索,包括关键技能、知识和个人素质。国外研学旅行理论研究表明,研学旅行丰富了学校的教育方式,在帮助学生实践、学习知识、增长见闻、提高观察技能、激发学习兴趣等方面都具有重要价值与意义。在更高的精神追求维度,研学旅行也能为学生提供更为持久的文化影响,帮助学生体会国家精神和民族文化,这也是国民教育的终极目标。

（二）更加重视师资角色的转变

在研学旅行课程内容愈加丰富的环境下,具有专业性知识和技能的研学旅行教师队伍的建设显得愈发重要。国外研学旅行理论研究表明,教师在校外环境中往往较难充分发挥作用,主要原因是教师习惯于学校内部的教堂教学,习惯于以标准化、流程化的知识讲授为授课方式,习惯于传统科学认知学习方式的灌输,而这些惯性在研学旅行教育中都存在弊

病,亟待解决。因此,未来的研学旅行师资培训应朝向师资角色转变,由一元转向多元、由静态转为动态、由主导转为补充。

(三)充分挖掘多元的课程模式

从研学旅行四类模式来看,国际上自然教育模式过去主要活动内容有野营、登山、攀岩、生物观察等。随着时代科技的发展和文明的进步,人们逐渐开始进行冲浪、潜水、漂流、滑翔、跳伞等具有更高难度和危险性的活动。这主要得益于科技带来的对人身安全的保障。从表现方式及目标主体来看,过去人们只是单纯地进行户外运动,在教学上没有那么细致,主要面向的是青少年(学生)。但现在行业会更加注重对教师的培养,通过丰富教师的知识储备、提高教师的教学能力来对学生进行潜移默化的影响,从而更好地达到教学目标。比如,上文提到的芝加哥植物园就有这样一些针对教师的活动课程和一些针对家庭的活动课程,能够将娱乐与学习结合起来,寓教于乐,更加重视对学生创造能力及思维性的引导。总之,研学旅行强调过程的、动态的、持续的体验性教育,在传统教育功能的实现上更加强调课程内容的弹性与知识获取方式的多元化。

本章小结

(1)研学旅行在西方国家出现得较早,发展得较完善,尤其在西方一些发达国家,研学旅行很早前就成为青少年成长过程中的重要教育方式。

(2)依据不同国情与文化背景的差异性,国际研学旅行的发生具有多种方式,如参观博物馆等文化机构、参观与校内课程相关的自然环境及企业等具体空间场景、参加短期夏令营项目等,并延伸出不同的学术表达。

(3)国际研学旅行表现形式多样,但其最终目标都是为了全面提升学生的综合素养。

(4)研学旅行各发展阶段不仅具有共同的长期发展目标,而且具有特定时期不同的短期目标。

(5)研学旅行未来发展趋势包括持续强调教育功能的导向、更加重视师资角色的转变,以及充分挖掘多元的课程模式。

核心关键词

体验教育(Experiential Education)
户外教育(Outdoor Education)
实地考察(Field Trip)
教育旅游(Educational Tourism)
国际趋势(International Trend)

思考与练习

1. 简要描述国外研学旅行的主要方式与内容。
2. 在国外研学旅行发展实践中,有什么内容是值得我们借鉴和学习的呢?

带你去农场:美国中小学各年级自然教育体验[①]

在这里,孩子们在清晨早餐后会得到一项有趣的任务,就是将吃剩的早餐收集起来去喂养牲畜。牲畜每天都能享用到美食,而孩子们也实践了一项健康生态系统的基本原则——营养物质循环。孩子们不需要听老师用科学术语进行解释,在行动中,他们就会感受到这是怎么回事,如图3-3所示。

图3-3 美国的农场

一年级的学生们在农场开始实地学习,他们在农场学习中心工作人员的带领下,会参与每周的农场零活,包括喂鸡、放羊或者就看看动物。

二年级的学生们已经种下了小麦,丰收的时候,他们将亲自打谷、扬场。

三年级的学生们用手锯切割树林里那些已经倒下的木头,到糖枫林里采集枫树汁。他们用锯好的木头点火煮枫树汁,用亲自种出的小麦磨成面粉做煎饼,配上煮好的糖浆,这美味的早餐就是最好的犒劳了!房屋搭建活动让他们的实践课更丰富了,他们用当地的石头、木头、玉米秆、黏土,以及从山谷和森林里找到的其他材料来建造游戏屋和花棚。

---

① 带你去农场:美国中小学各年级自然教育体验[EB/OL].(2015-04-16)[2021-10-18]. https://www.sohu.com/a/11050025_109857.

四年级的学生们通过照顾小牛,每位参与者都学会了尊重地球上的其他生物。学生们还会通过绘图、水彩、黏土塑形等来描述农场地形。

五年级的学生们会拿着写字板来霍桑山谷商店研究乳制品实例,比较来自周边地区和其他地区的奶酪的价格。他们将参观当地的奶油厂,并从那里了解到每磅牛奶的成本及多少磅牛奶才能做出一磅奶酪。当学生们对组成食品系统的各部分关系和价格有了更深入的理解后,他们就能够考虑到保存、人工成本、运输等因素了。

六年级的学生们开始通过探险拓宽他们已经熟悉的领域——在不同程度上探索霍桑山谷以外的世界。

七年级的学生们将学习气象学。他们观察山谷的微气候,进一步了解当地的气候与生态环境,并对生态系统的概念有进一步的认识。

八年级的学生们会回到农场进行一周的实习课,学生们可能会在奶油厂、面包房、泡菜地窖间轮换实习,并且学习到增加场地的附加值对于农场的经济生存能力是多么重要。牧民、奶牛厂经理和农场商店或果蔬市场之间以透明定价的方式来决定商品的价格,这为学生们了解联合经济运作提供了一个窗口。

九年级学生们将离开农场进行一次土地测量旅行。通过实地测量霍桑山谷的田地和森林,进而学会了三角法,学生们将要用一周的时间外出去测量不同的地方,作为他们探索更广大世界旅程的延续。

十年级的学生们将会离开校园参加个体实习课,每位学生都将有一个根据学生兴趣不同而分配的导师,其范围很广,有的是乘皮特·希格的克利尔沃特单桅帆船在哈德逊河航行,有的是和华尔街的投资银行家一起工作。十年级的实习课或许会给学生们的高级项目一些灵感。例如,一位学生对蜜蜂很有兴趣,接下来霍桑山谷的景观生态项目研究员会指导这位学生对哥伦比亚县本地传粉者进行综合研究。

思考:
1. 以上案例中,美国霍桑山谷农场的农业研学理念是什么?
2. 结合案例具体内容分析其课程设计或教学运营有哪些值得借鉴的地方。

第四章

研学旅行的国内发展

学习目标

1. 了解我国研学旅行发生的三种主要范式。
2. 熟悉我国有关研学旅行的重要政策及意义。
3. 思考我国研学旅行现状、问题及发展趋势。

问题引导

1. 你知道的国内研学旅行有哪些主要表现形式?
2. 你如何评价国内的研学旅行?

第一节 国内研学旅行的发生

早在两千多年前的春秋战国时期,孔子便开创了我国古代游学的先例。然而在近现代,我国的研学旅行起步较晚。随着中国教育的逐步改革与升级,社会对学生综合能力的要求日渐提升,教育的重心也逐渐从应试教育向素质教育转变。与此同时,交通工具的升级、信息交互的加快、行业融合的跨界等时代红利出现,研学旅行不断发生并创造了新时代的教育逻辑,倡导学生在活动中主动地探索社会和自然,加强了作为研学主体的青少年与社会和自然的联结,帮助他们将抽象的知识转变为具体生动的记忆。研学旅行作为一种新的综合实践型课程渐渐为人们所知晓。

一、发生逻辑与组织框架

依据各类顶层设计原则与相关要求,国内研学旅行发生的主要逻辑是紧密围绕着我国中小学生教育教学活动开展,具体表现为符合我国中小学生综合实践活动课程的相关要求;

在贯彻落实综合实践活动课程的理念上,以旅行的手段更全面、更充分地实现综合实践活动课程的目标与价值;在丰富学生日常学习的同时,促进他们主体性学习能力的发展和健全人格的培养。

依据研学旅行活动开展的体系性、制度性工作要求,国内研学旅行发生的主要组织框架来自国务院、教育部及相关部门、省、市(区)、县各级教育部门及相关部门、各地中小学校等多个主体层级,如图4-1所示。它们责任清晰、分工明确、上下联动、环环相扣,共同保障研学旅行的课程开发、线路规划、安全保障等一系列活动组织管理的有序开展。

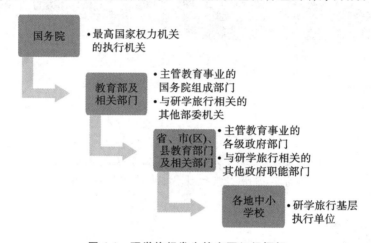

图 4-1 研学旅行发生的主要组织框架

其中,国务院的组织角色是统领大局,进行战略层面的宏观指导;教育部及相关部门的组织角色是在教育事业体系建设的范畴中进行总体布局,制定与研学旅行相关的顶层制度性文件和纲领,在全国范围内统筹规划并搭建研学旅行教育平台;省、市(区)、县各级教育部门及相关部门的组织角色是在各自行政区域内教育事业体系建设的范畴中进行区域布局,制定适合区域教育事业发展的针对性研学旅行适应性文件及落地方案,在区域范围内统筹规划并搭建研学旅行教育平台;各地中小学校的组织角色是深入理解有关研学教育的各类顶层设计理念及逻辑,尽可能结合自身办学理念与实际情况,因地制宜设计并落实全面且详尽的研学旅行活动方案,并组织及保障活动的顺利开展。

二、发生主体及范式

(一)实施主体

在明确国内研学旅行的发生逻辑与组织框架后,真正参与研学旅行活动的行动者主体将更加多元化。2016年国家旅游局出台的《研学旅行服务规范》指出,参与研学旅行方案策划和实施的主体主要有三方:有明确研学主题和教育目的的研学旅行活动组织方,即主办方,主办方一般由学校来担任,是研学旅行活动的发起者和提倡者;与研学旅行活动主办方签订合同、提供教育服务的旅行社或旅行机构,即承办方,承办方协助主办方制定计划、提供日程与旅游方案;与活动承办方签订合同,提供旅游地接、交通、住宿、餐饮等服务的机构,即供应方,供应方一般为酒店、交通公司、餐厅等职能机构。

1. 主办方

学校作为活动开展层面的主办方,主要承担的职责是研学旅行中研学的部分:为学生制订学习计划,将研学旅行的内容与现有的知识体系框架连接起来,把课程内容与知识整合到游览活动中,选择合适的主题,协调学生与家长,等等。

2. 承办方

研学服务机构或旅行社作为研学旅行的承办方,主要承担的职责是研学旅行中的旅行部分:协助学校安排旅行活动,提供研学和教育服务,设计活动日程和流程,为主办方制订计划,等等。

3. 供应方

《研学旅行服务规范》中特别说明,教育服务项目可分为健身项目、健手项目、健脑项目和健心项目,培养学生的生存能力、动手能力、观察学习能力和情感践行能力等多种能力。教育服务的流程包括出行前、出行中和出行后。出行前,旅行社应该指导学生做好准备工作,安排学生阅读相关书籍资料,制订合适的学习计划。活动过程中,组织学生参与研学旅行活动,指导学生进行知识的记录,如撰写日记或调查报告。行程后也要组织学生进行心得体会分享活动,对整个研学过程进行多元评价。此外,供应方还与承办方对接,安排服务流程,确保活动有序、安全地进行。

(二)组织方式

在国内研学旅行蓬勃发展的实践中,大致显现出以下三种活动组织方式,代表着各方主体参与其中所处的位置,以及其应履行的职责。

1. 学校独立开发设计研学旅行

由学校独立开发设计研学旅行的活动组织方式也称独立承担范式,即由学校全权把控、自行组织。从内容的制定、方略的策划到具体的实施细节均由学校单独完成,学校安排师资分工开展各环节,直接对接供应方,推进研学活动。

在我国研学旅行政策的推行过程中,国家鼓励支持地方、学校进行探索开发。在具体的计划实施过程中,学校可以按照四个步骤依次开展活动,即驱动、考察准备、行动和多元评价。

(1)在驱动环节中,学校应明确研学旅行的主题,保证主题的实施性与可操作性,培养具有研学讲解能力的导师(指导师)配合工作,依照此行的目的和对学生的预期要求,加强对教师的培训。在课程选择上,也要根据中小学不同学段的研学旅行目标,有针对性地开发各种门类的课程,严格落实教育性和实践性的原则,结合学生身心特点、接受能力和实际需要,注重系统性、知识性、科学性和趣味性。

(2)在考察准备中,学校应对研学旅行的目的地进行提前考察,坚持安全第一,建立安全的保障机制,明确保障责任。为了配合研学旅行活动的顺利开展,也可以自行设计课本,或是提前给学生布置任务,让其查阅相关资料文献。对于教师的培训则以确保活动流程的顺利进行为目的,要求教师能够完整地带领整个班级团队完成活动。

(3)出行前应该规范研学旅行组织管理,拟定活动计划,并按照管理权限报教育行政部门备案,并取得家长的同意。在与家长进行沟通时,需要告知家长研学旅行活动的意义、时间安排、出行路线、费用收支等事项,明确校方、家长和学生的责任划分。研学活动开始后,学校尽量给予学生引导,避免直接干涉学生的行动,激发学生兴趣,提升学生自主学习的能力。但与供应方进行对接时,务必与每个供应商保持联系、洽谈一致,避免游览过程中因为与供应方衔接不上,导致游览行程卡壳。

(4)进行多元评价时,学校要注意除了学生自评和互评外,也应对教师的行为和整个研学旅行的流程进行总体评价。校方可以在校内举办研学活动成果交流展示会,展示学生在研学中的成果,为下一次研学旅行的改进提供思路。

2. 学校牵头,研学服务机构或研学基地承办

由学校牵头,研学服务机构或研学基地承办的活动组织方式也称市场外包范式,即由学校牵头,学校对研学服务机构的主题进行筛选后,选择与价格合适、活动适宜、主题鲜明的服务机构合作。学校将研学旅行部分外包给研学服务机构或旅行社,由承办方来完成整个活动流程,而学校主要负责监督和指导。

该范式的展开需要由学校率先选定主题,寻找推出相关产品的研学服务机构,或者由现成的研学产品改进而来。研学服务机构向学校提供研学方案,确认无误后签订旅游合同,模式类似于包价旅游。合同签订后,研学服务机构即开展研学活动的筹措工作,主要表现在与供应方协调统筹、对研学导师①进行培训等工作。研学导师主要带领学生进行研学课程的开展,保障学生安全及安排日常事务,工作量较大。活动进行时,学校也会安排班主任或任课老师一同跟团,配合研学导师带领学生,给研学导师提供帮助,同时也监督和管理研学导师活动,必要时可以补充专业知识。课程结束后,研学服务机构也将安排相应的总结和评价,除了前文提到的评价外,还应增加对研学服务机构工作的评价和意见。

3. 学校"研"+旅行机构"旅"

由学校"研"+旅行机构"旅"的活动组织方式也称分工合作范式,即研学和旅行两部分由教育和旅游两个领域的主管部门共同推行,但两部门各司其职、各有侧重。学校侧重于教育方面,宏观把控整个研学旅行的指导和方略,具体表现为确定研学旅行的主题、设计课程内容、衔接现有的课本知识体系。旅游部分则由学校遴选有资质、有信誉、专业的研学服务机构进行运作,专业性更强。

分工合作范式要求两个部门对研学产品共同进行开发研究,协同完成对研学产品的设计,传达国家政策的精神核心,把握研学旅行重点原则和实施细则。同时又讲究分工合作、取长补短,在各专业领域发挥其优势,做到"术业有专攻"。

教育部门与学校进行沟通合作,确定活动主题和活动内涵,规划研学目的地、活动核心元素和活动预期效果。学校对宏观目标进行系统性把控,归纳总结教学计划及方法,着手设计课程的内容,明确此次活动需要学生掌握哪些知识和技能,以及这些知识和技能如何链接课本知识不至于与课本教学脱节,并考虑研学活动结束后如何根据现有的手段考查学生的知识掌握和技能运用情况。学生在研学旅行活动上花费的时间和精力不应该在研学旅行结束后被忽略,而应该将研学习得的知识与课本知识进行融会贯通。

旅游部门接收到上述精神与主题后应着手开展行程设计的安排工作,确定行程的总流程,包括阶段性任务和总体规划。要对研学行程中的食、住、行、游等进行合理安排,及时联

---

① 研学旅行指导师,又称研学旅行导师、研学导师。

系对应的供应方,协调供应方的时间规划,做好预案和紧急措施,保证活动安全、有序地开展。在游览过程中,研学服务机构应该策划相应的研学活动,让学生在活动中感受环境教育所带来的感官体验,使其将抽象的知识通过亲身体验转化为具象的经验,而非仅仅是宣讲式教学或是将课堂内容搬到课外串讲。活动结束后,研学服务机构也应该组织学生开展展示活动,分享个人成果,归纳经验,整理知识内容,对本次活动进行评价、总结。

三、发生市场及现状

进入21世纪,教育市场已成为全球化与城市化进程中的投资重点。我国自改革开放以来,研学旅行的潜在消费市场成为教育市场中不可小觑的重要部分,吸引着社会结构中不同属性的市场主体竞相参与。在上述研学旅行的主要发生范式中,学校作为政府主导的代表主体,为研学旅行市场提供了刚需基础。

2020年3月发布的《中国亲子游与研学旅行年度发展报告2019》显示,研学旅行已横跨旅游和教育两个万亿市场,在"学"和"旅"的交叉领域获得蓬勃的发展空间。研学成为在校学生的刚需,未来3～5年研学的学校渗透率将迅速提升,研学市场总体规模将突破千亿。同时,研学市场供给繁荣,已有多种类型企业进军研学市场,并以中小企业为主。家长作为购买方起决定性作用,在对研学组织者的选择上,学校的倾向性明显;在研学基地的选择上,综合实践类基地更受青睐,其次为具有明确文化内涵的基地;在研学课程的选择上,绝大多数家长倾向为孩子选择动手实践型与知识讲座型课程。在产品开发方面,目前有六大类研学旅行目的地受到追捧,如图4-2所示。由此可见,目前国内研学旅行有着极大的市场潜力。

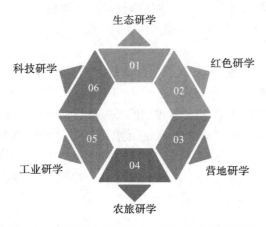

图4-2 市场热度较高的六大类研学旅行目的地

概括来说,国内研学旅行的发生市场及现状有以下特点。

(一)"游""学"存在脱节,但合作逐渐多元

自2016年至今,国家相应政策持续发力,研学旅游迅猛发展,研学旅游也逐渐变得规模化、商业化。巨大的潜在市场匿伏着"粗放掘金"的"猛兽",研学旅游价格的高涨与研学价值的低落将这一片蓝海市场推向了一个吊诡的窘境,即"游""学"开始出现脱节。

这种脱节主要表现为"学而不旅"或"旅而不学"。由于"游""学"在组织主体层面来源于

不同的行为主体,"游"属于市场要素,"学"属于教育要素,而市场要素相较于教育要素往往表现为更高效的即时满足,不同的利益偏好导致研学旅行的开展存在貌合神离的价值异向。"学而不旅"主要出现于本章前文所述的研学旅行发生的三种范式的范式一,即由学校独立开发设计研学旅行。在这种范式中,学校角色比重过大,且仍然存在应试教育情节严重的心态,视教育意义为研学旅行的核心,让学生从一开始就背上"沉重的包袱",学生忙于应付研学中的各种纷繁复杂的难题,而忽略了旅途中应该观察、体验、思考的自然乐趣。"旅而不学"主要出现于本章前文所述的研学旅行发生的三种范式的范式二,即由学校牵头,研学服务机构或基地承办的研学旅行。在这种范式中,存在学校角色比重过轻的情况,活动决策的执行更多由商业机构承办,利益导向的价值就会对研学的理念造成影响。

古人云"读万卷书,行万里路","学""旅"从来都需要兼顾。因此,经实践检验,目前市场主要的三种研学旅行的组织范式各有利弊,反映和强调了范式相互合作、共同抵御组织风险的必要性。更多可能范式的融入,将为研学旅行市场提供多种尝试与试错的机会,甚至为未来更大范围的行业参与和跨界合作提供想象空间与可进入性。"游""学"虽存在脱节,但合作将逐渐多元。

(二)课程既要规范性,也要多维度

与学校和旅行机构各司其职、共同参与相比,学校独立进行研学旅行课程设计更加规范。学校与教师对学生更加熟悉,能以学生为本,站在学生的角度思考课程的设计,课程的规范性更强,能够严格按照课程标准提供教学方案,促进学生文化素养的提升。但在组织策划旅行活动时,学校没有旅行机构那样丰富的处理大型旅游活动的经验,不善于旅游活动的策划,容易导致"隧道视野"效应,即缺乏远见和较远的规划能力。教师可能有丰富的讲解经验,但没有足够的带团经验。在学校单独组织的时候,安全性也不如与研学服务机构合作时高。

因此,实践中许多企业开始为独立承担范式提供产品的补充。如中青旅、携程、途牛等旅游知名企业近年都积极参与研学旅行的市场,并依据《研学旅行服务规范》中的分类,积极建设知识科普型、自然观赏型、体验考察型、励志拓展型和文化康乐型这五大类研学活动。知识科普型主打各种类型的博物馆研学;自然观赏型主打各种资源的自然见闻鉴赏;体验考察型主打各种形式的团队合作体验;励志拓展型主打各种层次的情怀教育与人格完善;文化康乐型主打多元内容的审美教育。这些产品在传统学校教育内容之外,既实现了对学生知识的补充,也提升了学生思维能力与道德修养。

知识链接　　全国政协委员徐利明:建议完善研学旅游市场秩序[①]

2020年5月21日,中国人民政治协商会议第十三届全国委员会第三次会议召

---

① 赵丹丹. 全国政协委员徐利明:建议完善研学旅游市场秩序[N/OL]. 2020-05-22[2021-10-25]. http://www.traveldaily.cn/article/137961.

开,全国政协委员、中国标准草书学社社长、南京艺术学院教授徐利明带来了完善研学旅游市场的建议。

徐利明说,自《意见》印发以来,我国研学旅行呈爆发式增长态势。激增的市场需求激发了旅行社、教育培训机构、景点景区、博物馆等各相关机构的参与热情,但同时暴露出不少问题。一是市场准入门槛低,管理规则缺失。我国研学旅行尚无严格的市场准入机制,参与研学的旅行社等主体从事开发、经营研学旅游产品的专业能力不强,有些只是简单增加了研学路线,并没有专业的研学课程和研学导师。二是评价机制缺乏标准,研学产品重形式、轻内容。由于对研学旅行的教育意义、目标、主题等缺乏系统的思考,不少研学旅行如同升级版的春游、秋游。三是监督体系不完善,责任不清,导致效果难显。教育、文旅、交通、卫生等相关部门的监管合力不强,导致研学课程质量不高、安全隐患多。为此,他提出以下几点建设。

第一,由国家层面做好顶层设计,严格准入机制。国家可以出台研学旅行发展纲要、研学旅行服务标准等政策文件,通过顶层设计统一研学旅游空间布局、基地建设、人员配比、设施配置、课程设计等各项从业技术标准,形成规范化、科学化、制度化的标准体系,提高进入研学旅行行业的门槛,并对从事研学的机构进行资质审核。

第二,坚持学校主体原则,细分研学市场,开发多层次的研学产品。探索试点将研学实践纳入学校教育教学计划,引导试点地区深挖研学旅行资源,结合学段特点、课程体系及地域特色,开发多层次、系统化的研学旅行教材产品。同时,加强对研学导师的培训,提升研学机构的从业水平。

此外,他还建议建立科学的评价及监督机制,指导研学机构规范发展。将教育性作为指导研学实践的基本原则和要求,由教育部门牵头第三方评价机构参与,分别对研学服务者和学生进行综合评价。

第二节 国内研学旅行的发展

我国研学旅行事业的发展,得益于国家不断溢出的政策红利与明确的政策指引。随着研学旅行相关政策的出台及研学旅行和户外教育在我国的普及和流行,各地中小学纷纷响应,开展试点工作,不断累积有关经验,更有部分地区的中小学已经将研学旅行纳入了学校教育的体系,有规模、有组织、有计划地开展研学旅行,为我国研学旅行的探索奠定了丰富的经验基础。

一、重要政策解读

"读万卷书,行万里路",实践是获取知识,增长见识,实现"学以致用""学以成人"最终学习目标的重要路径。党和国家领导人一贯重视青少年人才培养,强调教育的理论联系实际。

2013年2月,由国务院颁布的《国民旅游休闲纲要(2013—2020年)》中提到,"改善国民旅游休闲环境。稳步推进公共博物馆、纪念馆和爱国主义教育示范基地免费开放。……逐步推行中小学生研学旅行"。这一提法虽简短,却意义非凡,首次将研学旅行提升到国家倡导的层面。其后,各类重要政策相继出台,如表4-1所示。目前,各政策已然明确了研学旅行作为国民休闲的重要性,并将继续在国内教育事业中逐步推行。

表4-1 国内研学旅行的重要政策

发布时间	发布机构	政策名称	要 点
2013年2月	国务院办公厅	《国民旅游休闲纲要(2013—2020年)》	首次提出"逐步推行中小学生研学旅行"
2014年8月	国务院办公厅	《关于促进旅游业改革发展的若干意见》	专条专款提出了开展研学旅行的具体指导意见
2015年8月	国务院办公厅	《关于进一步促进旅游投资和消费的若干意见》	在"实施旅游消费促进计划,培育新的消费热点"中明确提出"支持研学旅行发展"
2016年11月	教育部等11部门	《关于推进中小学生研学旅行的意见》	首个以"研学旅行"为标题的正式文件,也是目前十分重要的指导意见
2017年9月	教育部	《中小学综合实践活动课程指导纲要》	明确将"研学旅行"列为中小学生综合实践活动课程特殊形式

(一)《关于促进旅游业改革发展的若干意见》

2014年8月,国务院办公厅印发《关于促进旅游业改革发展的若干意见》,更进一步地在性质、功能、原则和内容等要素上,为全国研学旅行活动的具体开展提供了明确的指导意见:"积极开展研学旅行。按照全面实施素质教育的要求,将研学旅行、夏令营、冬令营等作为青少年爱国主义和革命传统教育、国情教育的重要载体,纳入中小学生日常德育、美育、体育教育范畴,增进学生对自然和社会的认识,培养其社会责任感和实践能力。按照教育为本、安全第一的原则,建立小学阶段以乡土乡情研学为主、初中阶段以县情市情研学为主、高中阶段以省情国情研学为主的研学旅行体系。加强对研学旅行的管理,规范中小学生集体出国旅行。支持各地依托自然和文化遗产资源、大型公共设施、知名院校、工矿企业、科研机构,建设一批研学旅行基地,逐步完善接待体系。鼓励对研学旅行给予价格优惠。"

上述内容包含了四个要点:其一,研学旅行的性质是素质教育;其二,研学旅行的功能是对传统的德育、美育、体育等工作进行空间上的拓展;其三,研学旅行的原则是教育为本、安全第一;其四,研学旅行的内容是小学阶段以乡土乡情研学为主、初中阶段以县情市情研学为主、高中阶段以省情国情为主。

(二)《关于进一步促进旅游投资和消费的若干意见》

2015年8月,国务院办公厅印发《关于进一步促进旅游投资和消费的若干意见》,部署改革创新促进旅游投资和消费工作,指出旅游业是我国经济社会发展的综合性产业,是国民经济和现代服务业的重要组成部分。通过改革创新,促进旅游投资和消费,对于推动现代服务业发展,增加就业和居民收入,提升人民生活品质等,具有重要意义。

尤其值得注意的是,《关于进一步促进旅游投资和消费的若干意见》在第三部分"实施旅游消费促进计划,培育新的消费热点"的论述中明确提出:"支持研学旅行发展。把研学旅行纳入学生综合素质教育范畴。支持建设一批研学旅行基地,鼓励各地依托自然和文化遗产资源、红色旅游景点景区、大型公共设施、知名院校、科研机构、工矿企业、大型农场开展研学旅行活动。建立健全研学旅行安全保障机制。旅行社和研学旅行场所应在内容设计、导游配备、安全设施与防护等方面结合青少年学生特点,寓教于游。加强国际研学旅行交流,规范和引导中小学生赴境外开展研学旅行活动。"这就意味着,研学旅行已被国家纳入国民经济发展体系,它不仅是教育事业的重大举措,而且成为国家统筹事业发展的一部分。这也就给全国各级各类教育事业主体注入了一剂强心剂,使研学旅行得以夯实发展。

(三)《关于推进中小学生研学旅行的意见》

有关研学旅行最受瞩目的重要政策文件是2016年11月由教育部等11部门联合印发的《关于推进中小学生研学旅行的意见》,这也是首次将研学旅行正式纳入中小学教育教学计划并对研学旅行进行定义:"中小学生研学旅行是由教育部门和学校有计划地组织安排,通过集体旅行、集中食宿方式开展的研究性学习和旅行体验相结合的校外教育活动,是学校教育和校外教育衔接的创新形式,是教育教学的重要内容,是综合实践育人的有效途径。"

上述内容包含了四个要点:其一,研学旅行的主体是教育部门和学校;其二,研学旅行是校外教育活动,且校外校内教育要相互补充;其三,研学旅行实施要掌握教育性、实践性、安全性和公益性原则;其四,研学旅行明确组织实施要活动有方案、行前有备案、应急有预案。

(四)《中小学综合实践活动课程指导纲要》

2017年9月,教育部发布《中小学综合实践活动课程指导纲要》,继续为研学旅行提供政策导向。其中明确了课程性质、目标、内容选择与组织原则,特别提出了考察探究、社会服务、设计制作、职业体验四种主要的活动方式。研学旅行是中小学生综合实践活动课程的一种特殊形式,这要求研学旅行活动的开展需要参照《中小学综合实践活动课程指导纲要》进行规范性实施建设。除此之外,研学旅行也同样具备了综合实践活动课程的重要特征,不仅能体现其主导理念,而且能提供丰富的情境手段去更好地实现综合实践活动课程的目标和价值。

二、问题与对策

从目前实践执行层面看,上述重要政策文件相继印发后研学旅行确实正在如火如荼地开展,各省(市、区)纷纷出台研学促进政策,打造并评选出一系列研学示范基地、综合实践营地等,2018年甚至被视为研学旅行行业的爆发年。但市场火热之下,政府及学校仍然需要冷静,研学旅行虽发展势头迅猛,但存在的问题也同样突出,主要表现在以下三个方面。

(一)政策虽好,但实践未能落地

自2013年起,虽然有关研学旅行的政策相继出台,但从宏观顶层设计到中微观地方治理的进程中,困惑与困难并举。研学旅行属于新兴产业,是教育、文化、旅游等行业领域的结

合。但实操中,国内目前出台的重要政策,多是方向性、指导性的文件,而非具体的研学标准或细则,这导致相关的下级单位更多的是上行下效,分管不同领域的政府部门并没有牵头专业化的组织研学旅行专业委员会进行活动的落地设计。除此以外,虽然教育部已明确将研学旅行视为一项重要的综合实践活动课程,但不少学校、家长仍认为其就是传统意义上的春秋游,游玩就是其主要目的。此外,研学旅行的开展必然占据一定的课时,研学旅行一旦触碰到"升学"这个问题,必须为其让路。学校领导对研学旅行的重视与否深刻影响着研学旅行政策是否能够落地,而升学压力迫使一些学校不得不对研学旅行望而却步。

因此,未来在政策引导层面,各省(区、市)应建立研学旅行多方合作体系。以"文旅融合、教育先行"为理念,由"政府—学校—家长—企业—社会"共同构建中小学研学旅行服务体系。同时,国家和地区的教育行政部门,应尽快出台适合于当地研学旅行发展、具有指导意义的研学旅行标准,涵盖当地的研学旅行基地(营地)建设、课程建设、组织服务、研学导师等内容。

(二)理念虽好,但课程难以设计

目前,研学旅行承办方大多采用较浅层次的研学课程设计,多采用旅行社或景区景点惯用的线路拼凑法来设计课程,如参观—讲座—拓展一日游。这种灌输性、单线性的思维方式已不能激发中小学生的学习兴趣,导致学生的自主学习能力薄弱,研究性思维能力得不到拓展,违背了研学旅行开展的初心与意义。除此之外,与系统的课堂教学相比,研学旅行的价值在于其开放性与综合性,但也有很大的灵活性与复杂性。许多家长、教师虽然支持研学旅行的开展,但更多的是把它看作学生身心放松的一种方式。而且在活动开展的过程中,研学目标、地点、路线的制定、研学活动的设计、方法的选择等无不需要教育智慧。如何充分利用教育资源,对学生的身心产生积极影响,充分考验着学校、教师的经验与能力。研学旅行处于动态、变化的情境之中,而学生的学习、表现却具有较强的内隐性,仅凭教师肉眼观察和经验判断等很难准确、客观评价。此外,研学旅行的开展多以班级为单位,在开放、广阔的户外环境中,如何照顾每一位学生的差异、全面评估学生在活动中的表现等,都给教师带来了评价的挑战。

因此,未来在课程设计上,学校应针对性地开发、整合多类活动课程,与当下的课程改革密切联系;应采用"知行合一、边悟边创"的课程思路,除了将其与中小学基础学科嫁接外,还应在充分利用地域特色、文化资源的基础上,多维度地结合历史、地理、文化、逻辑等多元信息,将研学旅行当作校本课程去开发;同时要将研究性学习与体验观察完美结合,形成更为科学、合理的课程框架,使其既能包含基础认知,又能激发研学思维,甚至促成研学旅行研究成果的产生。

(三)力量虽多,但效果难以保障

研学旅行通过学生的身体力行、亲身观察和体验,让学生获得长足发展,它的成功开展需要以精心的安排和规划为前提,但在市场上尚未出台研学导师培训及认证标准。大多数研学导师由导游、大学生,甚至毫无教育专业背景的社会人士充当,总体组织能力和教学水平参差不齐。一方面,受市场经济的影响,很多旅行社出于经济效益的考虑,开发了很多的研学旅行产品,成为事实上的活动策划者与组织者,但由于他们缺乏教育视角、理论基础与课程思维,并不注重教育与课程资源的开发与利用。另一方面,受制于家长对孩子安全问题的过分关注,再加上教师普遍存在着工作任务重、压力大的状况,也愿意把研学旅行活动委托给旅行社,这导致对研学旅行的课程缺乏严格的监督与要求。

因此,研学旅行除了"游"之外,更重要的是"学",这就要求教师、研学旅行导师有广阔的知识面、专业化的教学能力作为基础。优秀的研学旅行导师是保证研学旅行质量的重要因素。因此,一名合格的研学旅行导师除了应具备相关的导游技巧以外,也应掌握扎实的教育、教学知识。另外,旅行途中多种教育活动的开展、相关细节的落实、与景区的沟通与协调等都需要研学旅行导师的统筹与规划。

三、未来展望

我国研学旅行市场"粗放掘金"过程中,必然会出现各种弊病和挑战,但这也恰恰让人看到更多变革的可能性。因此,我国研学旅行既要抬头追光,也需低头看路,若能协同行业一起发力,揭开表层弊病,找到深层次的根源性问题,建立一整套完整的机制,进一步整合产业链资源,就能加速研学旅行精耕细作时期的到来。

本章前面所述的研学旅行活动组织的三种范式各有利弊,但共性短板集中于研学理念理解和贯彻得不够深入。就中国而言,研学旅行恰如变革教育的一个支点,让应试教育这座阻挡教育创新的大山有了被撬动的可能。对于学校来说,顶层设计的贯彻实施必须落实到一线教师的日常工作中,促进法律对研学旅行内容、学校资质、教师团队的审核是未来应当考虑和完善的。对于旅游企业来说,商业利益的导向毋庸置疑,但企业社会责任意识的培养与树立同样重要。研学旅行的商业模式也亟待挖掘与更新,如培养专业的研学导师,建设一批主题鲜明、体验丰富、学研兼备的研学旅行基地,并建立学校、研学服务机构、教师、学生、家长等多方反馈机制,这样才能平衡供求关系,保证课程合理性。同时,避免研学旅行流于形式。研学旅行发展之路道阻且长,要把握初心、学行有方,保持时刻审慎的态度才不至于迷失方向。

本章小结

(1)参与研学旅行方案策划和实施的主体有三方:主办方、承办方和供应方。

(2)我国研学旅行活动组织有三种主要范式:独立承担范式、市场外包范式、分工合作范式。

(3)研学旅行的潜在消费市场属于教育市场中的重要组成部分,吸引着社会结构中不同属性的市场主体竞相参与。

(4)研学旅行的性质是素质教育。

(5)研学旅行的功能是对传统的德育、美育、体育等工作进行空间上的拓展。

(6)研学旅行是校外教育活动,且校外、校内教育要相互补充。

(7)研学旅行明确组织实施要活动有方案、行前有备案、应急有预案。

(8)研学旅行包括考察探究、社会服务、设计制作、职业体验四种主要的活动方式。

研学旅行概论

核心关键词

- 素质教育(Quality Education)
- 校外教育(Off-campus Education)
- 活动组织(Events Organization)

思考与练习

1. 简要描述国内研学旅行的主要方式与内容。
2. 在国内研学旅行发展实践中,有哪些内容是值得我们关注且应进一步完善的呢?

案例分析

研学旅行不容乐观,破局之道或在创新①

进入2021年2月以来,社会服务板块内有39家企业发布了2020年业绩预告。其中,20家公司业绩首亏,6家公司业绩预减,多家公司扣非净利润皆为负值,板块内个股业绩下降明显,少数企业甚至面临退市风险。企查查大数据研究院发布的《近十年旅游行业投融资数据报告》显示,2020年旅游行业吊注销企业11.8万家,同比增长率逐季攀升,三季度和四季度同比增加注销企业4000家与7000家。

新冠肺炎疫情尚不明朗,出境游暂不开放,国内游竞争激烈,后疫情时代的文旅行业难以走出"至暗时刻"。如果说2020是寒冬,2021则是更具挑战的一年。研学旅行作为与教育和文旅都紧密相关的行业,是否能回到新冠肺炎疫情前的发展状态?那些因为曾经抓住教育需求和政策红利而得到发展的研学企业们,如今又过得如何?

数据显示,2020年研学产业普遍低迷,只有少数企业经过调整后维持正常经营。例如,国内起步较早的研学龙头企业世纪明德(北京世纪明德教育科技股份有限公司)虽然体量较大,但也和其他研学企业一样,夏令营全部归零,年初的冬令营仅持续了半个月左右的时间,便因为新冠肺炎疫情的暴发戛然而止。但略让人意外的是其2020年度销售额仍然有一个多亿,在研学行业内实属令人瞩目。据了解,这些增量收入,主要来自其创新产品的销售和新客户的开拓。

---

① 研学旅行不容乐观,破局之道成在创新[EB/OL].(2021-02-10)[2021-10-28]. http://news.tom.com/202102/1152801369.html.

据观察，2020年2月，世纪明德公告将以"做青少年素质教育的引领者"为企业使命，开启以"德育"为核心的素质教育生态建设。随后，这家研学企业迅速布局青少年综合素质培养业务，一口气将产品线扩充到中小学生生涯教育、心理健康教育、创新人才培养（其联合"爱培优"推出的"培优明德"刚刚上线），以及美育、体育等方向，不再拘泥于国内外研学，大大拓宽了业务渠道；同时调整了业务结构，开启精细化教育服务，进一步实现了由"全"到"精"的递进化发展。公司"护城河"业务之一的教师素质能力提升板块，在扩大线下培训业务的同时也启动了线上培训，并且有突出表现。随着新冠肺炎疫情下全国各地将教师心理健康作为重中之重，世纪明德联合安永咨询，即安永（中国）企业咨询有限公司推出的针对教师心理健康的整体解决方案产品"师说心语"，包含专业化测评工具及课程体系，于2020年11月在昆明正式开启了大规模应用场景的落地。

此外，其围绕城市周边的亲子游品牌"蜡笔城堡"在成都落地开花，业务量稳步攀升；被中国旅行社协会授权"全国研学旅行指导师培训基地"后，世纪明德还在全国开启了研学旅行指导师培训业务，从与红旗渠景区的合作开始，逐步形成一定规模，在河南、东北、陕西、上海等多地落地。数据显示，目前，世纪明德参与规划设计、营地课程研发及合作运营的营地在全国有20多家。这些营地，除了服务省内阶段性复苏的研学或亲子游业务外，也运营面向成年人的"红色"培训、业务培训等业务。不难发现，从亲子游到研学旅行人才培养，再到研学实践教育营地建设，以及与业内外企业达成的战略合作与资源共享，不仅是世纪明德完善产业链的重要战略布局，而且为其带来了新的收入。

后疫情时代，虽然跨省研学旅行暂停，但省内、市内及临近省之间的研学客流比例呈现动态变化，这对产品形式的灵活性和多元化都提出了更高的要求，更需要研学企业敏锐关注环境变化，积极应对挑战，通过探索与创新，创造收入和增长点。

世纪明德董事长兼总裁陈自富在2020工作会议上指出："2021年的文旅及研学市场依然不容乐观，冬夏令营市场是否回暖，仍是个未知数。正因如此，研学企业更应该尝试搭建多元化业务生态，等待研学复苏的同时，不断开拓新的可能性。"2020年的世纪明德，通过创新与实践，构建了更广阔的素质教育生态，得以实现从一家以冬夏令营为主的研学企业向以研学实践教育为核心的泛素质教育企业的升级，注入了新的生命力，其破局式的创新发展可能是一个值得借鉴的案例。当然，即便同为研学企业，依然有不同的基因与模式。但"生存与发展"却是每个企业永恒的课题。正如达尔文所言："能够生存下来的物种，并不是那些最强壮的，也不是那些最聪明的，而是那些对变化作出快速反应的。"适应变化、创新发展，才能让一家企业突破困境、基业长青。

近年来，研学旅行相关政策催生市场容量增加，亦驱动行业趋势发生变化。近年来，研学旅行、综合实践和劳动教育的相互交叉与融合发展，为整个行业带来了新的机遇与挑战；同时，新的素质教育内容正不断涌现，博物馆教育、美育、体育等正成为

重要组成部分,使研学实践教育的形式更为复杂。目前,整个行业依然不够成熟,呈现良莠不齐、碎片化的形态,并缺乏引领者与整合者。虽然行业红利依然存在,但随着业态日趋成熟和更加激烈的竞争,整个行业必然由粗放式的发展阶段转入追求品质的精细化发展,这对研学所承载的教育功能将提出更高的要求,需要研学企业摆脱路径依赖、大胆创新,通过探索实践抓住发展机会。

思考:
1. 以上案例中表现出国内研学旅行的哪些问题?
2. 破局之道在于"创新",你觉得研学旅行可以通过哪些思路来创新呢?

第五章

研学旅行的目的与要素

学习目标

1. 了解研学旅行的主要目的。
2. 熟悉研学旅行的目的地范围。
3. 思考研学旅行的要素及各要素之间的关系。

问题引导

1. 研学旅行有哪些目的地可以选择？
2. 研学旅行的要素又有哪些呢？各要素间的关系是怎样的？

第一节 研学旅行的主要目的

长期以来，我国中小学教育普遍存在一味追求考试分数和升学率的现象，偏离了教育方针，影响了学生正常的学习与健康的发展。因此，研学旅行势在必行。研学旅行的推动是落实教育改革的重要机会。在学校和教师、学生习惯于强调知识传授为主要教学形式这一现状下，若要透过研学旅行落实教育改革，则需要教育主管单位、学校、教师、学生与家长共同的努力与配合。我们首先要厘清研学旅行的目的。

一、提升认知能力

中小学研学旅行应以提升学生认知能力为主要目的，即旨在培养学生基础知识和基本技能。在研学旅行过程中，要引导学生增强独立思考、逻辑推理、信息加工、学会学习、语言表达和文字写作的思维与素养，进而形成终身学习的意识和能力。现今是一个终身学习的时代，现在学会了多少不重要，重要的是人们是否有终身学习的能力。

学生在研学旅行过程中能真实地体验不同的自然环境、人文景观、科技建筑等,观察不同的自然、人文及科技环境的特征,验证学校所学习的知识,解决课堂上遇到的重点与难点问题。学生也可以在研学旅行的同时运用已具备的理论知识来解决现实生活中所遇到的问题,重新审视自身的知识结构,反思自己的学习行为,并且通过调查、对话、体验、操作等多种措施,解读所学知识的合理性,检验课堂学习成果。这一过程不仅能帮助学生夯实所学的基础知识,而且有利于增强其认知水平。仅靠背诵习来却不会应用的知识,不能使学生很好地面对未来社会各式各样的挑战。

二、增加生活经验、生存技能

现今的学校教育中,模式化的生活设计、竞争化的学习方式等,使学生背离了真实生活和学习的状态。让学生走进真实生活、增加生活经验及生存技能是研学旅行的主要目的之一。长期以来的教育重说教而轻实践、重道德灌输而轻情感体验,使学生的学习活动大多在教室中完成,即通过纸笔训练完成,缺乏真实生活的体验。研学旅行是一种更真切且直观的教育形式,它通过旅行和学习结合的方式,使学生真实地与自然接触、与社会接触、与他人接触、与自我接触,在真实世界中依靠学生的亲身经历获取知识、发展情感、形成正确价值观,符合教育的本质与追求。例如,组织学生参加三天两夜的农村生活和农事体验,协助学生真正了解生产生活的样貌,这样的研学旅行结合了知识学习和生活体验。它是在旅行和体验活动中让学生进行知识综合化学习和运用,实践"回归生活世界"的教育追求。

由于缺乏生活经验及生存技能,学生在面对突发事故时很容易受到伤害。汶川大地震的惨痛经历告诉我们,如果学生在地震来临时具备逃生的知识,同时拥有逃生的技能和良好的身体素质,就肯定会有更多的学生幸免于难。日本将野外生存能力视为青少年必备的一种生活技能,建立有专门的训练基地。研学旅行是在户外开展的教育活动,必须将训练野外生存技能视为重要的目的之一。要想在野外生存,必须学会以下"五会"和"四能"。

(一)"五会"

(1)会设营,就是知晓在没有任何设营器材的情况下,如何选择设营点和搭建帐篷、雪洞、窝棚、房屋,以及如何制作各种营房设施等。

(2)会在复杂情况和复杂地形条件下行进,包括懂得如何辨别方向、渡河,以及在山地、丛林、雪地、沙漠中行进等。

(3)会觅食,就是知晓哪些动植物可食用、哪些动植物不能食用,以及各种可食用动植物在野外条件下的食用方法等。

(4)会取火,就是知晓在没有任何点火工具的情况下如何点火、如何架锅烧饭等。

(5)会找水,就是知晓在没有饮用水的情况下如何找水,以及如何收集、净化、淡化水。

(二)"四能"

(1)能预防和处治日常伤病,如烧伤、骨折、蚊虫叮咬、头疼脑热等。

(2)能掌握野外急救护送的方法,如会做人工呼吸,会护送伤员等。

(3)能预防野兽的侵袭,如利用自然或人工条件进行伪装、熟悉动物习性,以及学会与野兽"打交道"、对付突然袭来的野兽等。

(4)能争取紧急救援,如掌握一般救援信号的发出,以及配合救援的行动方式等。

以上经验和技能在学校生活看似不重要,但若发生天然灾害或战争,可以说,它们都是存活保命的技能。

三、培养社会参与能力

教育的目的应是培养学生适应现今和未来社会的能力。社会参与的能力范围很广,主要分为以下几个方向。

(一)坚定政治信念

根据《意见》,研学旅行要培育和实践社会主义核心价值观,激发学生对党、对国家、对人民的热爱之情。应加强研学旅行基地建设,各基地要将研学旅行作为理想信念教育、爱国主义教育、革命传统教育、国情教育的重要载体,突出祖国大好风光、民族悠久历史、优良革命传统和现代化建设成就。从原国家旅游局公布的首批"中国研学旅游目的地"和"全国研学旅游示范基地"可以发现,10个"中国研学旅游目的地"城市中有2个是红色旅游城市(井冈山、安阳),20个"全国研学旅游示范基地"中更是超过一半与红色研学旅行相关,如卢沟桥抗日纪念馆、侵华日军南京大屠杀遇难同胞纪念馆、西柏坡纪念馆、红岩景区、红旗渠景区等红色旅游经典景区。因此,学校可以使用这些旅游目的地或示范基地来进行爱国主义教育、革命传统教育、国情教育等,坚定学生的政治信念。

(二)养成道德修养

道德是"道"和"德"的合成词,"道"是方向、方法、技术的总称,"德"是指素养、品性、品质。道德往往代表着社会的正面价值取向,起判断行为正当与否的作用。个体道德的养成是一个内外兼修的过程,不仅要有主观上的自觉自愿的内在修养,而且要有道德教育的引导和社会环境的塑造。只有通过长期的实践,形成良好的道德行为习惯,把社会的道德规范内化为自律性的信念,个体的道德修养才会形成。

公民有良好的道德修养,代表这个国家的整体素质较高。德育教育在促进学生素质的全面发展中起重要作用。其一,德育教育是塑造职业道德的重要手段,能够增加学生的就业竞争优势,使学生在以后的工作岗位中走得更加长远。其二,德育教育能够促使学生形成正确的世界观、人生观、价值观,使学生走好人生道路的每一步。其三,德育教育还能够锻炼学生的心理素质,帮助学生养成积极向上的心态并潜移默化地影响他人,使整个社会充满正能量。研学旅行基本是在户外进行的教育,有很多进行德育教育的机会,如中华民族传统美德的尊老扶幼,在研学旅行过程中遇到老人或幼儿需要帮助,教师可以现场指导学生应该如何做。再如文明行为教育,当在旅游目的地进行活动时,教导学生排队、不大声喧哗、不攀折花木等,都是教导文明行为的最佳时机,可以使学生养成良好的道德修养。

在研学旅行的活动设计中,教师应该超越学校的局限,向自然环境和社会生活领域获取更多德育教育资源。教师应指导学生于真实情境中认识和体验客观世界,有效推进学生在研学旅行中开展道德与品格的对话,促进学生道德品质的内化。虽然研学旅行的时间有限,但道德修养的养成却是一个长期的过程,所以研学旅行还要把道德培养延伸到研学旅行完成后,让学生形成良好的道德行为。

(三)培养合作能力

一般在学校学习,除了少数小组合作讨论的课程,大多是独立学习或独自完成,学生很少有培养合作能力的机会。但在研学旅行中,学生可以通过自主参与活动,形成学习共同体。学生通过合作关系,在旅行的活动中相互交流、相互帮助、团队协力共做,进而丰富自身的社会体验、生活阅历,形成高效率的学习团体,提高学习效率。在研学旅行过程中,还应加强学生技能与情感的培养,特别是在学校中不容易培养的能力,如合作能力、探究能力等。

将培养学生合作能力作为中小学研学旅行活动的重要目标之一,即要求在教授学生基础知识和基本技能的过程中,引导学生学会自我管理,学会与他人合作,学会集体生活,学会处理好个人与社会的关系,以及遵守、履行道德准则和行为规范。现今的社会,单打独斗的情况较少,大多需要团队合作,若能在研学旅行过程中培养学生的合作能力,对学生在未来更好地融入社会有重要的帮助。

(四)提升自主研究能力

在研学旅行中,学生要通过观察、了解与主动参与探究、体验,将课堂中的学科知识和鲜活的社会生活联系起来。学生的学习方式要从被动的接受转变为主动的体验、探究与合作,获得生存体验,以提高自身的生存能力和社会参与能力。研学旅行中很重要的是"研",也就是学生要在旅行的过程中,针对自己感兴趣的问题,开展一定的研究性探索活动。学校在规划研学旅行活动时,要为学生留出开展个性化研究的时间和空间,充分引导学生在旅行过程中多方面搜集与当地风土人情、自然环境、历史文化等相关的信息和资料,开展调查、访问、考察、实验、设计、制作、探索、发现等方面的探索活动,将研究性学习和旅行体验结合起来,为培养个性化、创新型人才提供良好的成长空间。

四、加强创新能力

创新是知识经济的灵魂,是素质教育的核心。当今知识经济、网络科技的高速发展,对教育提出了严峻的挑战,培养创新型人才是教育的重要任务。对教育而言,就是要培养学生的创新意识、创新思维、创新精神,学生的创新能力提高了,才能为形成创新型人才打好基础。如何让学生学习创新、学会创新、乐于创新,教师是关键因素。以下是教师进行引导的步骤。

(1)激趣生疑。兴趣是学生学习的内驱力。教师可以采用多种教学方式,激发学生的创新兴趣,让学生产生探究真理的欲望,对事情提出疑问。

(2)探究质疑。当学生产生了疑问,教师要引导学生如何去质疑。一开始,学生可能提出一些不大重要的问题,通过教师不断的指导,学生逐步学会对课本中重难点提出质疑。学生质疑问难的能力逐渐形成。

(3)合作释疑。教会学生合作学习是一项重要的任务。只有学生学会合作学习,才能不断提升学习能力。每个学科都应重视合作学习,让学生可以在课堂中自由组合、展开讨论、去芜存菁。让学生在无拘无束的环境中讨论、交流与学习,共同找出解决问题的方法与策略。

(4)实践创新。学生学完课本内容后,教师可引导学生向课本外的知识拓展。学生可充分运用课内所学及生活中的所见所闻,大胆想象,让思维活跃起来,训练创新思维、发展创新能力。

了解以上培养创新能力的步骤后,接下来就是开展创新的课外活动。在课本内容较抽象、学校空间有限的情况下,研学旅行就是开展创新课外活动的最好机会。在设计合宜的研学旅行活动中,要让学生自己动脑、自己动手、自己设计、自己组织、自己管理,在活动中培养学生的创新精神与创新能力。总之,培养学生的创新思维与创新能力不是一朝一夕的工作,需要学校和教师们改变教学观念、重视创新意识的培养,在教学法上注重创新能力的形成,更要把握研学旅行的机会,实践创新育人的重要目标。

五、培育环境保护意识

以前的生活,人们大部分的时间在自然中、在户外,随着科技的发达与都市化,人们与自然接触的时间愈来愈少,也愈来愈困难。《林间最后的小孩》(Last Child in the Woods)这本书的作者理查德·洛夫实地走访美国的各大都市,观察孩子的日常生活,发现孩子与自然越来越疏离,尤其是计算机与网络普及以后。书中指出,现在儿童每天平均花6个小时在计算机及电视前面,仅花4分钟在户外玩耍上。理查德·洛夫指出,沉迷于电子产品、疏于与朋友和家人的互动,进而产生无聊、沮丧及注意力不集中,源自现代人的自然不足缺失症(Nature Deficit Disorder)所引发的各种生理和心理问题。儿童的生活总是充满被安排好的活动,很少有时间能自由地在户外探索。尤其是电视、计算机及网络的出现让孩童更有理由留在室内,再加上忙碌的父母使得儿童的户外活动越来越少了。

环境保护意识是现代文明的重要体现之一,是人们关于环境保护的思想、观点、态度、价值和心理的总称。它不仅包含文化科学意识,而且包含思想道德意识。正确的环境意识,包含可持续发展意识、环境资源意识、环境价值意识等现代环境意识,是现代人全面发展的指标。要落实生态文明建设,树立尊重自然、顺应自然、保护自然的理念,最重要的是"本","本"就是人们自觉的环境意识。良好的环境意识和合适的环境行动来自优质的教育。反过来,优质的教育又可以促进人们形成良好的环境意识和素养,对于提升全民的生态文明素质有极大的意义。

正如理查德·洛夫所指出的,现代儿童出现自然不足缺失症,他们对大自然接触越来越少,对自然越来越陌生,如何期盼他们能尊重自然、顺应自然、保护自然,且有良好的环境意识与环境行动呢?而研学旅行恰好是自然教育的帮手,是让孩子们重新连结自然的大好机会。当然自然教育也不是一年两三次的研学旅行可落实的。但是研学旅行的推动和受到重视,可以让教育部门、学校、教师、家长看到户外学习的成效,进而使教育部门、学校、教师、家长愿意让学生多接触自然,培养学生良好的环境意识与环境行动,使学生成为具有生态文明素质的公民。

六、促进文化学习

研学旅行到底是旅游产品、文化产品,还是教育产品?对此,学界有种种争论:教育系统认为是"教育+",文化系统认为是"文化+",旅游系统认为是"旅游+"产品。这些都是在条块分割管理体制下已经固化了的本位论思维模式的争论。一般认为,研学旅行以文化为内涵,以教育和旅游为传播途径,既非单纯的旅游,也非纯粹的教学,而是介于"游"与"学"之间,同时融合了"游"与"学"的内容,是一种以"游学相伴、游学交融、知行合一"为特征的文旅教育融合的产品。"游中学,学中游""寓教于乐,寓教于游"等,最能够体现文旅融合与文化旅游的本质与内涵。

　　研学旅行的宗旨就是:让学生走出封闭的学校生活,去感受美好的自然世界和文化生活;欣赏祖国的大好河山,体验中华民族的传统美德和伟大成就;学习革命先烈不畏牺牲、保家卫国的英勇精神。因此,研学旅行除了有提升认知能力、增加生存技能、培养社会参与能力等目的外,还有另一个重要目的,即促进文化学习。首先学生要增加对传统文化的深入了解。如果把一个民族的发展比喻成一棵大树,这棵大树之所以能够枝繁叶茂,其根本在于大树根系的发达,所谓"根深才能叶茂"。而一个民族之树的根,就是一个民族的文化。中华民族历经辉煌和磨难至今,很大程度上是中华文化的力量在支撑民族的发展和未来。例如,想让学生了解孔子文化与儒家思想,除了学习孔子的著作外,还可以通过到孔子故里进行研学旅行活动,参加孔庙朝圣、穿汉服、拜先师。学生们步入万仞宫墙,到大成殿亲自参加祭孔大典,向先师敬献花篮,行祭拜礼,诵读《论语》,感受传统文化的氛围。"尊师有礼,礼传天下",这样的研学旅行传承了中国尊师重道的传统美德,也激发了学生学习和传承中国传统文化的热情。

　　中华民族是由56个民族所组成的,要做到多元民族融合,每个民族都需要学习不同的民族文化并且互相尊重。了解不同文化的方法之一是亲自到不同民族的生活地去体验与学习,从当地的生活环境、建筑、庙宇,到无形的资产,如语言、音乐、舞蹈、习俗等深入了解与体会当地文化。因此,学生可通过研学活动的安排,走出学校,到不同民族的生活地进行不同文化的体验与学习。

第二节　研学旅行的目的地范围

　　研学旅行是一种教育革新,对学校和教师都是一项重大的挑战。那么,学校和教师应如何规划研学旅行,安排学生到哪里进行研学旅行最合适呢?《意见》中对中小学生研学旅行目的地的范围有相应规定:小学生以省内研学为主;初中生以省内和周边省份为主;高中生以境内为主,有条件可适当组织开展出境研学旅行。省内、周边省份或国内哪些地方适合研学旅行,是学校和教师要审慎考虑的。

　　研学旅行不是一个单独的科目,它应有清楚的教学目标,结合学校内的学习,再将学习的范畴延伸到校外,根据学习的需求可伸展到省内及国内不同的地点或目的地。以小学中高级为例,先设定某学期完善的教学目标,结合现有的科目(语文、数学、品德与社会、英语、音乐、体育、美术、科学),利用学校可取得的资源(如书籍、计算机、标本等)或学校已有的资源(如运动场、树木、池塘等)进行教学。确定哪些内容需要利用校外设施、资源或场所进行辅助教学,以达到更好的成效,即可规划研学旅行活动,最终达到最佳的教学成果。在城市(乡村),可利用当地的公园、博物馆、红色教育资源、特殊建筑、动物园与植物园、农场、古城与古镇、河川与湖泊、工矿企业等;在全国,可利用知名院校、国家公园、自然遗产、文化遗产、水库与水坝、国家级湿地、森林与草原、海洋与海滩等进行研学旅行,如图5-1所示。

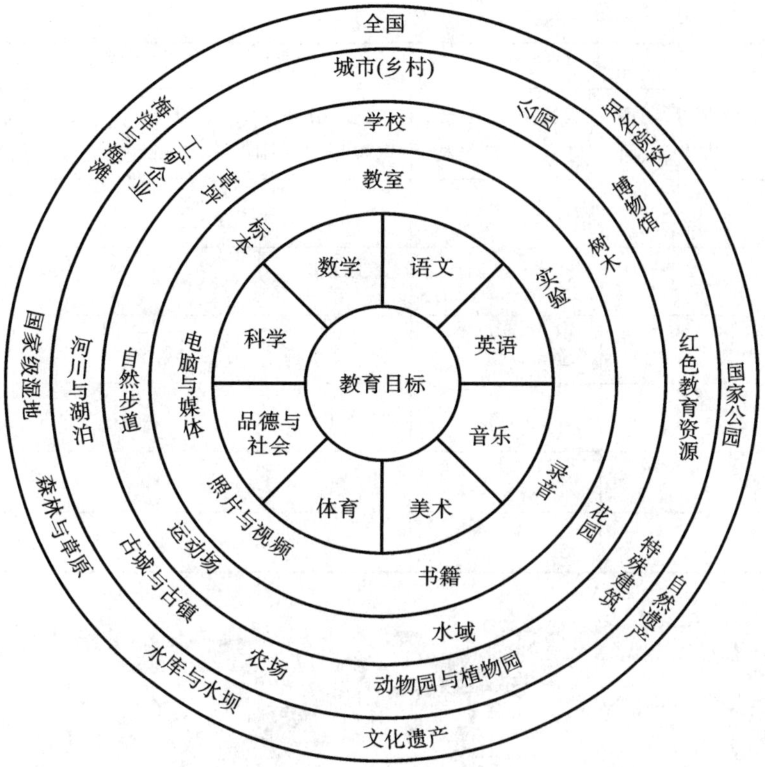

图 5-1 研学旅行的目的地范围

当然，研学旅行的地点不局限于国内，若经费、时间支持，也可安排到国外进行研学旅行。以下分别说明城市（乡村）及全国可以用作研学旅行的地点。

一、植物园或公园

一般来说，植物园会有各式各样的植物，即使个别的城市（乡村）没有植物园，通常会有公园。学校可以利用植物园（公园）进行生物多样性的研学旅行课程。首先，可在学校先练习校园植物记录及分类方法。到植物园后，可将学生分组，使其分别在不同区域进行植物记录及分类。例如，可分为木本植物与草本植物，或者分为水生植物与陆生植物。植物记录可以用表格、自然笔记等方式记录，如表 5-1、图 5-2 所示。

表 5-1 水生植物观察记录

调查人员：_____ 地点：_____ 日期：_____

	物种名称	形态特征			
		叶：叶形、厚度、边缘、表面	茎：直径、外皮、皮孔、内部结构	根：直根系和侧根系的区别	花：大小、颜色、着生部位、传粉方式 种子：颜色、大小、形状、表面、软硬度
挺水植物	再力花				
	水烛				

续表

物种名称		形态特征			
		叶:叶形、厚度、边缘、表面	茎:直径、外皮、皮孔、内部结构	根:直根系和侧根系的区别	花:大小、颜色、着生部位、传粉方式 种子:颜色、大小、形状、表面、软硬度
浮水植物	睡莲				
	浮萍				
沉水植物	金鱼藻				
	苦草				
我的发现					

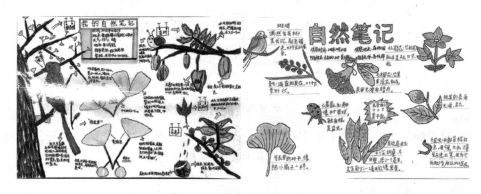

图5-2 小学生自然笔记成果

二、博物馆

博物馆是重要的研学旅行基地。2017年,教育部确定了部分中小学研学旅行的实践教育基地,其中就包含了51家博物馆,涵盖了科技馆、自然博物馆、陈列馆等,同时还有一些具有纪念意义的博物馆和科普中心。

在博物馆进行研学旅行活动,将不同于一般的导览活动。为避免学生"观而不学"的现象,应做到以下两点。一要加强学生与博物馆展品的互动,只有这样,才能充分且有效地利用博物馆研学课程实践性。二要加强学生动手的机会。例如,在大同市博物馆开展的"认识魏碑"研学课程中,除了带学生参观出土的北魏碑刻,还组织学生进行魏碑拓片的制作。这样的教学方式不仅促进了学生互相之间的协作,而且让学生进一步了解了北魏碑刻及书法的历史地位,能够使其深刻体会碑刻的精神。博物馆可以设计互动性、探究性、体验感强的深度课程,利用多元的教学方式,如游戏、角色扮演、团体课题竞赛等形式,让学生们积极参与进来,也让博物馆变得"活"起来、好玩起来。而博物馆本身要建立营销策划团队,使设计探究性、体验感强的研学活动成为一种制度,进而促进博物馆研学的持续发展。

知识链接　　地质公园成为研学旅行基地[①]

截至2019年10月，我国共有219所国家地质公园、39所世界地质公园。地质公园涵盖多种类型的地质遗迹景观，兼顾丰富的人文景观和自然景观，是建设中小学研学基地的理想场所。将地质公园作为中小学长期稳定的研学基地，有利于激发学生学习地理的兴趣，符合《普通高中地理课程标准（2017年版）》（以下简称"新课标"）中培养学生地理实践力的要求，有利于提升学生在真实地理情境中对地理事物和现象的考察、实验和调查能力，培养学生的地理实践能力。此外，建设科普基地可以更好地实现地质公园的科普功能。一方面，这有利于提升地质公园的科学价值，加强其科普教育功能，加快地质公园的全面发展；另一方面，地质公园还可以通过中小学生向外推广地质公园的科学价值和美学价值。

但地质公园要发展成良好的研学旅行基地，目前还有两大难点需要克服。一是研学导师培训与基础科普设施尚不足。园区研学导师（讲解员）的科普素质普遍不高，未接受过专门的地学科普培训。在讲解过程中，讲解员没有办法及时解答学生在学习观察过程中提出的问题，无法针对特定情境下的地理现象形成清晰的问题链来激发学生的地理逻辑思维。此外，园区内的地质遗迹点解说系统不够完善，其趣味性和科学性未能满足研学旅行的要求。二是尚未形成健全的安全维护机制。地质公园一般来说面积都比较大，学生的体力难以支撑高强度的研学任务。此外，地质遗迹点通常位于园区内比较陡峭的部位，切实保障学生安全是地质公园应首先考虑的问题。

在地质公园建立中小学研学基地，既可实现地质公园的科普目标，又可减少中小学研学的不便。地质公园的管理者和经营者要积极推动基地建设，为中小学量身打造研学环境，积极建设地理学科普人才库。地质公园要协调好与中小学及高校之间的关系，三方共同组建研学课程开发团队，重视中小学研学后的环节。此外，地质公园要积极打造网络资源共享平台，拓展地理学科普渠道，提高研学资源的有效利用率。

三、文化遗产、古城与古镇

中国历史悠久，是世界文明古国，文化遗产、文化纪念地、古城与古镇、历史建筑等遍布全国。我国中小学的语文、历史、地理、道德与法治等课本和课程多有介绍到中国的文化遗产、文化纪念地、古城与古镇、历史建筑等，学生可充分利用研学旅行的机会，在学校老师和专业团队的带领下，亲自造访这些历史古迹，读懂它们背后的故事，进而深刻体验祖国的大

[①] 李丹丹，曾汉辉，孙洪艳.基于地质公园的中小学研学基地构建[J].地理教学，2020(1)：61-64.

好风光、民族悠久历史与优良革命传统。

根据《意见》所述,研学旅行在"小学阶段以乡土乡情为主、初中阶段以县情市情为主、高中阶段以省情国情为主的研学旅行活动课程体系",中小学生研学旅行目的地范围很广,不能仅仅局限于世界文化遗产地或国家文化遗产地这些地方,应该加大宣传及政策支持,让各省、市(区)的文化纪念地、古城与古镇等都"动"起来。为此,以下有三点建议可供采纳。

(1)可根据当地的文化特色,打造地方研学基地(营地),并结合当地的地理性,体现出异域性。

(2)可设立地方专门管理机构进行指导、管理和监督中小学的研学旅行活动。

(3)可制定相关政策制度予以支持和引导,专业人才的集聚是关键环节,当地的政府与企业应该与地方高校进行合作,为研学旅行培养更多高素质的人才,形成地方专业人才队伍,以使研学旅行往高质量的方向可持续发展。

第三节　研学旅行的要素

《意见》指出,研学旅行是由教育部门和学校有计划地组织安排,通过集体旅行、集中食宿方式开展的研究性学习和旅行体验相结合的校外教育活动,是学校教育和校外教育衔接的创新形式,是教育教学的重要内容,是综合实践育人的有效途径。简单来说,研学旅行就是以旅游形式开展的教育活动,并要遵循教育性、实践性、安全性及公益性四大原则。在一般旅游活动中,旅游者是旅游主体,旅游吸引物为旅游客体,旅游产业为旅游中介。而在研学旅行中,学生是旅游主体,旅游吸引物(基地)为旅游客体,研学旅行服务机构为旅游中介。笔者认为,研学旅行的要素包含学生、研学旅行课程、研学旅行基地(营地)、研学旅行导师、研学旅行服务机构、学校及教师、政府教育部门(教育部、教育厅、教育局)等,要素间的关系如图5-3所示,这些要素在研学旅行中扮演不同的角色。

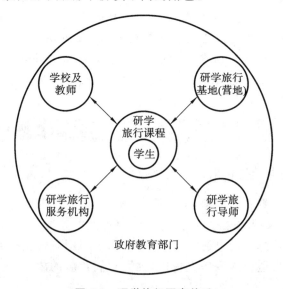

图5-3　研学旅行要素关系

一、学生

学生是研学旅行的第一核心要素。长期以来,由于传统文化的渲染和导向,学校、教师、家长及学生形成了考试成绩至上的理念,将考试取得高分视为教学与学习的主要动力,严重阻碍了学生综合素养的培育和发展。占主导地位的学科课程割裂了知识的完整性,使知识去情境化,限制了学生全面且个性化的发展。研学旅行的推动正好可通过这种重视教育性、实践性的课程,解决教学上内容片面化、学科化、形式化严重等问题。推进研学旅行,首先要将研学旅行与学校课程紧密结合,其次要把握研学旅行的独特人本价值与教育意义。

学校在进行课程设计时,要根据旅行路线筛选出不同类型、不同内容的课程资源,对学生进行调研,了解学生的兴趣和需求,结合学生身心特点、接受能力和实际需要进行设计。研学旅行活动是面向学生集体开展的,因学生的兴趣、爱好各不相同,研学旅行活动虽无法满足每个学生的个性化需求,但也要尽量避免设计单一的目标和内容,应该广泛、深入地进行教育资源的开发,拓展学生学习的空间,在研学旅行活动中设计多元化的目标和内容。《意见》指出,研学旅行活动要因地制宜,呈现地域特色,引导学生走出校园,在与日常生活不同的环境中拓宽视野、丰富知识、了解社会、亲近自然、参与体验。因此,学校在设计研学旅行活动时,要更加关注活动的实践性,避免只是简单的参观和听讲解,而是要设计实践性和体验性强的活动,引导学生在实践和体验的过程中将书本知识和现实生活联系起来,丰富感性认识,提升理性思考。研学旅行活动的主体是学生,学校在进行研学旅行课程设计时,要特别重视学生的自主性,为学生提供更多自主发展的空间与机会。

二、研学旅行课程

研学旅行课程是研学旅行的第二核心要素。在研学旅行的整体实施过程中,研学旅行课程的开发是研学旅行质量提升和内涵发展的核心环节,研学旅行课程是彰显研学质量的关键因素,不同的课程设计也代表了不同的教育形式。不同于一般的旅行活动,研学旅行是旅行与教育的融合。它既有异地出行的旅行内容,也有研学的教育内容,即进行研学旅行课程设计时有明确的教学目标、教学任务、教学内容、教学原则、教学方法、教学评价标准等,由此可见,研学课程是研学旅行不可或缺的一部分。

研学旅行具有课程化的特点。《意见》中提到,各中小学要结合当地实际,把研学旅行纳入学校教育教学计划,与综合实践活动课程统筹考虑,促进研学旅行和学校课程有机融合。这进一步明确了教育范畴下研学旅行的课程属性,这就要求研学活动课程化、规范化,课程活动要能够可操作、可考核、可量化、可评价。因此,学校及教师要精心设计研学旅行活动课程,做到立意高远、目的明确、活动生动、学习有效,避免"只旅不学"或"只学不旅"现象的发生。

研学旅行课程设计必须根据学生不同年龄特点、不同地区、不同学段素质教育的需求来制定学校、学段、学期实施性研学旅行课程计划。要有具体的课程目标、课程安排和课程评价,避免将研学旅行变为盲目的"放羊式"的旅游活动。同时,研学旅行课程也要秉持"寓教于乐"的宗旨,注重课程设置的趣味性和体验性,要采取多样的教学方式,设计丰富多彩的课程内容,注重研学过程的启发性与教育性,让学生在学习知识的同时获得快乐。

三、研学旅行基地(营地)

研学旅行基地(营地)是研学旅行的空间载体,研学旅行活动必须依托活动基地(营地)才能实施。研学旅行基地(营地)是提供各类自然和人文旅游资源,让学生能认知、体验乡情、市情、省情、国情的各种旅游载体和平台。《关于促进旅游业改革发展的若干意见》提出:"支持各地依托自然和文化遗产资源、大型公共设施、知名院校、工矿企业、科研机构,建设一批研学旅行基地(营地),逐步完善接待体系。"因此,要充分利用已有的旅游资源,将其进行资源整合,赋予其文化意义,完善基础设施服务体系,从而打造研学旅行基地(营地)。

目前,市场上研学旅行基地(营地)主要有以下三种。

(一)教育部门和旅行机构设立的研学旅行基地

教育部门和旅行机构为开展研学旅行活动而专门设立的研学旅行基地(营地),此类研学旅行基地(营地)的建设必须对接学校教育、学校课程,分阶段执行,结合专家、教师等意见,并针对小学与中学研学旅行内容的不同而做出相关调整,如上海东方绿洲"修学旅游中心"。

(二)在常规旅游景点中打造出的研学旅行目的地

在常规旅游景点安排研学旅游活动,将其打造为可开展研学旅行的旅游目的地,比如苏州的世界文化遗产留园就设计了认识和体验古典园林的活动项目。

(三)由高校的教育资源转化成的研学旅行营地

高校将学校的教育资源转化为研学旅行的旅游资源,如浙江旅游职业学院就充分利用校园内的烹饪实训室、品酒实训室开发西点 DIY 制作和进行美酒鉴赏活动。

以上无论是哪一种研学基地(营地),都需要利用自身的特色资源,根据不同学段和地区学生的素质教育的需要,创设研学活动的情景,并且研学旅行基地(营地)内不应该仅仅提供让学生游览观赏的资源,更重要的是提供兼具教育性和趣味性的体验活动,让学生参与其中,让学生在娱乐中学习知识,增长见识,获得成长,否则学生参与的积极性将大打折扣,学习效果也会不尽如人意。

四、研学旅行导师

研学旅行导师是研学旅行的关键,优秀的研学旅行导师是保证研学旅行质量的重要因素。研学旅行作为一种新型的学习任务,既不同于传统的团体旅游,也不同于传统的课堂教学。这个任务的执行仅依靠承担课堂教学任务的教师和传统景区配备的导游是无法完成的,因为学校教师虽然教学经验丰富,但没有带队外出经验,而导游虽然具备丰富的历史文化知识和带队经验,但缺乏教育学生的专业性。因此,需要兼具教师和导游双重功能的专业的研学旅行导师来组织实施,这就要求研学旅行导师既要善于研学的辅导,又要善于旅行的组织。

关于研学旅行导师与一般的教师和导游的区别,《研学旅行服务规范》有明确规定:"研学旅行导师是研学旅行过程中,具体制定或实施研学旅行教育方案,指导学生开展各类体验活动的专业人员。"一名合格的研学旅行导师除了应掌握扎实的教育、教学知识以外,还应具备相关的导游技巧,旅行途中多种教育活动的开展、相关细节的落实,以及和景区的沟通与协调等都需要研学旅行导师的统筹与规划。研学旅行除了"游"之外,更重要的是"学",这就要求研学旅行导师有广阔的知识面、专业化的知识作为基础,能根据研学课程要求,创设研学情境,善于在研学旅行的过程中,巧妙地将研学内容、旅行知识、人生智能等元素融入课程体系之中,引导学生进行探究性和体验式学习。

五、研学旅行服务机构

研学旅行服务机构是联系参加研学旅行的学校学生与旅游目的地资源的中介。研学旅行服务机构参与研学旅行是将教育和旅游部门相结合,使两个部门发挥各自的优势,学校将烦琐的旅行移交给经验丰富的研学旅行服务机构代为操作,从而能够集中精力关注"研"和"学",既能提高安全保障,又能给学生减轻经济负担,使研学旅行既有"学",又能"游"。而作为中间桥梁的研学旅行服务机构可以在充分了解学校、教师和学生的需求后,发挥自己的专业优势为其推荐、设计适合教学内容的旅游目的地及旅游活动。同时,研学旅行一般采取集体出行、集中食宿的方式,出行方式与旅行社组织的团队旅游比较接近,适合研学旅行服务机构发挥组织团队、设计线路、策划活动的经验,为学生在旅行过程中的"食、住、行、游、购、娱"等各方面提供安全有保障的旅游服务。

面对研学旅行带来的发展契机,研学旅行服务机构要抓住政策环境的利好因素,改造升级传统业务。需要注意的是开发研学旅行活动课程不是面向大众需求生产旅游线路,而是基于学校文化和学生认知特点定制研学旅行,包括设计主题、甄选教育资源、设定教育目标、策划探究活动,既要满足课程的一般规定性,即课程目标、课程资源、课程组织、课程评价,又要体现教育目的,即自主性、实践性、开放性、整合性。为此,研学旅行服务机构需要成立专门的研学旅行实践部门,打造专业的课程研发团队,运用课程论、多元智能、建构主义等教育理论完成课程的总体设计,同时,研学服务机构还需要完成旅游资源再认识和再选择,甄选有教育价值的旅游资源并深度开发。总之,研学旅行不能仅仅沿用旅行社传统业务中串联热门或高冷景区的做法,而应结合教育主题的文化内涵考察旅游资源的教育价值,通过严格筛选旅游资源,确保教育目标、教育资源、教育活动的高度结合。

六、学校及教师

学校是研学旅行的决策者和组织者,教师在活动的设计、组织、实施、评价等环节发挥主导作用,学校及教师的作用贯穿于研学旅行活动的全过程。因此,研学活动的顺利进行,离不开学校制定的科学严密的操作流程,也离不开教师的认真组织和贯彻执行。

研学旅行前,学校要充分考虑学生的身心发展情况和兴趣特点,充分尊重学生的意愿和需求,与研学旅行服务机构一同拟制研学旅行方案(含安全方案),并上报有关教育部门批准。而教师通过学生平时的学习情况,了解学生的学习需求,有利于提出适合学生发展的研学旅行方案。同时,教师可通过让学生观看录像、书籍资料等方式使学生对目的地有大概的了解,激发学生的好奇心,并且可以让学生确定研学旅行主题、预设研学旅行内容,确保每个学生都积极参与到研学旅行中。另外,教师还可以与家长进行沟通,做好学生家长的工作,将研学方案告知学生家长,获得其理解与支持。

研学旅行过程中,学校要积极配合研学旅行服务机构和研学导师,严格执行计划,做好应急处理,对各类可能的问题进行科学预判,未雨绸缪,防患于未然。教师更要抓住每一个教育机会,使学生的全面发展和个性发展得到兼顾,同时要协助研学旅行导师,使研学旅行活动更顺利地开展与进行。

研学旅行结束后,学校要加强后续管理,及时做好研学旅行的总结工作,转化研学旅行成果,总结交流经验,不断完善学校研学旅行课程设计和方案制定。学校应根据学生在研学旅行中的活动表现,建立相应奖励机制,将其作为衡量学生综合素质的重要标准,设立多种评价方式,做到过程性评价与结果性评价兼顾。教师可以对学生的活动表现、身心变化程度等进行评价和记录,并通过征文、摄影、绘画比赛等活动,进一步提升学生的综合素质。对于像历史、地理等实践性较强的科目,可以让学生完成相关的考察报告,进一步提升学生的学科素养。教师也可以举办展览会、座谈会、交流会等,邀请学校管理层、学生家长、社区人员等进行旁听,学生就旅行中所获得的心得体会等进行交流,采取学生自评和教师他评相结合的方式,选出优秀个人、团队等。

知识链接　　研学旅行中教师角色的重塑[①]

研学旅行推动了课程目标、课程实施、学习方式和教学空间的理念变革,无论何种模式、何种形态的教育教学,要达到预期的理想成效,教师是最为核心的因素。因此,我们亟须探讨教师在研学旅行中的角色定位及重塑。

1. 建立对话型师生关系

对话型师生关系是指师生基于平等的地位,相互尊重,互相交流,携手合作,形成心灵默契、精神相通的和谐师生关系。建立对话型师生关系,是促进研学旅行有效进展、使教师角色作用充分发挥、实现学生自主生长的重要保障。教师转变传统的教师权威的观念,树立新的学生观,是建立对话型师生关系的重要途径。

2. 建构研学旅行共同体

研学旅行使教学空间不断延展、教学环境更加复杂,面对复杂的教学环境、多变的教学事件及灵活的教学主题,教师容易产生知识恐慌、情感焦虑等负面情绪,这严重阻碍了教师角色作用的充分发挥及研学旅行活动的有效开展。在此情境下,建构研学旅行共同体,是解决该问题的有效途径,也是促进研学旅行活动高质量高水平发展的重要举措。可以从以下两方面入手构建研学旅行共同体。其一,由教师牵头,组建研学旅行课程开发共同体。开发课程小组的成员可由学生代表、研学旅行基地(营地)工作人员、教师、家长委员会、大学专家等组成。学生可从自身兴趣和需求出发,对研学旅行课程出谋献计;家长委员会可提高研学旅行中家长的知情度与参与度;大学专家可为研学旅行课程安排提供思想引领和技术指导,促

---

① 汤碧枝.研学旅行中的教育理念变革与教师角色重塑[J].教师教育论坛,2019,32(10):39-42.

进研学旅行课程安排科学化;研学旅行基地(营地)工作人员则能为研学旅行的安全性和可实施性提供保障。这些人员的参与可以为教师设计并优化学生研学旅行课程提供参考和借鉴。其二,由学校牵头,建立情感与经验交流的互动圈。建立情感互动圈有利于教师在与同行的倾诉、交流中把个人的不确定感和压力外化,同时在同伴中寻找共鸣,发现共同现象,缓解研学旅行中教师的情感焦虑与知识焦虑,使得教师角色作用稳定发挥。

七、政府教育部门(教育部、教育厅、教育局)

(一)教育部门是研学旅行的推动方

教育部门包含教育部及各省市的教育厅、教育局等。教育部对研学旅行的发展十分重视,并且在政策和经费上进行了支持。目前,研学旅行发展如火如荼,但民众缺乏对研学旅行的正确认识,因此教育部门应向民众普及正确的研学旅行教育理念,加强民众对研学旅行的认知,使民众充分重视研学旅行在素质教育中的重大作用。除了推动研学旅行理念的传播,政府在政策上也为研学旅行提供了支持,如为研学旅行设置专项旅游发展基金、设置专项奖励经费来扶持研学旅行服务机构及教育机构进行研学旅行产品开发,这些措施推动了研学旅行的发展。

(二)教育部门是研学旅行的监管方

研学旅行活动的开展涉及社会的各个方面,为了有效保障学生安全,教育部门明确责任分配,其联合交通部门、安全部门、水利部门、工信部等行政管理部门协同建立研学旅行协调管理小组,专人专项,确保工作责任下发至个人,同时对设计的研学路线进行安全评估,拟定安全规范,制定应急预案。另外,研学旅行实施过程中,必然会涉及一些旅游企业乃至教育机构的参与,多部门合作时,不同理念有时难以统一,部分企业或教育机构有"逐利"倾向。因此,研学旅行能否真正做到以"学生为主导",就需要教育部门保持警惕,实施有效的管控措施。

(三)教育部门是研学旅行的保障方

教育部门必须为学生的研学旅行活动保驾护航,提供各类保障措施。第一,组织保障。教育部门要建立工作领导机构,制定有关制度,不断总结推动,为学校开展研学旅行活动提供政策支持,要制定具体工作方案,建立研学旅行长效管理体系。第二,课程保障。教育部门要制定研学旅行课程方案和标准,将研学旅行和课程改革结合,突出课程性,开发自然类、历史类、地理类、科技类、人文类等研学旅行课程体系,将学生参加研学旅行活动结果纳入学分管理体系和综合素质评价。第三,安全保障。教育部门要制定详细的安全应急预案,要对参与活动师生进行安全防范知识和技能培训,要选择有较高资质、较好社会信任度和较强风险管理能力的研学旅行服务机构作为实施单位,力求做到防患于未然。

本章小结

(1)研学旅行的目的包含提升认知能力、增加生活经验和生存技能、培养社会参与能力、加强创新能力、培育环境保护意识、促进文化学习等。

(2)研学旅行中培养社会参与能力的目的包含坚定政治信念、养成道德修养、培养合作能力、提升自主研究能力等。

(3)研学旅行是将学习的范畴延伸到校外,根据学习的需求可伸展到省内及国内不同的地点或目的地。在城市(乡村),可利用当地的公园、博物馆、红色教育资源、特殊建筑、动物园与植物园、农场、古城与古镇、河川与湖泊、工矿企业等;在国内,可利用知名院校、国家公园、自然遗产、文化遗产、水库与水坝、国家级湿地、森林与草原、海洋与海滩等进行研学旅行。

(4)研学旅行的要素包含学生、研学旅行课程、研学旅行基地(营地)、研学旅行导师、研学旅行服务机构、学校及教师、政府教育部门(教育部、教育厅、教育局)等。

(5)学生是研学旅行中第一核心要素,而研学旅行课程是第二核心要素。

核心关键词

目的地(Destination)

要素(Element)

研学旅行课程(Study Travel Course)

研学旅行基地(Study Travel Base)

研学旅行营地(Study Travel Camp)

研学旅行导师(Study Travel Tutor)

研学旅行服务机构(Study Travel Service Organization)

思考与练习

1.研学旅行的目的,除了书中提到的六项,还有哪些?

2.规划一个完善的研学旅行课程,哪些人应该参与和投入?它们分别扮演的是什么角色?

案例分析

河西走廊研学旅行①

在整合区域地理资源的基础上,结合研学旅行课程建设标准要求,经过多次实地勘探,确定研学旅行的线路为"敦煌—张掖—民勤"一线。实践点的设置充分体现地方特色,兼顾集体旅行与研学的效果,选择兰新高铁、敦煌莫高窟、鸣沙山月牙泉、雅丹国家地质公园、张掖绿洲城市与绿洲农业、张掖湿地博物馆、民勤防沙治沙纪念馆、民勤连古城国家自然保护区、民勤青土湖等作为研学旅行实践点。具体研学目标为:认知教育目标、实践教育目标、思维教育目标、情感教育目标。

课程内容是基于上述研学目标和要求,以地理学科为中心,融合自然类、历史类和人文类等跨学科的课程内容。课程实施设计采取"探究主题+研学任务+情境问题"的思路。首先,基于研学旅行的实践点和路线,确立"丝绸之路经济带与兰新高铁""敦煌世界地质公园""绿洲城市的形成与发展""荒漠化与生态环境建设"四类探究主题。然后,对标《普通高中地理课程标准(2017年版)》的内容要求,将探究主题细化为具体的研学任务和情境问题,作为培育和提升学生地理核心素养的索引。

课程评价体系基于全面性和激励性等原则,从地理实践能力、情感态度和研学成果等方面对学生研学旅行全过程的表现进行评定,以反映其综合学业水平和核心素养的发展。评价主体分为学生自我、小组成员和带队教师,评价机制以激励性评价为主,强调学生的主体性,让学生通过自我评价和相互评价,认知自己的优势和潜能,激发学习的求知欲和进取心。

思考:
1. 在以上案例中,老师和学生的角色与任务是什么?
2. 研学课程的评价除了可以用测验(或问卷)的方式,你觉得还可采取哪些形式?

---

① 李明涛,李开明.地理核心素养视角下的综合型研学旅行课程初探——以甘肃省河西走廊为例[J].地理教学,2020(4):48-56.

第六章 研学旅行中教育部门与学校及教师的职责

学习目标

1. 了解研学旅行中教育部门的角色与责任。
2. 学习国外教育部门推动户外教育的经验。
3. 熟悉学校及教师在研学旅行中的角色与任务。

问题引导

1. 教育部门在推动研学旅行中扮演什么角色？
2. 国外推动户外教育的经验给我国什么启示？
3. 学校及教师在推动研学旅行中扮演的是什么角色？

第一节 教育部门的职责

一、教育部门的角色

2013年2月，国务院办公厅印发《国民旅游休闲纲要（2013—2020年）》，提出"逐步推行中小学生研学旅行"的设想。此前，我国许多地区都有尝试把研学旅行作为推进素质教育的一个重要内容来开展。接着，2014年4月，教育部基础教育一司司长王定华在第十二届全国基础教育学校论坛上发表了题为《我国基础教育新形势与蒲公英行动计划》的演讲，提出研学要以年级为单位，以班级为单位进行集体活动，同学们在老师或者辅导员的带领下，确定主题，以课程为目标，以动手做、做中学的形式，共同体验，分组活动，相互研讨，书写研学日志，形成研学总结报告。

2014年8月,国务院出台的《关于促进旅游业改革发展的若干意见》中首次明确了将研学旅行纳入中小学生日常教育范畴,其中指出:"积极开展研学旅行。按照全面实施素质教育的要求,将研学旅行、夏令营、冬令营等作为青少年爱国主义和革命传统教育、国情教育的重要载体,纳入中小学生日常德育、美育、体育教育范畴,增进学生对自然和社会的认识,培养其社会责任感和实践能力。"当前,开展研学旅行有以下四个方面的重要意义:①研学旅行是贯彻《国家中长期教育改革规划和发展纲要(2010—2020年)》和十八大及十八届四中全会精神的重要举措;②研学旅行是培育和践行社会主义核心价值观的重要载体;③研学旅行是全面推进中小学素质教育的重要途径;④研学旅行是学校教育与校外教育相结合的重要方式。

2016年11月印发的《意见》指出,中小学生研学旅行是由教育部门和学校有计划地组织安排,通过集体旅行、集中食宿方式开展的研究性学习和旅行体验相结合的校外教育活动,是学校教育和校外教育衔接的创新形式,是教育教学的重要内容,是综合实践育人的有效途径。由此可知,研学旅行应由教育部门和学校有计划地组织安排,教育部门和学校是最重要的负责和执行单位。《意见》中同时说明研学旅行的主要任务为纳入中小学教育教学计划、加强研学旅行基地建设、规范研学旅行组织管理、健全经费筹措机制、建立安全责任体系,具体如下。

(一)纳入中小学教育教学计划

各地教育行政部门要加强对中小学开展研学旅行的指导和帮助。各中小学要结合当地实际,把研学旅行纳入学校教育教学计划,与综合实践活动课程统筹考虑,促进研学旅行和学校课程有机融合。

(二)加强研学旅行基地建设

各地教育、文化、旅游、共青团等部门、组织密切合作,根据研学旅行育人目标,结合域情、校情、生情,依托自然和文化遗产资源、红色教育资源和综合实践基地、大型公共设施、知名院校、工矿企业、科研机构等,遴选建设一批安全适宜的中小学生研学旅行基地,探索建立基地的准入标准、退出机制和评价体系;要以基地为重要依托,积极推动资源共享和区域合作,打造一批示范性研学旅行精品线路。

(三)规范研学旅行组织管理

各地教育行政部门和中小学要探索制定中小学生研学旅行工作规程,做到"活动有方案,行前有备案,应急有预案"。学校组织开展研学旅行可采取自行开展或委托开展的形式,提前拟定活动计划并按管理权限报教育行政部门备案,通过家长委员会、致家长的一封信或召开家长会等形式告知家长活动意义、时间安排、出行线路、费用收支、注意事项等信息,加强学生和教师的研学旅行事前培训和事后考核。学校自行开展研学旅行,要根据需要配备一定比例的学校领导、教师和安全员,也可吸收少数家长作为志愿者,负责学生活动管理和安全保障,与家长签订协议书,明确学校、家长、学生的责任权利。学校委托开展研学旅行,要与有资质、信誉好的研学旅行服务机构或企业签订协议书,明确委托机构或企业承担学生研学旅行安全责任。

(四)健全经费筹措机制

各地可采取多种形式、多种渠道筹措中小学生研学旅行经费,探索建立政府、学校、社会、家庭共同承担的多元化经费筹措机制。交通部门对中小学生研学旅行公路和水路出行严格执行儿童票价优惠政策,铁路部门可根据研学旅行需求,在能力许可范围内积极安排好运输工作。文化、旅游等部门要对中小学生研学旅行实施减免场馆、景区、景点门票政策,提供优质旅游服务。保险监督管理机构会同教育行政部门推动将研学旅行纳入校方责任险范围,鼓励保险企业开发有针对性的产品,对投保费用实施优惠措施。鼓励通过社会捐赠、公益性活动等形式支持开展研学旅行。

(五)建立安全责任体系

各地要制定科学有效的中小学生研学旅行安全保障方案,探索建立行之有效的安全责任落实、事故处理、责任界定及纠纷处理机制,实施分级备案制度,做到层层落实,责任到人。教育行政部门负责督促学校落实安全责任,审核学校报送的活动方案(含保单信息)和应急预案。学校要做好行前安全教育工作,负责确认出行师生购买意外险,必须投保校方责任险,与家长签订安全责任书,与委托开展研学旅行的企业或机构签订安全责任书,明确各方安全责任。旅游部门负责审核开展研学旅行的企业或机构的准入条件和服务标准。交通部门负责督促有关运输企业检查学生出行的车、船等交通工具。公安、食品药品监管等部门加强对研学旅行涉及的住宿、餐饮等公共经营场所的安全监督,依法查处运送学生车辆的交通违法行为。保险监督管理机构负责指导保险行业提供并优化校方责任险、旅行社责任险等相关产品。

教育部门作为研学旅行的主要指导单位,应根据以上任务要求,做好如下工作:①制定研学旅行纳入中小学教育教学指导方针;②制定研学旅行基地建设规范与评估准则;③制定研学旅行组织(服务机构)管理办法与评估准则;④制定经费筹措管理办法;⑤建立安全责任管理办法与评估准则。

二、国外教育部门推动户外教育的经验

(一)苏格兰

许多国家很早就推动户外教育、户外学习,它们的经验可供我国参考。1945 年《苏格兰教育法案》(1945 Education(Scotland)Act)提到,教育当局应该提供并管理与维护营地,供中小学以上学生作为体能及社会化训练使用。法案鼓励学校使用教室以外的场域促进学生的身心发展,这开启了 20 世纪六七十年代整个苏格兰户外教育的风潮。苏格兰也在此时成为全世界最早将户外教育导入学校教育的国家。2005 年,苏格兰教育部启动了一个两年的"户外联结计划"(Outdoor Connections),召集户外教育领域相关的团体、专家及学者成立咨询团队(Advisory Group),探讨户外教育对新课程有所贡献的方面,并促进改善户外教育的质量与资源分配。苏格兰教育部于 2010 年发布《由户外教育迈向卓越》(Curriculum for Excellence through Outdoor Learning)。这个项目确立了户外教育在苏格兰教育改革中的地位,并推动户外教育融入学习领域中,使户外教育能更广泛地实施。其中提到,户外教育确实有助于语文、数学、科学及健康学科领域的学习,实施户外教育的场域包含校园、郊区绿

地、苏格兰的乡间,还有人迹罕至的野地。除了自然环境外,建议的户外教育的场域还包含历史与文化场所,并鼓励学生从校园出发,先熟悉所处的小区环境,然后到自然野地探险。除了将户外教育列入教育改革中,苏格兰教育部还在网站上提供全面的户外教育信息与指引。其详述户外教育的概念,希望能将户外教育导入学习领域,而非只是单一性的活动,并鼓励教师自行设计户外教育课程及使用校地作为户外教学场域。在这个网站上也不断更新户外教育的实证数据,分享各领域成功的案例。

在教育改革的背景及政策的支持下,教师的专业素养也应同步提升,这样才能将户外教育落实到学校教育现场。苏格兰教学总会(the General Teaching Council for Scotland,GTCS)负责制定教师专业基础与教师认证标准。近年来,GTCS 对于户外教育及永续发展教育的推动有着决定性的影响力。GTCS 是全世界唯一独立运作的非政府师资认证机构,决定苏格兰中小学教师应具有的资格及能力。教师要在苏格兰担任中小学教师,必须取得该会的认证。GTCS 在 2012 年更新了教师认证标准及在职专业发展标准。新的标准希望教师能利用周遭的环境,发展合适的户外教育与永续发展教育。标准中提到,教师应具备了解及发展最适合的学习环境的能力,包括使用户外教育,并能将合适的教学法应用到这些环境中。这些具体的做法及新的基准,为教师在户外教育专业成长指明了方向。

政策的推动需要科学实证的支持,苏格兰的户外教育发展主要归功于学术界的研究成果。户外教育是一个新兴的领域,高质量的实证研究仍十分稀少,在此情况下,有关单位难以说服政府支持户外教育。苏格兰拥有完整的研究团队提供支持,爱丁堡大学及史德林大学的研究团队,近年发表了许多苏格兰户外教育的研究,包含哲学、理论及实证等层面。这些研究成果对于户外教育的推动建立了良好的基础。苏格兰近年来迅速发展的户外教育为学术界提供了良好的研究对象,户外教育的现场研究和户外教育政策更是同步向前迈进。目前,苏格兰的户外教育及户外教育研究所获得的成果已成为重要的社会资产,也是欧洲许多国家观摩的对象。苏格兰近十年来在户外教育上获取的成就可以归功于政府的政策,以及学术单位、非政府组织、学校单位与地方政府的配合,其路径与方式值得各国参考与借鉴。

(二)澳大利亚

在欧美或是大洋洲,并没有研学旅行这一称呼,它通常被称为户外教育。Sharp 于 1947 年描述户外教育为:"能在户外教学发挥最大教学成果的,便在户外教学;能于教室内有最好成效的,便在室内教学。"在澳大利亚,户外教育聚焦于个人和团体发展,在 20 世纪前期着重于品格建造与发展战场体魄。到了 1998 年,昆士兰户外教育协会在其著作《学校的户外教育:规划与执行指南》(*Outdoor Education in Schools: A Guide for Planning and Implementation*)中,列出了 7 个户外教育的关键准则与价值。

(1)对环境的热情。

(2)尊重自我、他人、环境。

(3)欣赏不同的观点。

(4)明辨照顾自我、他人、环境的责任。

(5)乐意与他人合作和为参与决策做准备。

(6)乐意接受冒险,挑战未经证实的点子和看法。

(7)对变动环境的省思和调适做准备。

户外教育作为教学实务方式的概念受到 Wattchow 和 Brown 的支持,他们认为户外教育是亲身学习,导入直接体验才能让学习变得真实;学习者必须为自己做决定,接着经历各种学习过程,对个人行动的后果负责;学习者通过反思和经验汇整,将有用的知识转化到其他情境。基于这个观点,个人被视为自主的行动者,有能力内化经验,并将户外冒险教育课程中学到的新知识应用于真实的生活情境。《澳大利亚全国课程基础能力·个人与社会能力篇》(*Australian National Curriculum General Capability—Personal and Social Capability*)要求学生接触不同类型的实务,包括分辨及调整情绪、发展对他人的同情心及认识不同的关系、开始建立正向的关系、做负责任的决定、在团队中有效率地互动、有建设性地处理挑战局面并锻炼领导技能。户外教育在澳大利亚并没有被当成儿童课后的休闲活动,而是在多元的教育理论和模式中被视为教学法实践的一种方式。

综观澳大利亚户外教育的发展历程,有以下两点最有特色。

1.澳大利亚很注重户外学习中心(或称田野学习中心)

昆士兰省于1966年成立第一个省立的网络,管理25个户外学习中心,包括在昆士兰黄金海岸的 Tallebudgera 营队学校。第一个强调环境学习课程的中心是1974年开幕的 Jacobs Well 田野学习中心。早期这类田野学习中心着重自然研究,到了20世纪90年代,根据《环境教育课程指南》第12页描述,昆士兰环境教育中心是"以多元目标的课程取向与教师、学校、指导者和广大小区成员合作,提供专业的环境教育方案、专业成长、符合学生各阶段学习内容的建议和资源"。

2.注重户外教育方案(课程)

私人团队"Hall 户外教育"在过去20多年来持续为维多利亚、塔斯马尼亚、南澳大利亚、新南韦尔斯及澳大利亚首都特区 ACT 提供户外教育方案(课程)。"对于能提供最佳服务:以顾客为重、有趣、总在安全和富教育意义的环境里冒险,我们引以为傲。"在非政府的菁英学校里,户外教育方案(课程)始终是户外教育的梁柱,有些方案可追溯到20世纪30年代。1992年,超过三分之一,共48所菁英私立学校将户外教育方案(课程)或校园列入学校关键特色中。户外教育通过菁英学校提升户外教育在全省各地区的地位。

(三)日本

日本很久之前就有游学、远足的传统。从第二次世界大战后教育改革开始,游学在日本成为一项中小学常规的教育活动。到20世纪60年代,修学旅行已经成为日本中小学的常规教育活动,《日本学校教育法》对此做出了明文规范。

1.日本修学旅行的主要目的

日本的修学旅行主要有以下两个目的。

(1)培养小学生的公共精神。

小学修学旅行是培养小学生公共精神、提升学生综合素质的重要方式。日本强调要从小加强公民教育,而培养公共精神是公民教育的核心。小学修学旅行是对校内公民教育的补充,使小学生真切地理解所生活的社会,并培养积极的公民素养。

(2)促进小学生认识真实世界。

小学的修学旅行可以弥补学校教室学习的不足,引导小学生走出校园,主动认识社会、了解社会、感悟社会,促进书本知识和真实生活经验的深度融合。真实世界是一切知识的源头,教育必须面向真实世界,对于小学生而言,真实世界是最重要的教育场所之一。

2.日本修学旅行的特点

几十年来,日本中小学校一直依照有关规定组织修学旅行,至今繁荣发展。其修学旅行有以下五个特点值得我们借鉴与学习。

(1)为修学旅游提供法律支持和政策保障。

日本人认为,修学旅游是完善个人综合素质的重要方法。修学旅游作为日本教育的重要组成部分,引起了国家的高度重视并制定了相应的法规和政策,保证其顺利而有效地推动。

1951年,日本针对多起修学旅行的安全事故进行检讨。为了确实保障修学旅行的顺利进行,日本文部科学省召开了第一次修学旅行协议会。会议肯定了修学旅行的重大意义,认为修学旅行不仅是传承国家文化的重要手段,也是国家文化的重要组成。它不仅丰富了学生的生活经验,也促进了学生的身心健康,并提升了整体国民素质。这次会议上,文部科学省颁布了修学旅行的学习指导要领并制定了修学旅行计划。此计划对修学旅行中的问题进行了详细的规范。同年,文部科学省要求:教育委员会应积极参与本地各学校修学旅行计划的制定。各学校、各系统、各阶层都要努力制定合适的修学旅行计划。文部科学省于2002—2012年实施了丰富的体验活动推动计划。其中"自然住宿体验计划""儿童农村渔村交流项目"针对小学举办之4天3夜以上的住宿体验活动给予补助。另外,文部科学省从2013年度展开"养成健全(人格)的体验活动推动计划",通过在农、山、渔村的各种体验活动,培养儿童丰富的人性与社会性、提升自我认同感及唤起未来职业生涯规划,针对各级学校举办3天2夜以上的住宿型体验活动给予补助。

为了让修学旅行可以顺利开展,日本政府还制定了一系列的政策全力支持修学旅行。这些政策为日本修学旅行提供了资源支持、安全保障、经费赞助等,这些都是日本现今修学旅行蓬勃发展的重要保障。

(2)修学旅行研究协会的监督指导。

财团法人日本修学旅行研究协会(Educational Tour Institute,以下简称全修协)是日本修学旅行的指导监督单位,对于推动日本修学旅行有重大的影响。它以设计创新的修学旅行为目标,以教育性、安全性、经济性为三大重要指导方针。其主要工作是针对修学旅行进行相关研究、调查,并进行信息的整理与分析,为全国提供重要的修学信息。同时,也提供相关的财务与人力资源支持。全修协不仅是修学旅行的研究者,而且是监督者,通过各种调查了解修学旅行活动的开展情况,积极了解修学旅行的发展趋势,促进修学活动的改善与提升。

(3)政府部门的大力支持。

修学旅行能顺利发展,政府的大力支持是重要的因素。日本交通部门一直都是修学旅行的坚定支持者,如最新的交通工具都会很快地应用于修学旅游,另外,每一次交通的改革都会带来修学旅行的变革。从1972年3月开始,日本国铁只向中学生收半价车费,对大学生收八折车费,这些措施使国铁成为修学旅行的主要运输工具。1983年,有三家航空公司针对修学旅行降低35%费用,促使许多学校积极开展海外修学旅行。

(4)新闻媒体的全力配合。

日本新闻媒体的参与和配合,促使各界对修学旅行进行广泛的支持。例如,秋田电视台从1969年就开始报道修学旅行的情况,至今仍每天用15秒来播报孩子参加修学旅行活动的状况。由于新闻媒体播报了修学旅行的情况,家长放心,也就进而获取了家长的信任和支持。新闻媒体的积极参与促成了日本修学旅行的繁荣发展。

(5)修学旅行产品形式多样,适应时代需求。

日本的修学旅行产品丰富多元,从参观国家公园、参访历史古迹、学习文化知识,到自然体验、了解职业、考察不同企业等,涵盖政治、文化、经济等多个方面,具有时代性。例如,近年来升学、就业压力大,有学校安排了参观不同职业的修学活动。也有学校设计让高三的学生参观众议院第一议员馆,与议员们进行面对面的交流。课程结束后,学生收获良多,在学习报告中表示自己确定了未来奋斗的方向。

这些多彩多姿的课程,不仅丰富了修学旅行的内涵,而且提高了修学旅行的质量,满足了发展学生综合素质的要求,得到了学生的喜爱、家长的支持,满足了时代的需要。

(四)美国

美国是户外教育发展比较早也比较完善的国家。Smith等人于1963年在《户外教育》这本书中阐述了美国教育历史上有两个增进户外教育课程的重要时期。一个是1917年的教育政策委员会制定的七项重大教育方针,其中要求学校严格执行健康及休闲相关的政策,这影响了早期户外教育课程。另一个发生于第一次世界大战时,许多志愿入伍的军人因体能未达标准而被拒绝,使得当时社会普遍反映需要通过户外教育来提升人们的健康与体育水平。因此,在美国许多大学的体健休闲学院开始设立户外课程。后来,在露营教育发展逐渐成熟后,户外教育获得了政府的重视。美国健康、体育教育与休闲协会(American Association of Health, Physical Education and Recreation, AAHPER)于1954年成立项目小组,负责制定与审核公立学校露营准则,并发表了露营目标、会员、指导员、课程与培训等规范。随之,个人、学校、民间团体、各地相关协会都投入了许多力量,美国的户外教育得以蓬勃发展。

近年来,美国的两项法案对于现今美国的户外教育有重大的影响。

一是美国众议院于2008年9月通过的《让孩子走向户外》(*No Child Left Inside Act*)。它由美国环境教育协会提出,目的在于提升儿童对于环境素养与环境教育的认知,并修正2001年《不让任何孩子落后》(*No Child Left Behind*)之教育政策过度重视学科测验的偏颇。研究显示,学生身处自然环境中可以增进批判性思维,提高社交技巧与学业成绩。但由于学校对于学科(如阅读与数学)过度重视,其在课程规划上,往往放弃具有价值性的户外教育活动。《让孩子走向户外》虽然未能成为正式的法案,但其精神影响了美国联邦政府,其在2015年12月立法提供每年1亿美元用于训练专业环境教育的教师,提供创新的学习技术,以及发展从幼儿园至高中的户外环境教育的教学课程。

二是美国于2010年提出的《美国优质户外方略》(*America's Great Outdoors Initiative*, AGO),目的在于让所有美国人可以享受国家优质自然资源所带来的休闲、经济和健康的帮助。它以实际行动推行社区环境保育及户外游憩活动,包含促进地方环境保育、扩大野地与水域游憩范围、复育水土资源及兴建城市公园与社区水道等计划。AGO的重点除了鼓励青少年参与户外,还结合内政部、农业部、环保署、白宫环境质量委员会等资源,提供年轻人参与户外休闲及相关的生涯规划,以及利用户外资源回馈社区和国家的服务机会,以期培育新一代的领导者。

综合上述,美国户外教育的发展,从最初的露营活动,到早期的相关组织,如美国露营协会(ACA)、基督教青年会(YMCA)、四健会(4-H Club)及童军教育,都是为了全美各地青少年的全人发展而进行的努力。被称为美国"户外教育之父"的夏普,将重视体验式学习的户外教育发扬光大,并开启了将户外露营的经验与学校课程做连结的趋势。后续加上政策的支持,各地举办许多全国性户外教育会议,亦出版了许多著作、期刊等,奠定了美国户外教育的基础。户外教育不同时期的演变,包含学校的户外教学课程推行、户外组织的蓬勃发展、多元方向发展与国家重要政策的制定等,对美国户外教育的发展有着深厚的影响。

三、教育部门的责任

研学旅行是学校教育和校外教育衔接的创新形式,是教育教学的重要内容,是综合实践育人的有效途径。教育部门作为研学旅行的重要指导单位,应承担以下责任。

(一)提供法律支持和政策保障

研学旅行纳入学校教育,如何与学校教育有机地融合需要法律及政策的支持。按照国内目前的教育规划,研学旅行要与多学科结合,并可利用综合实践活动来落实。例如,日本的文部科学省(相当于教育部)将修学旅行纳入教学任务中,并对小学、初中和高中的修学旅行细节做出详细规定。主要包括:行前做好旅游活动规划,要求清楚旅游目的和预期的成效;旅游计划必须保证所有学生都能参加并确保开支最小化;务必在出行前做好学生的道德指导和安全教育工作;随行教师和护送人员要明确责任,合理分工;旅游活动结束后要对每个细节进行评价。日本的文部科学省对小学、初中和高中的修学旅行细节及其效果评价均有详细的规定,并且每年都对修学旅行的实施情况有全面性的调查。

要有清晰完善的财务支持计划。在日本,公立小学、初中的修学旅行费用的补助由国家和地方财政共同承担,并且经费比重逐年增长。国家财政支持减轻了参加修学旅行活动学生的家庭负担,让普通家庭能够负担起学生的修学旅行费用支出,为日本的修学旅行发展提供了强大的经济推动力。

在我国台湾地区,环境教育是一个热门的话题。它是指运用教育方法,培育民众了解自身与环境的伦理关系,增进民众保护环境的知识、技能、态度及价值观,促进民众重视环境,采取行动,以达到可持续发展的教育过程。

台湾地区的环境教育始于20世纪80年代中期,当时在国际环保教育的影响及台湾地区自身环保治理的压力下,台湾地区采取了多种措施来整治污染的环境,同时开启了环境教育的工作。

20世纪80年代初,台湾地区通过知识界和媒体向大众传达世界环境教育发展动态及理论。80年代中期,环境教育开始制度化,台湾地区颁布大量环境教育相关政策。2000年,制定了《二十一世纪议程——"中华民国"永续发展策略纲领》,指出要鼓励以开放教育模式来进行校内和校外、室内和室外环境教育。台湾地区还积极推动社会环境教育,建立各种具有教育、保育、研究等功能的教育中心和实践基地,如环境教育中心、环境学习中心、自然中心、自然步道、保育学校、生态农场、户外环境教育中心、田野之家、自然学校等。

台湾地区九年一贯课程将"环境教育"列为重大议题之一,并将它融入七大学习领域。其目的是通过各种教学活动来引发学生对环境的觉知与敏感度,充实学生与环境相关的知识,让学生对人与环境的互动有正确的价值观,并在面对地区或全球环境议题时,能具备改善或解决环境问题的认知与技能。

迄今为止,台湾地区实施环境教育已经30多年。在这30多年里,台湾地区一些高校会开设与环境教育相关的课程,以此来融入环境教学的教导,落实学校自主经营权,激发学校的内在力量。台湾地区的教育主管部门因此颁布了环境教育的课程文件,并设立了专门支持中小学开展环境教育的资金。针对不同的年级,环境教育有不同的要求,如小学低年级学生主要是侧重亲近自然的教育,主要为他们设立有关昆虫和植物的课程内容;大专学生则需要接受一般的环境通识课程。另外,台湾地区会通过对社会公共资源的开发和利用开展环境教育,像动物园、国家公园、湿地公园、植物园、自然博物馆、自然教育中心等社会公共资源都是台湾地区着重开发环境教育课程的场所。在自然教育中心,会安排专门接受过培训过的工作人员或者志愿者对当地特色进行解说,提倡大家保护自然。同时,还会有许多学校和家长主动安排学生学习动植物知识,带领他们来到自然教育中心参观。

在环境教育发展的这30多年,台湾地区的教育部环保小组牵头的学校环境教育计划也不再拘泥于课内教学,更多地利用教室之外的资源进行学习。在自然教育中衍生出了乡土教育、海洋教育、山野教育等表现方式。学校通过让学生认识自己生长或长期居住的乡土、海洋、山脉等,使其认同乡土并愿意对其加以保护。同时,学校通过让学生在各种自然环境中学习,与自然亲密接触来提高自己的生活、生存技能。

(二)争取跨部门的大力支持

虽然《意见》是由教育部等11个部门共同印发的,但是《意见》中并未清楚地划分11个部门的权责及工作细则。而教育部门作为研学旅行的主导单位,应做好带头作用,除尽快制定和颁布研学旅行相关准则和法规外,还应争取其他10个部门的大力支持。

争取跨部门的支持,可借鉴日本和美国的经验。例如,日本交通部门一直是研学旅行的强力支持者。从1972年开始,日本铁路公司只向中学生收取半价车费,对大学生收取八折车费,这些措施都减轻了学校及学生的财政负担。美国于2010年提出《美国优质户外方略》,其中一项重要的内容是鼓励青少年参与户外运动,并结合内政部、农业部、环保署、白宫环境质量委员会等资源,为年轻人提供参与户外休闲的机会,并使其对未来进行相关的生涯规划,期望能培育出更有创造力的领导者。

(三)建立研学旅行平台,整合多方资源

教育部门、学校、教师之前都很少或是没有推动研学旅行的经验,而学校和教师直接面对学生,对学生的学习、安全有重大的责任,若研学旅行活动不能有具体的成效,或者有安全的疑虑等,都会使学校和教师不能积极地推动研学旅行。所以,建立研学旅行平台,交流研学旅行执行的成效及安全事故的预防、解决方案,对学校和教师都有重大的鼓励作用。

例如,苏格兰的"户外联结计划",召集户外教育领域相关的团体、专家及学者成立咨询团队,探讨户外教育对学校课程的具体成效,促进改善户外教育的质量。苏格兰教育部于

2010年发表《由户外教育迈向卓越》,确立了户外教育在苏格兰教育改革中的角色,并推动户外教育融入学校课程,使户外教育能更广泛地落实。丹麦的经验也很值得参考,丹麦教育部和环境部组成一个协作机制,每年支付固定的经费,支持户外教育的发展。它们邀请大学、学院的学者及专家进行协助,规划行动研究模式,其目标为产出并传递户外教育的实务知识及技能,协助户外教育的推广。

(四)鼓励多元化的研学旅行产品

中国是多元融合的民族,疆域辽阔,各地风俗各异。研学旅行产品不能只根据课本来设计,要鼓励各地区结合本地特色开发多元化的研学旅行产品。中国目前有55处世界遗产,其中世界文化遗产37项、世界自然遗产14项、世界文化与自然双重遗产4项,居世界第一。中国有39处地质公园、10个国家公园试点等,有丰富的地质地貌、多元的文化遗迹、珍稀的动植物资源,这些都是研学旅行课程的重要宝库。

如何鼓励学校、教师、研学旅行基地、研学旅行服务机构等设计多元且吻合学生需求的研学产品是教育部门的重大任务之一。例如,日本研学旅行产品丰富多元,从参观国家公园、参访历史古迹、学习文化知识、考察不同企业等,涵盖政治、文化、经济等各个方面,深受学生的喜爱和家长的支持。另外,我国台湾地区也有户外教育资源平台,主要是结合户外教育研究、课程案例、教学资源、户外教育推动经验等,上传相关资料于平台上,供需要者下载与参考,它是户外教育重要的学习与交流平台。

(五)建立认证及监督体系

教育部教育发展研究中心研学旅行研究所王晓燕所长指出,快速推进研学旅行过程中面临一些突出的问题,存在一些对研学活动的误解。例如,在市场积极的推动下,中小学生研学旅行出现了简单的"教育+旅游"、粗放的"讲解+参观"、拼凑的"主题+活动"、随意的"景点+课本"、夸大的"宣传+包装",有走向旅游化、形式化、碎片化、肤浅化、功利化的倾向。因此,建立专业的认证体系与完善的评估系统是教育部门的重要任务,关系着研学旅行未来的健康发展。

例如,因为日本有全修协负责研学旅行的指导监督工作,并紧抓教育性、安全性、经济性这三大重要方向,所以研学旅行能不偏移且有序地推动。全修协不仅是研学旅行的监督单位,也是研究单位。它进行各种有关研学旅行的调研,了解研学旅行的发展现况、问题,并找出解决方案,促进了研学旅行质量的提升。

(六)鼓励新闻媒体宣传研学旅行

在我国,研学旅行尚未得到普遍的理解与认同,甚至在学校、教师、家长中存在许多的误解。而且目前教育的现状仍是"升学率"第一,大部分的家长和学生都愿意将时间和金钱投入到和考试、分数有关的活动上,而其他无关的事情则被大大地压缩。因此,教育部门不能只宣传相关的政策与意见,还需要通过各种新闻媒体来增加社会大众对研学旅行的了解与关注。日本的新闻媒体从1969年开始电视台持续报道研学旅行的情况,不仅让大众对研学旅行有了进一步的认识,而且获得了家长的认同与支持,对整个研学旅行的发展有很大的帮助。

第二节　学校及教师的职责

一、学校及教师的角色

《意见》中清楚说明各中小学要结合当地实际,把研学旅行纳入学校教育教学计划,与综合实践活动课程统筹考虑,促进研学旅行和学校课程有机融合,要精心设计研学旅行活动课程,做到立意高远、目的明确、活动生动、学习有效,避免"只旅不学"或"只学不旅"现象。学校根据教育教学计划灵活安排研学旅行时间,一般安排在小学四到六年级、初中一到二年级、高中一到二年级,尽量错开旅游高峰期。学校及教师是研学旅行的执行单位与直接执行人,不仅要将研学旅行纳入学校教育教学计划,而且要促进研学旅行和学校课程的有机融合。要精心设计研学旅行课程,设立清晰的教学目标,并掌握学习成效。

中小学校及教师要探索制定中小学生研学旅行工作规范,做到"活动有方案,行前有备案,应急有预案"。学校及教师要与家长保持密切的联系,通过家长委员会、致家长的一封信或召开家长会等形式告知家长研学旅行的活动目标、时间规划、出行线路、费用估算、注意事项等信息,明确学校、家长、学生的权利和责任,使家长放心、学生安心。

安全是研学旅行中重要的环节。学校要建立安全责任体系,制定研学旅行安全保障方案,探索建立有效的安全责任落实、事故处理、责任界定及纠纷处理等机制,实施分级备案制度,做到层层落实,责任到人。学校及教师要做好行前安全教育,确认为参与师生购买意外险,必须投保校方责任险,并与家长签订安全责任书。通常,研学活动会委托旅行社或研学旅行企业、机构来共同进行,必须与这些企业或机构签订安全责任书,明确各方安全责任。签订的合同中,要检查、核实研学旅行企业或机构提供的交通工具、住宿、餐饮、活动地点、导游讲解、医疗及救助、安全管理等是否都达到《研学旅行服务规范》中规定的标准。这些细项的工作要一一落实,缺一不可。

知识链接　关于全面加强新时代大中小学劳动教育的意见[①]

2020年3月,中共中央、国务院发布《关于全面加强新时代大中小学劳动教育的意见》(中发〔2020〕7号)指出,劳动教育是中国特色社会主义教育制度的重要内容,直接决定社会主义建设者和接班人的劳动精神面貌、劳动价值取向和劳动技能水平。长期以来,各地区和学校坚持教育与生产劳动相结合,在实践育人方面取得了一定成效。同时也要看到,近年来一些青少年中出现了不珍惜劳动成果、不想劳动、不会劳动的现象,劳动的独特育人价值在一定程度上被忽视,劳动教育正被淡

---

① 中共中央、国务院.关于全面加强新时代大中小学劳动教育的意见[EB/OL].(2020-03-20)[2020-05-19].http://www.gov.cn/zhengce/2020-03/26/content_5495977.htm.

化、弱化。对此,全党全社会必须高度重视,采取有效措施切实加强劳动教育。

《关于全面加强新时代大中小学劳动教育的意见》也明确说明,应全面构建体现时代特征的劳动教育体系,并掌握以下三个准则。

(1)把握劳动教育基本内涵。劳动教育是国民教育体系的重要内容,是学生成长的必要途径,具有树德、增智、强体、育美的综合育人价值。实施劳动教育重点是在系统的文化知识学习之外,有目的、有计划地组织学生参加日常生活劳动、生产劳动和服务性劳动,让学生动手实践、出力流汗、接受锻炼、磨炼意志,培养学生正确劳动价值观和良好劳动品质。

(2)明确劳动教育总体目标。通过劳动教育,使学生能够理解和形成马克思主义劳动观,牢固树立劳动最光荣、劳动最崇高、劳动最伟大、劳动最美丽的观念;体会劳动创造美好生活,体会劳动不分贵贱,热爱劳动,尊重普通劳动者,培养勤俭、奋斗、创新、奉献的劳动精神;具备满足生存发展需要的基本劳动能力,形成良好的劳动习惯。

(3)设置劳动教育课程。整体优化学校课程设置,将劳动教育纳入中小学国家课程方案和职业院校、普通高等学校人才培养方案,形成具有综合性、实践性、开放性、针对性的劳动教育课程体系。

二、学校及教师的任务

学校及教师是研学旅行的执行单位与直接执行人,直接掌握着学生的学习状态。要促进研学旅行和学校课程有机融合,还要遵循教育性、实践性、安全性与公益性的原则,避免形式化、碎片化、肤浅化、功利化的研学旅行活动。以目前的教学规划,研学旅行可通过综合实践活动课来落实,并结合学科课程(如语文、科学、法治等),以及德育、劳动教育来共同实施。

《中小学德育工作指南》中提到,德育内容是学校落实立德树人任务的载体。中小学的德育应以理想信念教育、社会主义核心价值观教育、中华优秀传统文化教育、生态文明教育和心理健康教育为主要内容。2020年3月,中共中央、国务院发布《关于全面加强新时代大中小学劳动教育意见》提出:"劳动教育是国民教育体系的重要内容,是学生成长的必要途径,具有树德、增智、强体、育美的综合育人价值。实施劳动教育重点是在系统的文化知识学习之外,有目的、有计划地组织学生参加日常生活劳动、生产劳动和服务性劳动,让学生动手实践、出力流汗、接受锻炼、磨炼意志,培养学生正确劳动价值观和良好劳动品质。"这些内容与《意见》中指出的研学旅行的目标十分吻合。

概括来说,学校及教师在规划研学旅行活动时有以下五项重要的任务。

(一)体现生本教育理念

过去以教师为课堂主体的教学方式已渐渐不能适应当今时代需求,因此要从以学生为主的角度去规划研学旅行活动,真正落实生本教育的理念,教学不仅仅是简单的说教及内容介绍,更多的是需要学生自己身临其境去感受和体验,或是自己动手去解决问题、完成任务。

这样才能够帮助学生将学习内化,并能活用知识。

研学旅行活动的主角是学生,学校在规划研学旅行课程时,需要关注学生的自主性,为学生提供更多自主发展的空间。在设计课程的阶段,学校及教师可以根据学生的能力,引导他们参与到方案设计中。例如,在旅行路线中的参观景点和学习内容的规划、出行方案的设计和交通工具的选择等,都可以让学生参与讨论,并提出他们的想法,共同决定研学旅行活动的安排。

(二)加强整体性的学习

知识是一个相互联系的整体,只有从整体上学习,才能真正地理解与掌握知识。同时,学习的过程是创造信息知识的网络、形成信息知识点相互关联性的过程。只有在大脑中形成相互关联的知识网络,学习者才能掌握知识、理解知识和运用知识。研学旅行活动是整体性学习的好机会,学生可以在参与的过程中对物体或景点进行全面的观察与了解。通常来说,学科的教学以文字符号为载体,以文本知识解读为主。学习的知识与真实生活缺乏联系,有时书本的知识与现实的生活是不一致的。研学旅行活动能将学校学习的文本知识在具体的社会实践中加以印证,进而强化学生对文本知识的理解与掌握,使之成为学习者能够活用的知识。

(三)加强合作性的学习

现今社会许多工作都要由群体合作来完成,合作的能力在现在与未来的工作中将越来越重要。研学旅行可以有效地促进合作学习。学校及教师在规划研学活动时,必须将合作学习的精神纳入整体活动中。活动的进行采取小组的形式,教师引导学生分组设定目标,并合力完成。小组成员间能够取长补短,对观察到的事物产生多种解释,开展交互性思维,从中激发思考,形成多种认识和观念,并在争辩与反思中加深对学习知识的理解和提高认识的正确率,生成新的认识与观念,进而不断成长与进步。

(四)激发教师参与的热情

教师在研学旅行中的指导作用是不可替代的。要想提高研学旅行的质量,学校及各学科教师必须积极参与到研学旅行活动的设计和指导过程中。从前期的考察和学习内容、任务单的规划设计,到出行中对学生随时的点拨引导和答疑解惑,再到回校后学生展示汇报、学习成果的评估都离不开教师。因此,学校要采取有效措施,鼓励各学科教师积极投入。唯有教师热情参与研学旅行活动的管理与执行工作,才能有效地发挥教育教学的功能,从而提升研学旅行的成效。

(五)建立多方合作关系

全面健康推进研学旅行仅靠学校及教师是不够的,还需要多个政府部门协作,需要社会机构参与,也需要高校参与、民间助力、家长支持,形成多方的合作关系,引导全社会共建中小学研学旅行服务体系。目前,相关配套机制和体系还在不断形成中,学校不能被动地等待体系完善,而是要走出第一步,与其他中小学校建立良好的交流渠道,积极争取各方力量的支持与协助,形成良好的合作关系,努力推进研学旅行活动的不断完善。

三、学校及教师的要求

随着我国旅游业的发展,研学旅行成为教育旅游市场的热点。为了规范研学旅行服务流程,提升服务质量,引导和推动研学旅行健康发展,国家旅游局于 2016 年 12 月发布了《研学旅行服务规范》。

《研学旅行服务规范》规定了研学旅行服务的术语和定义、总则、服务提供方基本要求、人员配置、研学旅行产品、研学旅行服务项目、安全管理、服务改进和投诉处理,其中,对主办方、承办方和供应方的定义如下。

主办方(Organizer),是指有明确研学旅行主题和教育目的的研学旅行活动组织方;承办方(Undertaker),是指与研学旅行活动主办方签订合同,提供教育旅游服务的旅行社;供应方(Supplier),是指与研学旅行活动承办方签订合同,提供旅游地接、交通、住宿、餐饮等服务的机构。

通常来说,学校是研学旅行服务的主办方。《研学旅行服务规范》"总则"中指出,研学旅行活动的主办方、承办方和供应方应遵循安全第一的原则,全程进行安全防控工作,确保活动安全进行。研学旅行活动应寓教于游,着力培养学生的综合素质能力。研学旅行活动应面向以中小学生为主体的全体学生,保障每个学生都能享有均等的参与机会。

《研学旅行服务规范》中对研学旅行主办方提出四个方面的要求并对人员配置、教育服务与安全管理做出了指导。

(一)基本要求

(1)主办方应具备法人资质。

(2)主办方应对研学旅行服务项目提出明确要求。

(3)主办方应有明确的安全防控措施、教育培训计划。

(4)主办方应与承办方签订委托合同,按照合同约定履行义务。

(二)人员配置

(1)主办方应至少派出一人作为主办方代表,负责督导研学旅行活动按计划开展。

(2)主办方每 20 名学生宜配置一名带队老师,带队老师全程带领学生参与研学旅行各项活动。

(三)教育服务

1. 教育服务计划

承办方和主办方应围绕学校相关教育目标,共同制定研学旅行教育服务计划,明确教育活动目标和内容,针对不同学龄段学生提出相应学时要求,其中每天体验教育课程项目或活动时间应不少于 45 分钟。

2. 教育服务流程

(1)在出行前,指导学生做好准备工作,如阅读相关书籍、查阅相关资料、制定学习计划等。

(2)在旅行过程中,组织学生参与教育活动项目,指导学生撰写研学日记或调查报告。

(3)在旅行结束后,组织学生分享心得体会,如组织征文展示、分享交流会等。

（四）安全管理

1. 安全管理制度

主办方、承办方及供应方应针对研学旅行活动，分别制定安全管理制度，构建完善有效的安全防控机制。研学旅行安全管理制度体系包括但不限于以下内容。

（1）研学旅行安全管理工作方案。

（2）研学旅行应急预案及操作手册。

（3）研学旅行产品安全评估制度。

（4）研学旅行安全教育培训制度。

2. 安全管理人员

承办方和主办方应根据各项安全管理制度的要求，明确安全管理责任人员及其工作职责，在研学旅行活动过程中安排安全管理人员随团开展安全管理工作。

3. 安全教育

（1）工作人员安全教育。

应制定安全教育和安全培训专项工作计划，定期对参与研学旅行活动的工作人员进行培训。培训内容包括：安全管理工作制度、工作职责与要求、应急处置规范与流程等。

（2）学生安全教育。

①应对参加研学旅行活动的学生进行多种形式的安全教育。

②应提供安全防控教育知识读本。

③应召开行前说明会，对学生进行行前安全教育。

④应在研学旅行过程中对学生进行安全知识教育，根据行程安排及具体情况及时进行安全提示与警示，强化学生安全防范意识。

4. 应急预案

主办方、承办方及供应方应制定和完善包括：地震、火灾、食品卫生、治安事件、设施设备突发故障等在内的各项突发事件应急预案，并定期组织演练。

本章小结

（1）教育部门和学校是最重要的负责和执行单位。

（2）推动研学旅行教育部门的主要任务为：纳入中小学教育教学计划，加强研学旅行基地建设，规范研学旅行组织管理，健全经费筹措机制，建立安全责任体系。

（3）教育部门的五大工作方向：①制定研学旅行纳入中小学教育教学指导方针；②制定研学旅行基地建设规范与评估准则；③制定研学旅行组织（服务机构）管理办法与评估准则；④制定经费筹措管理办法；⑤建立安全责任管理办法与评估准则。

（4）推动研学旅行教育部门的责任为：提供法律支持和政策保障，争取跨部门的大力支持，建立研学旅行平台、整合多方资源，鼓励多元化的研学旅行产品，建立认证及监督体系，鼓励新闻媒体宣传研学旅行。

(5)学校及教师是研学旅行的执行单位与直接执行人,不仅要将研学旅行纳入学校教育教学计划,而且要促进研学旅行和学校课程的有机融合。要精心设计研学旅行课程,设立清晰的教学目标,并掌握学习成效。学校及教师建立安全责任体系,制定研学旅行安全保障方案,探索建立有效的安全责任落实、事故处理、责任界定及纠纷处理等机制。

(6)《研学旅行服务规范》中清楚规定了研学旅行的主办方、承办方和供应方等相关定义。通常来说,学校是研学旅行服务的主办方。《研学旅行服务规范》对主办方提出了四个方面的要求,并对人员配置、教育服务与安全管理做出了指导。

核心关键词

教育部门(Education Department)
学校(School)
教师(Teacher)
角色与责任(Roles and Responsibilities)
户外教育(Outdoor Education)
户外学习(Outdoor Learning)
修学旅行(Educational Tour)
主办方(Organizer)
承办方(Undertaker)
供应方(Supplier)

思考与练习

1.除了苏格兰、澳大利亚、日本、美国这四个国家,教育部门还可以从哪些国家学习推动研学旅行的经验?

2.除了政府、学校、社会、家庭等筹措研学旅行经费外,还可以从哪些渠道筹措研学旅行经费?

3.学校与教师应如何制定研学旅行有效的安全保障方案?

案例分析

英国研学旅行的全员参与[①][②]

英国学者曾就相关部门与组织对研学旅行的支持与协助情况进行调查。结果发现,英国国会对于地方政府应该如何协助学校实施研学旅行并没有具体的要求。这种"粗放型"的模式,从积极方面来看,带来的一个成效就是促进研学旅行的机构或组织的多元化,也可以说英国整个社会都在全员参与。无论是英国国会还是地方政府,都没有明确规定组织研学活动的条件或标准。因此,包括学校在内,只要是有志于促进学生成长和发展的社会机构都可以成为研学旅行的组织者,这形成了英国全员参与研学旅行的特征。从消极方面来看,这一特征很大程度源于英国行业协会和市场主导传统经济模式的惯性影响,以至于大部分地方政府部门和相关社会组织为研学旅行提供的支持力度差距较大,尤其在研学旅行资源(如博物馆、档案馆、纪念馆等)的数量和质量参差不齐的情况下。因此,有学者呼吁,英国国会应该与地方政府一起参与研学旅行实施标准的制定,不能单纯由市场主导,政府应该与学校、家长、社会组织共同参与。

其中,英国著名的民间机构"国民信托"(the National Trust)是一个以保护自然环境和历史文化为目标的民间组织,也是学校参观英格兰、威尔士、北爱尔兰的历史建筑、海岸和乡村的最大资金供应者。据统计,每年有超过50万名中小学生参与"国民信托"基金会组织的户外参观教育活动。该组织也曾针对1700多个12岁以下的儿童开展调查,调查他们最喜爱的户外教育形式,为研学旅行组织形式拓宽了思路,并为开发受孩子喜爱的活动打下了一定的基础。根据孩子们列出的"心中最喜欢的活动",该组织整理了一份"12岁前必须完成的50项户外活动名录"。在这份名录中,"长途骑行"是大约三分之一的孩子最喜欢的户外活动。除此之外,岩洞探险、观鸟、爬树、野营、参观农场等户外活动都被列为受孩子欢迎的户外活动。

思考:
1. 如果国内效法英国采取"粗放型"的研学旅行会面临哪些优势与劣势?
2. 国内有哪些民间机构已投入研学旅行?其成果如何?

---

① 冉源懋,王浩霖.研学旅行的英国实践及启示[J].西南交通大学学报(社会科学版),2019,20(3):99-106.
② Chris T, Sally P. Out-of-school Learning: the Uneven Distribution of School Provision and Local Authority Support[J]. British Educational Research Journal, 2010, 36(6):1017-1036.

第七章

研学旅行课程设计与评价

学习目标

1. 了解研学旅行课程的目标与设计原则。
2. 熟悉研学旅行课程的设计步骤。
3. 学习如何评价研学旅行课程。

问题引导

1. 研学旅行课程设计包含哪些重要的原则？
2. 如何设计"学"与"游"兼具的研学旅行课程？

第一节 研学旅行课程的目标与设计

一、研学旅行课程的目标

研学旅行课程与一般的课程一样，必须有清晰的课程目标。但它又不同于一般的课程，研学旅行课程需要有多元的目标。

（一）发展核心素养的目标

2014年教育部发布《关于全面深化课程改革落实立德树人根本任务的意见》，提出研究制定学生发展核心素养体系，明确学生应具备的适应终身发展和社会发展需要的必备品格和关键能力。2016年9月，教育部委托课题"中国学生发展核心素养"研究成果正式发布。中国学生发展核心素养以培养"全面发展的人"为核心，分为文化基础、自主发展、社会参与三个方面，综合表现为人文底蕴、科学精神、学会学习、健康生活、责任担当、实践创新六大素养,具体细化为国家认同、社会责任、自我管理等 18 个基本要点。各素养之间相互联系、互相补充、相互促进,在不同情境中发挥整体作用,如图 7-1 所示。

图 7-1　中国学生发展核心素养

文化是人存在的根和魂。文化基础重在强调习得人文、科学等各领域的知识与技能,掌握和运用人类优秀智慧成果,涵养内在精神,发展成为有宽厚文化基础、追求更高精神的人。自主性是人作为主体的根本属性。自主发展重在强调有效管理自己的学习和生活,认识和发现自我价值,发掘自身潜力,发展成为有明确人生方向、有生活品质的人。社会性是人的本质属性。社会参与强调处理好自我与社会的关系,形成现代公民所必须遵守和履行的道德准则和行为规范,增强社会责任感,提升创新精神和实践能力,促进个人价值实现,推动社会发展进步。

所以,研学旅行的课程与评价应以实践中国学生发展核心素养为目标,避免目标空泛化或功利化,要从强调分科学习转向关注培养"全面发展的人"为核心目标。当然,不是每一次的研学旅行就要体现所有核心素养,可根据不同的活动有所侧重。

(二)落实综合实践活动、德育、劳动教育的目标

从形式上看,研学旅行是"研学"与"旅行"的合成,但实质上,研学旅行是教育与旅游深度结合的产物,而研学旅行课程实质上是综合实践活动课程的深度落实。

2017 年,教育部印发的《中小学综合实践活动课程指导纲要》(以下简称《纲要》)中说明了中小学生综合实践活动课程的性质,即综合实践活动是从学生的真实生活和发展需要出发,从生活情境中发现问题,转化为活动主题,通过探究、服务、制作、体验等方式,培养学生综合素质的跨学科实践性课程。它强调设计课程或活动让学生从真实生活,通过探究、服务与体验等方式,培养具有综合能力的公民。《纲要》中设定了不同学段(小学、初中、高中)的具体目标,让学生能从个体生活、社会生活及与大自然的接触中获得丰富的实践经验,以多

种形式,如进行团队活动、场馆体验、研学旅行、职业体验活动等,逐步提升学生对自然、社会和自我之内在联系的整体认识,具有价值体认、责任担当、问题解决、创意物化等方面的意识和能力。所以,综合实践活动课程必须依赖研学旅行来实践,而研学旅行必须达成综合实践活动课程的目标。

《纲要》中说明中小学生综合实践活动课程的基本理念为:①课程目标以培养学生综合素质为导向;②课程开发面向学生的个体生活和社会生活;③课程实施注重学生主动实践和开放生成;④课程评价主张多元评价和综合考察。综合实践活动课程的总目标为:学生能从个体生活、社会生活及与大自然的接触中获得丰富的实践经验,形成并逐步提升对自然、社会和自我之内在联系的整体认识,具有价值体认、责任担当、问题解决、创意物化等方面的意识和能力。

《纲要》中说明中小学生综合实践活动课程不同学段各有不同的具体目标。

1. 小学阶段具体目标

(1)价值体认:通过亲历、参与少先队活动、场馆活动和主题教育活动,参观爱国主义教育基地等,获得有积极意义的价值体验。理解并遵守公共空间的基本行为规范,初步形成集体思想、组织观念,培养对中国共产党的朴素感情,为自己是中国人感到自豪。

(2)责任担当:围绕日常生活开展服务活动,能处理生活中的基本事务,初步养成自理能力、自立精神、热爱生活的态度,具有积极参与学校和社区生活的意愿。

(3)问题解决:能在教师的引导下,结合学校、家庭生活中的现象,发现并提出自己感兴趣的问题。能将问题转化为研究小课题,体验课题研究的过程与方法,提出自己的想法,形成对问题的初步解释。

(4)创意物化:通过动手操作实践,初步掌握手工设计与制作的基本技能;学会运用信息技术,设计并制作有一定创意的数字作品。运用常见、简单的信息技术解决实际问题,服务于学习和生活。

2. 初中阶段具体目标

(1)价值体认:积极参加班团队活动、场馆体验、红色之旅等,亲历社会实践,加深有积极意义的价值体验。能主动分享体验和感受,与老师、同伴交流思想认识,形成国家认同,热爱中国共产党。通过职业体验活动,发展兴趣专长,形成积极的劳动观念和态度,具有初步的生涯规划意识和能力。

(2)责任担当:观察周围的生活环境,围绕家庭、学校、社区的需要开展服务活动,增强服务意识,养成独立的生活习惯;愿意参与学校服务活动,增强服务学校的行动能力;初步形成探究社区问题的意识,愿意参与社区服务,初步形成对自我、学校、社区负责任的态度和社会公德意识,初步具备法治观念。

(3)问题解决:能关注自然、社会、生活中的现象,深入思考并提出有价值的问题,将问题转化为有价值的研究课题,学会运用科学方法开展研究。能主动运用所学知识理解与解决问题,并做出基于证据的解释,形成基本符合规范的研究报告或其他形式的研究成果。

(4)创意物化:运用一定的操作技能解决生活中的问题,将一定的想法或创意付诸实践,通过设计、制作或装配等,制作和不断改进较为复杂的制品或用品,发展实践创新意识和审美意识,提高创意实现能力。通过信息技术的学习实践,提高利用信息技术进行分析和解决问题的能力以及数字化产品的设计与制作能力。

3. 高中阶段具体目标

(1)价值体认:通过自觉参加班团活动、走访模范人物、研学旅行、职业体验活动,组织社团活动,深化社会规则体验、国家认同、文化自信,初步体悟个人成长与职业世界、社会进步、国家发展和人类命运共同体的关系,增强根据自身兴趣专长进行生涯规划和职业选择的能力,强化对中国共产党的认识和感情,具有中国特色社会主义共同理想和国际视野。

(2)责任担当:关心他人、社区和社会发展,能持续地参与社区服务与社会实践活动,关注社区及社会存在的主要问题,热心参与志愿者活动和公益活动,增强社会责任意识和法治观念,形成主动服务他人、服务社会的情怀,理解并践行社会公德,提高社会服务能力。

(3)问题解决:能对个人感兴趣的领域开展广泛的实践探索,提出具有一定新意和深度的问题,综合运用知识分析问题,用科学方法开展研究,增强解决实际问题的能力。能及时对研究过程及研究结果进行审视、反思并优化调整,建构基于证据的、具有说服力的解释,形成比较规范的研究报告或其他形式的研究成果。

(4)创意物化:积极参与动手操作实践,熟练掌握多种操作技能,综合运用技能解决生活中的复杂问题。增强创意设计、动手操作、技术应用和物化能力。形成在实践操作中学习的意识,提高综合解决问题的能力。

2017年8月教育部印发《中小学德育工作指南》(以下简称《指南》),2017年12月《中小学德育工作指南实施手册》(以下简称《实施手册》)出版,它们清楚指出德育教育应全面贯彻党的十八大和十八届三中、四中、五中、六中全会精神,深入贯彻落实习近平总书记系列重要讲话精神,落实根本任务;不断增强中小学德育工作的时代性、科学性和实效性。《指南》指出,中小学德育总体目标为培养学生爱党爱国爱人民,增强国家意识和社会责任意识,教育学生理解、认同和拥护国家政治制度,了解中华优秀传统文化、社会主义先进文化,增强中国特色社会主义道路自信、理论自信、制度自信、文化自信,引导学生准确理解和把握社会主义核心价值观的深刻内涵和实践要求,养成良好政治素质、道德品质、法治意识和行为习惯,形成积极健康的人格和良好心理品质,促进学生核心素养提升和全面发展,为学生一生成长奠定坚实的思想基础。《实施手册》明文指出,开展研学旅行有利于培育和践行社会主义核心价值观,全面推动素质教育,引导学生主动适应社会,促进书本与生活经验的深度融合。培养学生国家意识和社会责任意识、了解中华优秀传统文化、树立中国特色社会主义的四个自信,只靠课堂教育传递与践行较为困难。因此,德育工作需要通过研学旅行来实践,研学旅行必须以落实德育目标为依归。实际的做法如下:①以德育目标来建构研学旅行课程;②在研学旅行课程中融入德育精神;③以德育指导原则来评价研学旅行课程成果。

中共中央、国务院于2020年3月发布《关于全面加强新时代大中小学劳动教育的意见》指出,把劳动教育纳入人才培养全过程,贯通大中小学各学段,贯穿家庭、学校、社会各方面,与德育、智育、体育、美育相融合,紧密结合经济社会发展变化和学生生活实际,积极探索具有中国特色的劳动教育模式,创新体制机制,注重教育实效,实现知行合一,促进学生形成正确的世界观、人生观、价值观。总目标为通过劳动教育,使学生能够理解和形成马克思主义劳动观,牢固树立劳动最光荣、劳动最崇高、劳动最伟大、劳动最美丽的观念。培养勤俭、奋斗、创新、奉献的劳动精神;具备满足生存发展需要的基本劳动能力,形成良好劳动习惯。该意见还提到,学校要发挥在劳动教育中的主导作用,切实承担劳动教育主体责任。根据学生身体发育情况,科学设计课内外劳动项目,采取灵活多样形式,激发学生劳动的内在需求和动力。统筹安排课内外时间,有效推进劳动教育。研学旅行是实践劳动教育的好机会,可通过参观博物馆、展示活动、不同职业或企业中的优秀劳动者、劳动成果,学习劳动的精神、事迹与楷模,或者安排登山、划船、露营、探险、农事活动等方式开展研学旅行课程。在这一过程中,学生除了学习相关知识、技能,更可以锻炼体力、体验劳动的辛苦与收获劳动成果的喜悦。因此,可运用研学旅行来实践劳动教育目标。

(三)与各学科有机融合的目标

当下的中小学教育常常被排斥在现实生活之外,学生所学的知识是他人(科学家们)创造出来的既定知识,只要听、记,按照文本理解。学校教育似乎成了接受现成知识的学习过程,导致学生片面发展,也使学校教育失去了生机与活力。让学生适时走出校园,将研学旅行课程变成学校的常规课程,将促进学校教育再次充满朝气与动力。"纸上得来终觉浅,绝知此事要躬行",局限于书本知识的学习并不能实现学生的全方位发展。研学旅行课程不是一个全新的学科,应该整合多学科、多领域的课程资源,结合研学旅行的实践性,使课程呈现多元化的形态,为学生提供立体的学习空间和真实可触的学习内容。研学旅行课程应结合各学科的学习内容,并实现各学科的学习目标。研学旅行课程需要整合各学科的教学和教研力量,突破分科教学的局限,探索构建理论与实践结合、多学科融合的创新型校外教学课程模式。

例如,以"节气与生活"为主题的研学旅行课程可以结合语文、综合实践活动、美术三门课来进行。第一部分,语文课进行"诗说二十四节气"。课前,可让同学收集节气的物候、气象特征,以及习俗、历史典故等,作为知识铺垫。课堂中,语文老师对学生讲解诗词的规范、引导学生进行诗歌鉴赏,帮助学生打磨诗词,锤炼文字,并有感情地诵读诗文,从中准确理解诗词、感受节气氛围。第二部分,综合实践活动课进行"体验二十四节气"活动。安排学生到植物园、农田参观,按照节气体验春耕、夏耘、秋收、冬藏农事活动,实际感受节气与农事活动的关系,体验劳动的辛苦。第三部分,美术课进行"画说二十四节气"。课堂上,老师引导学生通过绘画、雕刻、剪纸等形式,将他们观察到、感受到的二十四节气画(或刻、剪)出来,通过中国传统文化与技艺来演绎二十四节气的故事。

二、研学旅行课程的设计原则

研学旅行既有"研学"又有"旅行",二者缺一不可,作为中小学教育教学实践的重要部分,研学旅行课程是落实《意见》中基本原则的重要工具。所以,研学旅行的课程设计要遵循教育性、实践性、整合性、专业性四项原则。

(一)教育性原则

《意见》指出,研学旅行要结合学生身心特点、接受能力和实际需要,注重系统性、知识性、科学性和趣味性,为学生全面发展提供良好成长空间。所以,研学旅行课程设计要掌握教育性的原则,根据学生的身心发展与需求,设计具有系统性、知识性、科学性和趣味性的研学旅行课程。

研学旅行课程的教育性应体现在多方面。

1. 课程目标要有教育性

研学旅行课程要以发展学生的核心素养为目标,要遵循综合实践活动、德育、劳动教育的目标,与不同学科结合共同进行研学旅行活动,并达成该学科的教学目标。

2. 课程资源要有教育性

《意见》提到,学校要根据学段特点和地域特色,建立小学阶段以乡土乡情为主、初中阶段以县情市情为主、高中阶段以省情国情为主的研学旅行活动课程体系。乡土乡情、县情市情、省情国情都有丰富的资源。选择的原则就是该资源具有教育意义与内涵。

3. 课程内容要有教育性

研学旅行课程内容要以学习者为中心,针对不同学段的学生,要根据其身心发展、智力程度来设计课程。好的研学旅行课程要能激发学生的学习动机,在体验和探究中引发学生积极思考,并让学生在真实环境中发现问题,找出解决之道。

(二)实践性原则

《意见》指出,研学旅行应在不同的环境中使学生拓宽视野、丰富知识、了解社会、亲近自然、参与体验。所以,研学旅行课程设计应重视实践性的原则。研学旅行课程的实践性可从以下两方面着手。

1. 活动空间体现实践性

研学旅行是"移动的课堂",具有旅游特征中的异地性。研学旅行的过程就是学生活动空间不断转换的过程,通过自然环境、社会生活、生产等因素营造空间场景,让学生在真实的环境中体验与学习,在实际情境中亲近自然、了解社会并认识自我。

2. 活动内容突出实践性

研学旅行属于综合实践活动课,所以活动的设计要注重学生的身体力行与实践。让学生深入实践、深刻感知和思考是研学旅行课程设计的重要原则。

(三)整合性原则

作为综合实践育人的有效途径,研学旅行要以统筹协调、整合资源为重要工作。研学旅行基地或地点的选择、研学旅行线路的设计、课程活动的开发,都需要进行创造性的整合。从课程资源的整合来看,既包括校内、校外教育资源的整合,又包括多学科整合、跨学科的整合。例如,要统筹安排研学旅行基地(营地)、研学旅行线路的规划,要结合域情、校情、学情,从自然和文化资源、红色教育资源、综合实践基地,以及博物馆、科技馆、知名院校、工矿企业中挖掘和整合可利用的课程内容。总之,研学旅行课程应充分发挥综合育人的作用,实现与学校综合实践活动课程目标的有机融合,推动学校与社会基地、校内课程与研学实践、校内教师与研学导师之间的衔接互动,从而实现学校教育与校外教育的有效融合。

(四)专业性原则

研学旅行要实现高质量发展,关键要有专业性,特别是课程与教师要具有专业性。教师不仅包含学校教师,而且包含研学导师。课程的设计要依循教育哲学、教育理论、学生的身心发展水平等。培训教师需要具有设计研学课程必要的知识与技能,才能设计出专业的研学旅行课程。研学旅行课程本身就是一个系统工程,需要学校、教师、研学旅行基地(营地)、旅行社等进行系统分工，共同构建研学旅行共同体。可借助科研单位、高校、研学旅行行业协会及研学相关机构的专业力量，将研学旅行课程各个环节进行分割，专业的人做专业的事，不断打造高质量、系统化研学旅行课程。要因地制宜地制定课程整合计划。以课程体系的专业化建设为核心，科学设计课程主题、研学线路、课程目标、实施环节、方法步骤、成果呈现和课程评价等，深入分析研学旅行过程中可能遇到的各种困难和问题，有的放矢地推进课程化建设，促进研学旅行与学校课程、德育体验、实践锻炼的有机融合。要充分利用研学实践基地（营地）及各种社会资源，将社会资源有效地转化为教学资源与课程资源，达到专业化研学旅行课程的目标。

三、研学旅行课程的设计主体

研学旅行课程是研学旅行中的重要核心要素。研学旅行课程设计不仅要吻合学生身心发展，符合研学旅行政策的规范，而且要满足学校与教师教学的需求，发挥研学旅行基地（营地）或地点的资源特色，这样才能实践研学旅行的目标。那么，应该由谁来设计研学旅行课程呢？可由学校教师、研学导师、研学旅行基地（营地）工作人员及联合团队等来设计研学旅行课程。

（一）学校教师

《意见》说明，各中小学要结合当地实际，把研学旅行纳入学校教育教学计划，与综合实践活动课程统筹考虑，促进研学旅行和学校课程有机融合，要精心设计研学旅行课程。所以学校教师是设计研学课程的主要力量。研学旅行课程要借鉴学校学科课程设置与开展的特点，设立固定的研学旅行基地（营地），规划合适的研学旅行路线，确立多样的活动主题，实施多元有效的评价。同时，要将研学旅行列入学校的课程表，设定好开展的时间，拟定主题要义，配备研学旅行专业化教师，将研学旅行打造为一门独具教育特色的专业课程。

（二）研学导师

《研学旅行服务规范》明确规定，研学导师是研学旅行过程中具体设计或实施研学旅行课程，指导学生开展各类体验活动的专业人员。应至少为每个研学旅行团队配置一名研学导师，研学导师负责制定研学旅行工作计划，在带队老师、导游等工作人员的配合下提供完善的研学旅行服务。研学导师是研学旅行的灵魂人物，他不仅要会设计课程，而且要会执行课程。一般来说，人们很容易将研学导师与导游混淆。研学导师和导游的工作内容有共通的地方——都服务于出行者在异地的活动，都要落实旅游企业与出行者签订的活动内容，都要与酒店、交通工具、景区等供应商进行沟通与接洽等。但是二者在工作对象、工作流程、工作内容、工作方法、行为规范等方面存在着明显差异。最大的差别是研学导师要具有良好的设计或实施研学旅行课程的能力，有关研学导师所需的知识与技能在第九章有详细的说明。

（三）研学旅行基地（营地）工作人员

基地（营地）工作人员应根据自身或其周边教育资源设计有特色的研学旅行主题课程。因基地（营地）工作人员对自身所有的资源与特色最为了解，所以可以培养自身的研学旅行课程设计与执行人员。拥有自己的有特色的研学旅行课程与研发人员将是研学旅行基地（营地）的亮点。建议研学旅行基地（营地）积极和其他单位协作（如高校、中小学校、行业协会等)共同设计课程,也可以引进合作机构入驻,将课程和师资纳入基地(营地)的资源,由基地(营地)统一营销。

例如,博物馆欲推动研学旅行,可以组建博物馆研学导师队伍。博物馆与高校、中小学校开展合作,组建由讲解员、课程设计人员、志愿者(如退休老干部、老教师、相关专业大学生等)构成的多样化的研学导师队伍,提供优质、专业的研学旅行服务。

(四)联合团队

《意见》中指出,研学旅行是一种学校教育和校外教育衔接的创新形式。这表明课程设计和实施不再是学校单方面的工作,需要多方参与协作。研学旅行课程由各方协作,对话共生。学者李臣之、纪海吉提出,可组成由高校(University)、行业机构(Industry Body)、中小学校(School)的U-I-S联合团队。高校为行业机构培养人才,行业机构为高校提供成果转化的可能;高校为中小学校提供研学旅行的理论指导,中小学校则成为高校尤其是师范院校从事研学旅行研究的实践平台;行业机构为中小学校提供丰富的研学资源,而中小学校则通过研学旅行成为行业机构影响力提升的关键现场。U-S-I彼此联动,形成联合团队,使研学旅行课程的开发和施行成为一个互动、互助的生态系统。

知识链接　　立足三个维度,打造研学旅行课程[①]

研学旅行是对学生进行生命、生存、生活"三生"教育最直接的途径。学生走进自然,走向社会,在真实的生活场景中认识生命,了解生活常识,掌握生活技能,养成良好的生活习惯,关心他人和集体,树立正确的生活目标;同时,学习生存知识,保护生态环境,关心社会和自然,提高生存的适应能力和创造能力。在实践过程中,学生对某个项目深入的思考,可能影响到其将来专业、职业的选择。这是课堂教学很难达到的。

"深度挖掘本土资源,开发教育内容"是研学旅行实践教育的宗旨,也是研学旅行课程设计努力的方向;"知行合一"是研学旅行实践教育的目标,脱离了这一目标,一切都显得肤浅而苍白;"立德树人"是研学旅行实践教育的根本,失去了这一点,所有的活动都不过是游戏。

传统文化是研学旅行课程和研学旅行实践的支撑。研学旅行实践可以让孩子从小培养文化的情感和情怀。文化修养、自主发展、社会参与这三个方面构成的核心素养,与我国治学、修身、济世的文化传统相呼应,有效整合了个人、社会和国家三个层面对学生发展的要求。研学旅行实践教育,重在寓教于乐,知行合一,拓宽学生视野,培养学生精神,使学生发挥主观能动性,成为真正有担当、有社会责任感的人。

---

① 立足三个维度,打造研学旅行课程[EB/OL].(2018-12-08)[2021-10-26].https://zhuanlan.zhihu.com/p/51879050.

第二节　研学旅行课程的设计步骤

介绍了研学旅行课程的目标、设计原则、设计主体后,接下来就要说明研学旅行课程的设计步骤。

研学旅行课程的开发通常有两个方向:一是由中小学校或研学旅行服务机构根据学科的需求或学生的需要来设计研学旅行课程;二是由研学旅行基地(营地)、研学旅行目的地根据自身的环境或资源特色来设计研学旅行课程。这两个方向课程开发的过程略有不同,但大致流程是相似的。研学旅行课程设计包含以下几个步骤。

一、建构研学旅行课程体系

《意见》指出,学校应根据学段特点和地域特色,逐步建立小学阶段以乡土乡情为主、初中阶段以县情市情为主、高中阶段以省情国情为主的研学旅行活动课程体系。例如,小学应以学校附近的乡土乡情为基础,并以前面所提到的中国学生发展核心素养、落实综合实践活动、德育、劳动教育及各学科学习为目标,规划整体的研学旅行课程体系,分年级逐一落实研学旅行的目标。

二、分阶段建立教学目标

小学、初中、高中应各自设立不同的研学旅行总目标。例如,某个中学应根据县情市情建立研学旅行总目标,再依七、八、九年级分段设立各年级的目标。建议综合实践活动课程的教师协同不同学科共同设立这学期的研学旅行课程目标。当然每学期的研学旅行课程目标要能实践该年级的研学旅行课程目标,最后要能落实整个学校综合实践活动课程的总目标。

三、学科资源盘查

《中小学生综合实践活动课程指导纲要》清楚说明,综合实践活动课程应强调学生综合运用各学科知识,认识、分析和解决现实问题,提升综合素质,着重发展核心素养,特别是社会责任感、创新精神和实践能力。学校和教师要根据综合实践活动课程的目标,基于学生发展的实际需求,设计活动主题和具体内容,并选择相应的活动方式。在设计与实施综合实践活动课程中,要引导学生主动运用各门学科知识分析和解决实际问题,使学科知识在综合实践活动中得到延伸、综合、重组与提升。

因此,在综合实践活动课程中,学校和教师必须了解该年级学生的身心发展及各学科已习得的知识与能力。建议针对该年级各学科教科书进行研学旅行有关知识的盘查。以下案例是作者针对武汉市小学三到六年级教科书进行的资源盘查。

案例分析

武汉市小学教科书的资源盘查

笔者以武汉市旅游发展委员会发布的"五色研学旅行"为主类目,并参照文化和旅游部发布的《旅游资源分类表》设置次类目,详情如表7-1所示。

表7-1 "五色研学旅行"类目

主 类 目	次 类 目
红色传承	地方红色精神人物、红色精神事件发生地
绿色生态	植被景观、自然标记和自然现象、地表地质形态、野生动物栖息地
蓝色环保	河系、湖沼、地下水、冰雪地、海面
古色古韵	物质类文化遗存、人事活动记录、岁时节令、非物质类文化遗存
黑色科技	人文景观综合体、实用建筑和核心设施、天象景观、景观与小品建筑

以武汉市小学语文、数学、英语、科学、道德与法治五科目的课本为研究对象,以"五色研学旅行"类目为分类标准,将三到六年级课本进行内容分析,结果如图7-2所示。

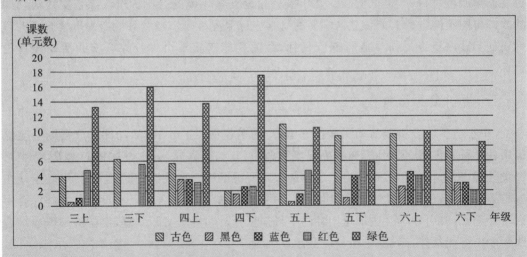

图7-2 小学三到六年级各学期教材"五色研学旅行"类目与数量

从分析结果可以看出,三、四年级的教科书较多绿色生态的有关内容。三、四年级的学生对外界生物充满好奇心,绿色生态内涵的内容有利于学生的理解与吸收,所以这时期带领学生开展绿色生态相关的研学旅行课程符合学生的发展需求。

进入五、六年级后,教科书上有关红色革命、古色古韵、黑色科技的内容开始增加。五、六年级是学生自主、全力吸收知识的时期,经过低段学年、中段学年知识的储备积累,学生对于知识的需求不再局限于绿色生态等自然景观的探索,开始向文化、历史、科技等各领域横向发展,这与教科书各颜色内涵的百分比是相符的。

若分年级来设计研学旅行课程,三、四年级可结合绿色生态与蓝色环保主题进行研学旅行活动。以武汉市的小学为例,绿色生态主题建议选取学校附近的公园、动物园、植物园等为研学旅行地点,实地观察植物外观、动物行为及四季变化的自然景观。蓝色环保主题建议规划与河系、湖沼有关的地点。武汉市有丰富的河川、湖泊、湿地等资源,可安排如长江与汉江沿岸、江滩、东湖、汤逊湖,以及后官湖湿地公园、金银湖湿地公园、藏龙岛湿地公园等地点。

五年级以红色传承主题为主,建议选取红色精神人物或红色事件发生地为研学旅行目的地。以武汉市为例,可选取武汉革命博物馆和辛亥革命武昌起义纪念馆、武汉毛泽东同志旧居等地点。六年级适合开展的是黑色科技与古色古韵主题。黑色科技主题包含人文景观综合体、实用建筑、天象景观等,如武汉市横跨长江的几座大桥、天文馆、科技馆等。古色古韵主题包含物质类文化遗存、非物质类文化遗存、岁时节令等,如黄鹤楼、归元寺、晴川阁,并教导学生书法、篆刻、剪纸、观赏京剧、皮影戏、藏戏,建议配合二十四节气带领学生体验春耕、夏耘、秋收、冬藏等劳动活动。

四、环境资源盘查

建议中小学校、研学旅行服务机构、研学旅行目的地课程设计者先在所属市(县)进行研学旅行资源的盘查,以便深入了解市(县)环境的特色,设计优良的研学旅行课程。下面以两个例子说明如何进行环境资源盘查。

(一)连云港市研学旅行案例

许梅、宁琼、李楠参照《研学旅行服务规范》中的划分,以资源类型分类为基础,将研学旅行产品主要分为知识科普型、自然观赏型、体验考察型、励志拓展型、文化康乐型五类。根据连云港市的地域特色,将可进行研学旅行的地点或环境加以梳理及归类,整理如表7-2所示。[1]

---

[1] 许梅,宁琼,李楠.文旅背景下连云港市"研学旅行"课程的研究[J].教育教学论坛,2020(53):125-128.

表 7-2 连云港市研学旅行课程内容的分类

研学旅行产品分类		连云港市研学旅行课程内容
大类	亚类	
知识科普型	博物馆	连云港市博物馆、连云港市民俗博物馆、陇海铁路历史博物馆、港口历史博物馆、连云港老街历史文化馆、连云港市非物质文化遗产博物馆、李汝珍纪念馆、中国东海水晶博物馆、灌云县博物馆等
	科技馆	连云港东海科技馆等
	主题展览	连云港市展览中心、连云港振兴展览中心等
	动物园	新浦公园等
	植物园	海州区苍梧绿园、青口生态公园、青松岭森林公园等
	历史文化遗产	藤花落遗址、海州九龙口遗址、佛教摩崖造像、将军岩画、海州区鼓楼街、民主路老街、盐河巷历史文化街区、连云港老街、南城凤凰街、徐福故里、二郎神文化遗址公园等
	工业项目	田湾核电站、连云港港口集团、连云港自贸区、连云港徐圩新区、连云港盐场、板浦汪恕有滴醋有限公司、灌南汤沟酒厂、锦屏磷矿等
	科研场所	恒瑞药业、康缘药业、中船重工 716 研究所等
自然观赏型	山川	花果山、渔湾、东磊、海上云台山、大伊山、夹谷山等
	江(河)	蔷薇河、东盐河、西盐河、新沭河等
	湖	花果山大圣湖、海陵湖、西双湖、小塔山水库、和安湖、硕项湖
	海	连云港市连岛度假区、海州湾旅游度假区等
体验考察型	农庄	连云港现代农业科技示范园、云台农业生态旅游区、罗阳湿地休闲度假区、潮河湾生态园等
	实践基地	东海温泉小镇、水晶小镇、海州区镜花缘小镇、赣榆区赶海小镇、海州区健康益生小镇、连云区高公岛紫菜小镇、高新区花果山丝路智能小镇、灌云县伊隐小镇、灌南县汤沟香泉小镇等
	夏令营营地或团队拓展基地	李埝林场森林公园、灌云县伊甸园景区、连云区宿城乡青少年教育基地、连岛七彩帆船营地等
励志拓展型	红色教育基地	青龙山烈士陵园、抗日山烈士陵园、安峰山烈士陵园、灌南人民革命纪念馆、灌南县烈士陵园等
	大学校园	江苏海洋大学、连云港师范高等专科学校等
	国防教育基地	连云港革命纪念馆、白龙潭拓展培训基地、夹谷山国防教育基地、灌南"渡江第一船"等
	军营	连云港市警备区、武警连云港支队、连云港市消防支队、连云港市边防支队等
	走近英模楷模	连云港市汽车站雷锋车、开山岛时代楷模等

续表

研学旅行产品分类		连云港市研学旅行课程内容
大类	亚类	
文化康乐型	主题公园	海州湾海洋乐园、东海御园欢乐谷、连云港西游记主题公园(筹)等
	演艺影视城	万达影城、连云港横店影城(苏宁)、连云港市大剧院等

(二)苏州山塘街研学旅行案例

臧其林、殷虹刚以苏州山塘街为例,进行研学旅行资源调查。[①] 苏州山塘历史文化街区俗称山塘街,是中国历史文化名街、国家4A级景区。经实地调研,苏州山塘街的文化旅游资源主要有以下八类:桥梁、古宅、会馆、寺庙、祠坊、墓冢、其他建筑、非物质文化旅游资源。其中,桥梁、寺庙、非物质文化遗产项目旅游资源盘查结果如表7-3、表7-4、表7-5所示。

表7-3 9座桥梁简介

序号	名称	建造时间	最近修建时间	简况
1	山塘桥	唐代	2006年重建	单孔钢筋混凝土平桥
2	通贵桥	明弘治初	清光绪六年(1880)重修	单孔石级石拱桥
3	新民桥	辛亥革命前后	2003年7月重建	三孔钢筋混凝土平桥
4	星桥	宋代	清同治五年(1866)重建	单孔圆弧石级桥
5	彩云桥	北宋天禧四年(1020)	1975年改建	又名半塘桥,钢筋混凝土板桥
6	普济桥	唐代	1986年拆卸,编号大修,复原	三孔石拱桥,苏州市文物保护单位
7	虎阜桥	1976年建造	无	钢筋混凝土公路桥
8	望山桥	唐代	2006年翻建	钢筋混凝土双曲拱桥
9	西山庙桥	唐大中时	1992年重建	单孔石拱桥

表7-4 2处寺庙简介

序号	名称	简况
1	敕建报恩禅寺	创建于清雍正八年(1730),初为清代康熙十三子怡贤亲王祠,乾隆十六年(1751)诏赐报恩寺额,现仅存门厅和仪门2处,苏州市控保建筑
2	普福禅寺(葫芦庙)	原在青山桥浜内,建于南宋淳熙年间,现普福禅寺为2009年7月重建。据红学专家考证,曹雪芹《红楼梦》开篇第一回写到的葫芦庙,指山塘街上的普福禅寺。重建后的普福禅寺寺门上有葫芦图案,寺内大雄宝殿长廊中有从《红楼梦》原著中整理出来的12个场景,这些场景不仅与《红楼梦》有关,还涉及山塘街和苏州的风土人情

---

① 臧其林,殷虹刚.从产品视角对苏州研学旅行与文化旅游资源对接的思考——以山塘街为例[J].旅游纵览(下半月),2019(22):59-62.

表 7-5　非物质文化遗产项目

序号	名　　称	简　　况
1	昆曲	人类非物质文化遗产,山塘昆曲馆
2	苏州评弹	国家级非物质文化遗产,山塘昆曲馆、品味山塘评弹书苑
3	苏绣	国家级非物质文化遗产,邹英姿刺绣艺术馆
4	玉雕	国家级非物质文化遗产,艺石斋
5	核雕	国家级非物质文化遗产,艺石斋
6	苏州石雕	省级非物质文化遗产,蔡云娣大师石雕工作室
7	苏式糖果	省级非物质文化遗产,采芝斋
8	苏帮菜	省级非物质文化遗产,松鹤楼
9	苏州剪纸	市级非物质文化遗产,"山塘老行当"非遗角
10	苏式汤面	苏州地方特色面食,苏面坊
11	油氽团子	苏州地方小吃,荣阳楼
12	梅花糕、海棠糕、糖粥等	苏州地方小吃,"老山塘"传统风味小吃摊

五、进行课程设计

课程设计除了掌握上面所述的建构研学旅行课程体系、分阶段建立教学目标、学科资源盘查与环境资源盘查外,还要了解研学旅行课程的四个基本要素——课程目标、课程内容、课程实施与课程评价。每一套课程必须包含这四个要素。

(一)课程目标

我国教育目标的发展遵循了这样的路径:从"双基"(基本目标与基本能力)到"三维"目标(知识与技能目标、过程与方法目标、情感态度与价值观目标),如图 7-3 所示,再发展到核心素养的三个方面、六个素养。通常,一学期或一学年的综合实践活动课程会设定"三维"目标,整学年的课程总体目标或培养目标会设定三个方面、六个素养的目标。每门课程或一天的研学旅行活动会期望达到部分的目标。

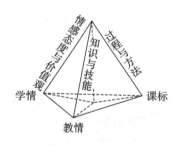

图 7-3　"三维"目标

学生发展核心素养体系中三个方面、六个素养已在前文具体说明。"三维"目标是指知识与技能、过程与方法、情感态度与价值观三个维度,三者之间是内在关联的,不是独立教学的。特别是情感态度与价值观的目标是不容易讲解的,但在研学旅行活动、真实情境中可多利用五感的体验去引发或启迪学生的情感态度与价值观。下面以国宝金丝猴中学研学旅行课程为例进行说明。这个研学旅行课程在神农架国家公园金丝猴生活区进行一天半的活动(不包含交通)。国宝金丝猴课程的详细内容可参考国宝金丝猴小学研学旅行手册(校园版、基地版)及国宝金丝猴中学研学旅行手册(校园版、基地版),如图 7-4 所示。

图 7-4　国宝金丝猴研学旅行手册

1. 知识与技能

(1) 认识神农架独特的生态环境,知道神农架金丝猴栖息地的独特性。

(2) 从"衣、食、住、行"四大方面认识金丝猴的外貌特征、生活习惯、行为及社会结构等。

(3) 能够讲述有关金丝猴的故事。

2. 过程与方法

(1) 能够识辨、整理、分享记录结果。

(2) 学会运用实地考察、资料分析等多种研究方法。

(3) 会通过团队协作的学习方式完成研学旅行目标。

(4) 会使用现代化手段展示金丝猴研究成果。

(5) 会从神农架生态系统特征综合分析金丝猴的生态特征。

3. 情感态度与价值观

(1) 通过接触自然、接触金丝猴社群,了解金丝猴社群的生存准则和行为规范,养成现代公民所必须遵守履行的道德准则和行为规范。

(2) 培养学生对神农架生态系统的好奇之心、向往之情。

(3) 从生命与自然、生命与社群(家族)、生命与自我三个维度思考生命的价值,形成珍惜生命、珍爱生命的人生观。

(4) 通过学习金丝猴系列知识,形成尊重、爱护金丝猴的观念和态度,进而形成爱护环境、保护自然生态的思想观念。

(二) 课程内容

通常来说,研学资源必须经过一定的转换,才能成为课程内容。基本上,课程内容就是学生学习的资源和活动的总称。研学旅行课程应包含课程名称、课程目标、课程时间、适合年级、建议地点、教学资源、学校课程的关联、课程执行流程、安全保障措施、需要具备的知识与技能、课程评估等,具体如表 7-6 所示。

表 7-6　研学旅行课程设计

课程名称	
课程目标	
课程时间	

续表

适合年级	
建议地点	
教学资源	教学所需的设备、工具,如纸笔、放大镜、研学旅行手册等,除文字说明外,还可附上照片
学校课程的关联	例如:与小学(初中、高中)某科目第×课相关联
课程执行流程	注明每个活动及活动时间 例如: 一、准备阶段(约20分钟) (一)课堂准备 将学生分为8组,每组5人。 (二)引起动机 二、发展阶段 (一)观察树木(约60分钟) (1)由各组老师带领学生至观察地点。 (2)老师说明并示范如何观察树木的根、茎、叶、花、果实。 (3)说明并示范如何触摸、闻、听树木。 …… (6)学生用五感体验树木后,并将此树木画在研学旅行手册上。 三、总结阶段(约20分钟)
安全保障措施	
需要具备的知识与技能	
课程评估	
备注	(以上无法填入的信息,均可备注在此)

(三)课程实施

研学旅行归属于综合实践活动课程中,表示研学旅行课程必须发展综合实践的能力,其课程实施的方式与教室内接受式学习有很大的不同。例如,常见的实施方式有项目式学习、探究式学习、小组合作、行动研究、体验学习、服务学习等,这些课程实施的操作方式在《研学旅行课程设计与实施》一书中有详细的说明。

研学旅行课程的实施可参考朱洪秋提出的"三阶段"研学旅行课程模型。研学旅行课程的"三阶段"是指研学旅行的课前、课中和课后三个阶段。

1. 课前阶段

课前阶段是活动的准备阶段,主要内容有设计课程、准备研学旅行活动等。它包括三大核心事件:一是课程目标的确定,确定课程目标是做好准备工作的最基础、最重要的工作;二是组织架构的建立,这种组织架构除了干部、教师、学生三位一体的关系网外,最根本的是学生自我管理组织体系的建立;三是研学旅行手册的编制,一本好的手册是整个研学旅行活动的行动指南。

2. 课中阶段

课中阶段是活动的实施阶段,包括乘车管理、食宿管理、活动管理三项核心内容。乘车管理意在规划往返及活动过程中的交通,确保乘车文明有序。食宿管理应有序化、自动化、科学化、效能化。活动管理是课程实施过程的管理,目前多以学校、年级、班级为单位进行统一管理,有较强的秩序性但缺乏灵活性和个性化。建议为学生设计更多的模块化、个性化、探究性、合作性的课程。

3. 课后阶段

课后阶段是活动的评价总结阶段,能够对学习内容进行总结回顾,易受到忽略和轻视。它主要分为以下三个方面:一是研学作业的完成,学生回到学校后,需要按要求对知识进行整理和回顾;二是研学成果的展示,展示可以小组为单位,检验研学旅行目标是否实现,研学成果的展示还可以实现研学成果的物化和延续;三是研学成绩的认定,纳入课程体系的研学旅行应该有规范的成绩认定系统,以此推动学生有效参与。

(四)课程评价

课程评价是研学旅行课程设计中较为困难的部分。因要发展学生综合实践的能力,所以如何评定学生的综合实践能力,就成为评价的一个重要问题。第三节将专门来说明如何进行研学旅行课程的评价。

第三节 研学旅行课程的评价

一、课程评价的原理与方法

教学评价通常可分为诊断性评价、形成性评价和总结性评价三种。三种评价方式的作用、主要目的与实施的时间等均有所不同,具体如表7-7所示。

表7-7 诊断性评价、形成性评价和总结性评价的比较

种 类	诊断性评价	形成性评价	总结性评价
作用	了解学习准备和不利因素	确定学习效果	评定学业成绩
主要目的	了解学生的准备状况,是否达到教学目标所需的条件	改进学习过程,调整教学方案	证明学生已达到的水平,预测在后继教学过程中成功的可能性
评价重点	素质、过程	过程	结果
测试内容	必要的预备性知识、技能、情感等	课题和单元目标	课程总教学目标

续表

种类	诊断性评价	形成性评价	总结性评价
手段	编制的测验、学习档案、观察记录表等	形成性测验、日常作业、观察记录表等	总结性测验或考试、期末报告等
分数解释	常模参照、目标参照	目标参照	常模参照
实施时间	课程或学期、学年开始时,以及教学过程中需要时	每节课或单元教学结束后,经常进行	一个学期或一个学年两三次
主要特点	无	前瞻式	回顾式

(一)诊断性评价

教师要想制定适合学生个性和需要的有效教学策略,必须先了解学生,了解他们的知识储备,了解他们的技能和能力水平,了解他们对所要学习的学科的态度和期望,了解引导学生学习成功(或失败)的原因等。了解学生的手段之一,就是对学生进行"诊断"。不过,教育中的"诊断"含义较广,它不限于查明、辨认和确定学生的不足和"病症",也包括对学生优点和特殊才能的识别。

学年或课程开始之前的诊断性评价,主要用来确定学生的入学准备程度并对学生进行安置;教学进程中的诊断性评价,则主要用来确定妨碍学生学习的原因。进行的手段有编制的测验、学习档案、观察记录表等。

(二)形成性评价

形成性评价是在教学进行过程之中,为引导该项教学前进或使教学更为完善而进行的对学生学习结果的确定。这类评价注重对学生学习过程的测试,注重测试结果对学生和教师的反馈,并注重经常进行的检查。其目的主要是利用各种反馈改进学生的学习过程和调整教师的教学方案,使教学在不断的测评、反馈、修正或改进过程中趋于完善,从而达到教学的终极目标。

形成性评价的主要目的不是给学生评定等级名次,而是改进学生完成学习任务所必需的主客观条件。形成性评价的测试次数比较频繁,主要在一个单元、课题或新观念、新技能的初步教学完成后进行。正是这一点,才使之能及时为师生提供必要的反馈。就形成性评价的设计与实施来看,最重要的是反馈一定要伴随有各项改正程序,以便使学生为今后的学习任务做好充分准备。这些改正程序包括:给学生提供内容相同但编写形式不同的教材和教学参考书;由几个学生互相讨论和复习有关的教材内容;教师对学生进行个别辅导,或者由家长对子女进行辅导等。其进行的手段有形成性测验、日常作业、观察记录表等。

(三)总结性评价

总结性评价的首要目的是给学生评定成绩,并为学生作证明或提供关于某个教学方案是否有效的证明。总结性评价的目的,是对学生在某门课程或其某个重要方面所取得的较大成果进行全面的确定,以便对学生成绩予以评定或为安置学生提供依据。总结性评价着眼于学生对某门课程整体内容的掌握,注重于测量学生达到该课程教学目标的程度。因此,总结性评价进行的次数或频率不多,一般是一个学期或一个学年两三次。期中、期末考查或考试及毕业会考等均属此类。总结性评价的概括性水平一般较高,考试或测验内容包括的范围较广,且每个题目都包括了许多构成该课题的基本知识、技能和能力。进行的手段有总结性测验或考试、期末报告等。

二、对学生的多元评价

前文提到研学旅行有多元的目标,不仅要以发展核心素养为目标(包含人文底蕴、科学精神、学会学习、健康生活、责任担当、实践创新六大素养),而且要落实综合实践活动、德育、劳动教育的目标,以及与各学科有机融合的目标。为了解以上目标的达成情况,评价就显得十分重要,而且不是单一评价方法所能达到的。

研学旅行的两大核心要素是学生与研学旅行课程,因此评价的重点也是学生与研学旅行课程。对学生评价的要点,是鼓励学生对外部世界和科学知识的好奇心、探究心,激发学生对科学研究的积极情感,培养学生合作和分享的能力、发现问题和解决问题的能力,增加其社会责任心和自信心,改变学生学习方式,提高学习质量,促进学生素质的全面发展。同时,对学生的评价也能帮助学校和教师掌握和提高课程教学质量,促进研学旅行课程的开发。在评价过程中,应建立多元评价主体,尤其要强调学生的主体性。

多元评价主体,顾名思义是指评价方式的多样化。以对象来区分,有自我评价和他人评价;以评估方式来区分,有定量评价与定性评价;以评价工具来区分,常见的有测验、作业、报告、观察记录、学习档案等。建议对学生的评价在对象、方式及工具上都尽量采取多元的形式,使评估获得的结论更真实可靠,从而更好地指导教学,促进学生有效的学习,使学生获得全面发展。

例如,国宝金丝猴中学研学旅行课程中,针对学生的多元评价,设计了自我评价、他人评价及教师评价,期望通过不同对象的视角来了解学生的学习成果,如表 7-8 所示。

表 7-8 国宝金丝猴中学研学旅行课程中的多元评价

评 价 指 标	自我评价	他人评价	教师评价
积极参与金丝猴研究的各项准备			
掌握了大量神农架金丝猴的相关知识			
积极参与成果制作,动手能力强			
提出了切实可行的建议			
遇到困难积极解决			
有时间管理意识,能把控小组在各活动环节的时间			
研究过程中态度认真、积极协作			
展示成果环节,积极分享,充满感情			
展示成果创新、感染力强			

续表

评价指标	自我评价	他人评价	教师评价
综合评价			

三、对课程的评价原则

课程评价是指检查课程的目标、编订和实施是否实现了教育目的及实现的程度如何,以判定课程设计的效果,并据此决定如何改进课程。因此,对课程的评价,有两大目的:一是了解课程实施的具体效果;二是提供未来改善课程的依据。

对研学旅行课程的评价应遵循以下四个原则。

(一)全方位评价原则

全方位评价原则依托研学旅行的综合性,评价时不能局限于静态的课程标准、学生研学旅行成果等书面形式的材料,还应兼顾实地动态评价研学旅行基地(营地)、线路、参与人员等,必要时还可以采取访谈互动的形式。

(二)多主体评价原则

多主体评价原则要求评价时兼顾研学旅行多方面的参与人员与课程的评价。例如,学生、家长和指导教师等都可以作为评价主体,从各自的角度对研学旅行课程进行评价。

(三)重实效评价原则

重实效评价原则意在考虑学生通过研学旅行得到的综合素养的提升,不能简单地根据课题完成情况定量评价,还要采取观察、体验、访谈的方式,定性地评价学生素质的改变情况。

(四)顾全面评价原则

顾全面评价原则需要注意防止"只旅不研"和"只研不旅"两个偏向,一方面要看研学旅行路线是否有利于研学旅行目标的达成,另一方面要观察研学旅行活动是否充分利用了旅行的机会。

本章小结

(1)研学旅行课程的目标:发展核心素养的目标、落实综合实践活动、德育、劳动教育的目标、与各学科有机融合的目标。

(2)研学旅行课程设计应遵循教育性、实践性、整合性、专业性四项原则。

(3)研学旅行课程可由学校教师、研学导师、研学基地(营地)工作人员及联合团队来设计。

(4)研学旅行课程设计包含以下几个步骤:建构研学旅行课程体系、分阶段建立教学目标、学科资源盘查、环境资源盘查、进行课程设计。

(5)研学旅行课程评价通常可分为诊断性评价、形成性评价、总结性评价三种。这三种评价方式在作用、主要目的、使用手段与实施的时间等方面均有所不同。

(6)对研学旅行课程的评价应遵循全方位评价、多主体评价、重实效评价和顾全面评价四个原则。

核心关键词

研学旅行课程(Study Travel Curriculum)
课程设计(Curriculum Design)
课程目标(Curriculum Goals)
资源盘查(Resources Survey)
课程评价(Curriculum Evaluation)

思考与练习

1.研学旅行课程除了可由学校教师、研学导师、研学旅行基地(营地)工作人员来设计外,还可以由谁来设计课程?

2.除了需要对参加的学生及研学旅行课程进行评价外,还需要对什么进行评价?为什么?

3.以附近的公园为例,以所掌握的本章的要点,设计一套研学旅行课程。

案例分析

中小学研学旅行课程评价初探[①]

本文主要对中小学研学旅行的课程特别是学生学习品质进行评价,主要从领导力、情绪力、学习力三个维度展开构建标准。

之所以择取此三个维度作为一级指标,原因如下:"力"字的确定,表明评价的过程性,展示了动态的增长过程,对学生来说是一种增值的过程。领导力、情绪力和学习力从三个不同的方面展示对学生成长的要求。其中,领导力和情绪力在研学旅行课程中由于课程活动的开放性安排,食宿的集体生活,将给予评价者更多原生态的观察点,也是传统课程不易观察到的;学习力更多地指向面向真实环境与信息的观

---

① 刘继玲,刘海南.中小学研学旅行课程评价初探[J].中小学信息技术教育,2020(11):89-91.

察、收集、提取、发现、整合、分析、反思的能力,与校内课程相比更多地侧重知识的运用(当然也大量获取知识)。基于此,上述三个维度的提出,是从研学旅行课程与校内课程相比的独特性角度予以筛选确认的,也基本覆盖了对学生的全面考察和激励。

1. 领导力

并不是管理谁、领导谁的能力,领导力的本质就是影响力。社会性是人的本质属性,任何一个普通的人都应具备影响力,本文采取的观点是学生的领导力就是学生的影响力。考虑研学旅行课程的主题任务、人际交互、开阔视野的特点,以下将领导力聚焦于权利义务、沟通影响、愿景规划三个二级维度。"权利义务"围绕研学旅行课程开展过程中小组任务、班级任务的分配,指向学生的责任与担当,即使没有具体任务的学生,积极参与、服从大局、解决矛盾也是主人翁态度的体现。"沟通影响"围绕研学旅行课程中的分享与合作,指向学生的独立思考,形成主见以及表达分享,这是任何人适应社会的能力之一。"愿景规划"围绕研学旅行课程的深远意义,指向学生的认同与理想,走到祖国大好河山、工矿企业、科研院校,接触不同行业、不同人群,必定开阔学生视野,影响着学生对社会、对历史、对未来的思考。

2. 情绪力

情绪是人格系统的组成部分,也是人格系统的核心动力,情绪使我们的生活多姿多彩,同时也影响着我们的生活及行为。根据相关研学旅行报告表明,学生在团队中的心理因素是非常值得关注的问题,有些孩子在群体生活中会愈发孤独。因此掌控自己情绪的力量需要培育。情绪力毕竟是一个深刻的心理领域,因此可以选取围绕研学旅行课程的常态的情境作为考察情绪的环节,心理认同更多地从发自内心深处的倾向反应在行为上的表现来观测和调整,情绪控制更多地从突发事件的应对行为来观测和调整。尤其是集体生活当中不可避免的竞争带来的失落、嫉妒、不公的心态处理,或者是与非集体成员间的社会上的冲突事件的克制都考验着学生的情绪和心态。我们期望以开放、平和和成长型的思维来引导学生增长情绪力。

3. 学习力

学习力包括学习动力、学习毅力和学习能力三要素。学习力是把知识资源转化为知识运用的能力。有关学习力的理论和文章很多。本评价摘取了学习力中的基础因素——学习能力来构建标准,其内涵是由学习动力,即学习毅力直接驱动而产生的接受新知识、新信息并用所接受的知识和信息分析问题、认识问题、解决问题的智力,主要包括感知力、记忆力、思维力、想象力等。评价围绕研学旅行课程学习的特点,确立信息处理、情境学习、思维方法、反思融合四个二级维度。信息处理指向学生获取、整合信息的能力;情境学习指向学生现场感知、观察、诊断、判别信息的能力;思维方法指向学生的发散和想象思维;反思融合指向学生长效的自我认知和调适。

思考:

1. 中小学研学旅行的课程评价,除了评价领导力、情绪力、学习力三项,还可以增加什么?为什么?

2. 请根据文中的领导力、情绪力、学习力三个维度设计合适的评价问卷。

第八章

研学旅行基地(营地)的建设与管理

学习目标

1. 了解研学旅行基地(营地)建设的原则与要求。
2. 了解研学旅行基地(营地)的资源开发与管理。
3. 学习如何对研学旅行基地(营地)进行评价。

问题引导

1. 研学旅行基地(营地)建设要遵循哪些重要的原则?
2. 如何挖掘研学旅行基地(营地)的教学资源特色?
3. 如何对研学旅行基地(营地)进行良好的经营与管理?

第一节 基地(营地)建设的原则与要求

开展研学旅行活动,教育是其目的,旅行是其采取的方式,而基地(营地)是其活动的场所。那么,研学旅行中,基地与营地有何差别呢?总的来说,基地与营地的目的、建设原则都一样,经营管理的方式也相似,但功能设置略有不同。营地必须具有能一次性集中接待一定规模学生餐饮、住宿的设施功能,而基地不需要具备食宿的功能。

一、基地(营地)选址要考虑的要素

研学旅行基地(营地)的成立通常有两种途径。一是由现有的博物馆、科教馆、动植物园、公园等因研学的需求而增加、修建相关场地或设施,以满足研学旅行的实施。二是选择一个合适的场所,建立一个全新的研学旅行基地(营地)。参考国内外户外教育、自然教育及研学旅行等经验,归纳出研学旅行基地(营地)选址需要考虑的要素,具体如下。

(一)公益性基地(营地)的选址

首先,研学旅行基地(营地)必须具有一定的教育性、交通便利性及长期开放的特性。Webb 在 1990 年建议考虑以下三个要素。

1. 环境差异度高

研学旅行的场所环境差异度高,有利于设计出多样化的学习活动,满足使用者多元化的需要。用来进行研学旅行的场所面积要够大,这样才有机会让部分自然区域可以暂时休养生息,而不至于使用过度。

2. 交通便利性

考虑不断上涨的交通费用,理想的研学旅行基地(营地)最好是接近火车站或是从火车站只需要短暂的换乘距离,这样方便当地的大巴车接送。

3. 开放性

这片场所必须能够长期开放给大众使用。基地(营地)的主要建筑物及户外教室等必须要谨慎规划,符合相关规范,如排水、电力供应、安全设施等。

(二)商业性活动的选址

现今投入研学旅行产业的,除了政府部分,也有不少民营企业,所以研学旅行基地(营地)的选址除了考虑上述因素外,也要考虑获利,兼顾社会性与经济性。一般来说,商业性活动的选址会考虑以下三个要素。

1. 产品、服务的特性

产品与服务满足的需求层次越高,则客户在有能力的范围下,越会愿意前往较远的地方。所以应该考虑消费者的素质或消费能力。

2. 消费信息是否容易获得

消费信息,是指在生产、生活中,消费主体(包括自然人和法人)在信息需求的引导下消费信息产品及效劳的行为。通常,商业上的考虑是指现有的竞争者、未来的竞争者与可能的合作伙伴,他们会具有怎样的互动条件或关系,可以称为竞合关系。

3. 发展条件

发展条件包括相关法令的支持与限制、政策因素、土地的取得及经济或市场因素的改变等。

(三)自然教育中心的选址

周儒等人在 2000 年针对自然教育中心选址的条件进行了研究,归纳出一个选址要素构成图,如图 8-1 所示。①

这个选址要素构成图可作为研学旅行基地(营地)选址的重要参考依据。它包含了两个层面的因素:一个是经济层面(用椭圆形标示),另一个是环境层面(用矩形标示),共包括九个要素条件,具体说明如表 8-1 所示。

---

① 周儒,林明瑞,萧瑞棠.地方环境学习中心之规划研究——以台中都会区为例[R].台北:教育部环境保护小组,2000.

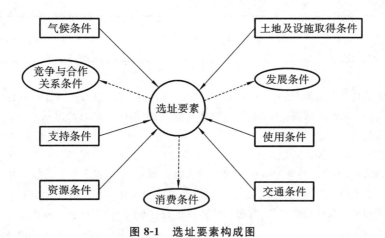

图 8-1　选址要素构成图

表 8-1　选址要素条件说明

层面	要素条件	内　　容	说　　明
经济层面	消费条件	所提供的产品或服务满足马斯洛的五大需求层次（生理的需要、安全的需要、社会的需要、尊重的需要、自我实现的需要），层次越高，消费条件越好；消费者的素质与能力，消费者或服务对象越偏好与越有能力选择所提供的，消费条件越好	确定消费者的需求，能满足其需要的是什么，是许多消费市场研究、调查的方向；产品或服务越有清楚的市场区分，就越能解决所设定消费群的问题，使其更满意，这就是消费条件的考虑
	竞争与合作关系条件	是否有提供相同产品与服务的现有竞争者或未来的竞争者。消费者如偏好竞争者的，表示关系越差；是否有能提升产品与服务价值的合作者。合作所提升的质量越高，关系越好	消费者越容易掌握消费信息，生产或提供者之间的公开、自由竞争就越会出现优劣性。合作关系不仅是一种支持行为，也可能会产生新的组合、新的计划，以创新的方式解决需求问题
	发展条件	所提供的要素越能获得政策、法令的支持，越能顺应市场需求的改变，其发展条件也就越好；所构成的经济模式越具有获利性或越契合市场需求，以及土地的取得越容易，其发展条件越好	大环境能提供成长空间，而随着成长所引发的问题，也能对应处理

121

续表

层面	要素条件	内 容	说 明
环境层面	使用条件	活动使用。基地（营地）面积越大，促进活动的因素越多，如形状、坡度、排水与景观视野越好，则使用条件越好； 停车使用。提供到访者的停车位越能配合经常性的需求量，不影响邻近道路交通，则使用条件越好； 过去使用。基地（营地）过去的使用与开发如果有碍于服务对象的接受喜好、有损于活动的进行，则使用条件受限； 自然与人为灾害的影响； 整体印象	这部分可能包括自然灾害，如具危害性的洪汛周期、水土流失、地震等因素，有无可改善的做法，来改善不良的使用条件。此外，环境灾害本身可以做很好的教育主题； 环境整体适宜性，属于主观因素，但是涉及一种情境感受，会影响到访者的第一印象，越能引发一致性感受的基地（营地），共识增加，其客观性就越会提高
	支持条件	邻近资源，包括专业人才、自然的和人文的主题资源越丰富多样，支持条件越好； 基础设施，如水源、电力、通信、资源及废弃物处理、医疗等设施越齐备，支持条件越好； 居民态度，有社区支持的数据或文件，以及民间团体或地方机构的需求或合作，其参与度越高，支持条件越好； 治安条件，如基地（营地）周边的不良行业、特种行业数量越多，刑事案件发生率高，支持条件越差	基地（营地）除自身、现有的条件之外，还包括所处的环境特征，如自然或人为的，邻近的，实体与非实体的，可见与不可见的，是否已经存在或是将要形成的
	资源条件	自然的，包括景观、生态、物种群落等，丰富性、特殊性、多样性越高，条件越好； 人文的，包括村落、历史遗迹、文化活动等，关联性、价值性越高，条件越好	计划活动与人员是发生互动焦点之所在。人员因为利用资源而聚集，有可能产生活动干扰，应列入考虑范围
	交通条件	交通方式。到达基地（营地）采用大型车、小型车等或是步行可达，承载量越大，条件越好； 运动距离。按一致标准，如行车时速50千米，到主要服务人口密集区所花费的时间越短，条件越好	这部分也可能涉及使用条件，也就是交通拥塞、道路容易崩塌等不稳定因素，会影响经常性使用

续表

层面	要素条件	内 容	说 明
环境层面	土地及设施取得条件	权属机会。立即可得或因为所有权属取得需要一定时限,所具有的机会条件不同; 成本要求。无条件取得或是需要相关成本投入,所负担的要求不同	原土地使用所牵涉的法令纷争、使用纠纷,是否涉及补偿,或是需要特别整理、重建等成本,以及处理这些问题所花费的时间、费用,会推迟计划的执行与成效
	气候条件	温度、雨量、降雨日数、相对湿度等; 气候环境,或是有关微气候的考虑,以求得好的居住品质或注意防灾避难	气候条件会影响设施与活动规划,可以预先考虑。例如,在多雨地区要有雨天的备案,相关设施应有避雨设计;在迎风坡外围平坦的地方,应增设避雷设施等

二、基地(营地)建设的原则

教育部等11部门印发的《意见》中明确指出了推进中小学生研学旅行的基本原则。作为实施研学旅行活动的重要载体,实现研学旅行活动目标的重要依托,完成研学旅行活动的重要保障,研学旅行基地(营地)建设必然要遵循与研学旅行一致的教育性、实践性、安全性和公益性原则。同时,由于地理环境和课堂环境的差别,在建设研学旅行基地(营地)时也要考虑地域性原则和开放性原则。

(一)教育性原则

研学旅行不同于一般的旅游活动,教育性是其突出原则,因此研学旅行基地(营地)建设也要注重突出教育性原则。《意见》指出,研学旅行要结合学生身心特点、接受能力和实际需要,注重系统性、知识性、科学性和趣味性,为学生全面发展提供良好的成长空间。因此,研学旅行基地(营地)本身应具有较强的科学文化价值,能够融入爱国主义教育、文化历史教育、科学创新教育、生活实践教育等综合教育功能,并且研学旅行基地(营地)的硬件、软件建设要从教育出发,凸显教育功能,以实现让学生学到知识、拓宽视野、获得体验的教育目标。

(二)实践性原则

研学旅行作为课堂实践教育的有效补充,要引导学生走出校园,强调学生的动手实践能力,在与日常生活不同的环境中拓宽视野、丰富知识、了解社会、亲近自然、参与体验。因此,研学旅行基地(营地)应当增加可进行体验互动的设施建设,避免只让学生简单地参观和听讲解,并且根据研学旅行基地(营地)特色来设计更多具有体验性和趣味性的活动,吸引学生主动参与其中,满足学生动手实践、亲身体验的需要,引导学生在实践和体验的过程中将书本知识和现实生活联系起来,丰富感性认识,提升理性思考。

(三)安全性原则

研学旅行在形式上是让学生走出教室来参与的课程,相较于学校内的课堂教学,存在更大的安全隐患,《意见》中也明确指出在开展研学旅行时一定要做到安全第一的原则。因此,研学旅行基地(营地)的选址要远离地质灾害多发地区和其他危险区域。研学旅行基地(营地)要具备同时接待500人以上开展课程的能力,要对研学旅行基地(营地)各种设施的安全性进行充分的评估,对潜在的危险因素进行排查,要始终坚持安全第一,配备安全保障设施,建立安全保障机制,明确安全保障责任,落实安全保障措施,做好安全应急预案,确保师生安全。

(四)公益性原则

《意见》中规定,研学旅行不得开展以营利为目的的经营性创收,对贫困家庭学生要减免费用。因此,研学旅行基地(营地)要注重公益性原则,把谋求社会效益放在首位。具体来说,接待费用要相对统一,物价必须经当地物价部门审核,只收取基本费用,对贫困家庭学生要减免费用,确保学生广泛地参与。

(五)地域性原则

《意见》中明确指出,研学旅行要因地制宜,呈现地域特色。建设地方性研学旅行基地(营地),有利于学校减少时空限制,促进研学旅行的广泛开展。对一般中小学而言,全国性的研学旅行基地(营地)不仅数量少,而且距离远、旅行耗时长,不能满足短期就近研学旅行的需求;而地方性研学旅行基地(营地)距离近,既可弥补全国性基地(营地)数量不足的缺点,也能够突出地域特色;同时,学生对当地的地理环境较熟悉,就近安排研学旅行,学生更易适应和接受,也更能培养学生热爱家乡、热爱祖国的情感。

(六)开放性原则

一是表现为教学环境的开放性。研学旅行基地(营地)的一切活动课程和设施配套要区别于学生惯常的校园课堂学习环境,应有利于引导学生到自然和社会环境中拓宽视野、丰富知识、了解社会、亲近自然和参与体验。二是表现为服务对象的广泛性。所有研学旅行基地(营地)对所有学生开放,欢迎、接纳任何地方、任何适龄段的中小学生入驻开展研学旅行活动,不受地域或其他方面的限制。

三、基地(营地)建设的要求

2019年2月,中国旅行社协会与高校毕业生就业协会联合发布《研学旅行基地(营地)设施与服务规范》。其对研学旅行基地(营地)基本设立条件和要求进行了规定,规范和提升研学旅行基地(营地)服务质量,使研学旅行基地(营地)有相对科学、规范的准入条件,引导旅行社正确选用合格的研学旅行基地(营地)供应商,保证研学旅行线路产品的服务质量,推动研学旅行服务市场的健康发展。

(一)资质条件

(1)应具备法人资质。

(2)应具备相应经营资质和服务能力。

(3)应具有良好的信誉和较高的社会知名度。

(4)应取得工商、卫生、消防、食品、公安、旅游等管理部门颁发的许可经营证照。

(5)应正式对社会公众开放满1年,且1年以内无任何重大环境污染及负主要责任的安全事故。

(二)场所条件

(1)规模适当,容量应能满足开展研学旅行活动的需求,自身或合作单位能够保证学生的就餐、住宿等。

(2)应具备基本的医疗保障条件,配备有数量适宜的专职医护人员。

(3)基地内水、电、通讯、无线网络等应配套齐全,运行正常。

(4)应建设或规划由室内或室外场所构成的专门研学场地或教室,确保学生活动的安全性,特殊设备需具备主管单位的检测验收报告。

(5)室外研学场地应布局合理的游览路线与完善的交通设施,保证通行顺畅,方便游览与集散。

(6)基地内景点类的游览路线设计应与研学主题或相应景点景观相关。

(7)应具备健全的安全设施与管理制度,保证营运秩序良好、管理人员到位。

(8)应有相应的旅游接待设施、基础配套设施,保证布局合理、环境整洁、安全卫生达标。

(三)服务人员要求

(1)应有与学生数量相匹配的,为其提供各类研学旅行相关配套服务的专业服务人员。

(2)应遵守服务时间,坚守岗位,举止文明,热情服务。

(3)应掌握一定的医学知识与灾害应急常识,熟悉基地内的医疗服务点、紧急避险通道等。

(4)应有遇突发情况能够自救和帮助游客进行避险逃离的能力。

(5)应掌握基本的法律常识、宗教信仰和民族习惯等方面的知识。

(6)应进行专业岗位培训,宜每年参加一次相关专业培训,熟练掌握本岗位业务知识和技能。

(四)设施与服务

1. 教育设施

(1)应根据不同研学教育主题以及不同年龄段的学生配备相应的研学场地和设施。

(2)应根据研学旅行教育服务计划,配备相应的教学辅助设施,如电脑、多媒体、实验室、教具等。

(3)应对不同类型的研学旅行课程设置相应的演示、体验、实践的设施。

2. 导览设施

(1)应提供全景、线路、景物、位置和参观等标识标牌。

(2)应在售票处、服务中心、厕所、餐饮、购物、食宿等场所设置服务指示设施。
(3)应在外部交通、景区内道路、停车场等设置交通导览设施。
(4)应在医疗救护、危险地段、安全疏散通道、质量投诉和参观线路设置导览设施。

3．配套设施

1)餐厅

(1)选址科学,布局合理,其面积、就餐设施满足接待要求。
(2)宜设置学生食堂,实行营养配餐,用餐卫生、方便快捷。
(3)餐饮服务人员应定期体检,持健康证上岗。

2)交通

(1)应有县级以上的直达公路,站牌指示醒目。
(2)内部交通应安全通畅。
(3)交通工具设施完好、整洁,宜使用绿色清洁能源。
(4)停车场、游步道等旅游交通应符合《风景旅游道路及其游憩服务设施要求》(LB/T 025—2013)的要求。

3)住宿

(1)应保证选址科学,布局合理,便于集中管理。
(2)学生宿舍应配有沐浴设施、床铺及床上用品、存储柜等。
(3)酒店类住宿的总体服务质量和安全管理应符合《旅游饭店星级的划分与评定》(GB/T 14308—2010)的要求。
(4)集体住宿应男女分室,保证设施安全、卫生洁净。
(5)宜设野外露营点,选址科学合理,符合《休闲露营地建设与服务规范》(GB/T 31710—2015)第三部分"帐篷露营地"的要求。

4．安全设施

(1)应配置齐全,包括:流量监控、应急照明灯、应急工具、应急设备和处置设施。
(2)应标识醒目,包括:疏散通道、安全提示和指引标识等。
(3)应在出入口等主要通道和场所安装闭路电视监控设备,实行全天候、全方位录像监控,保证电子监控系统健全、有效,影像资料保存15天以上。
(4)基地(营地)内禁止存放易燃、易爆、腐蚀性及有碍安全的物品。
(5)应设有安全和紧急避险通道,配置警戒设施。
(6)大型活动场所的安全通道和消防设备应有专人负责,确保设施完好有效。
(7)住宿场所应配有宿舍管理人员负责学生安全,安排保安人员昼夜值班巡逻,保障学生的财产和人身安全。
(8)应配备消防栓、灭火器、逃生锤等消防设备,保证防火设备齐备、有效。
(9)应保证消防通道畅通,消防安全标识完整、清晰,位置醒目。
(10)消防应急照明和疏散指示系统应符合《消防应急照明和疏散指示系统》(GB 17945—2010)的要求。
(11)基础救护设备应齐备完好,与周边医院有联动救治机制。
(12)应设有治安机构或治安联防点,与周边公安、消防等机构有应急联动机制。

(13)危险地带(如临水、交通沿线)应设置安全护栏和警示标志,并保证其醒目、健全。

(14)游览娱乐设施的使用及维护应符合《游乐设施安全规范》(GB 8408—2008)的要求。

(15)出入口应方便游客集散,紧急出口标志明显、畅通无阻。

除此之外,中国研学旅行联盟 2017 年 5 月发布的《研学旅行基地设施规范》对研学旅行基地各类设施进行了细分规定:教育设施包括自然遗产教育设施、文化遗产教育设施、非物质文化遗产教育设施、景观教育设施、科普教育设施;游览设施包括讲解设施、展陈设施、体验设施、导览设施;配套设施包括接待设施、交通设施、餐饮设施、住宿设施、安全设施、卫生设施。

第二节 基地(营地)的经营与管理

一、基地(营地)的资源开发

(一)挖掘特色资源,注重内涵发展

不同地区不同类型的研学旅行基地(营地),其资源禀赋的侧重点也不同。例如,森林公园侧重自然,博物馆侧重人文历史,科技馆侧重科技,并且有的基地(营地)资源相对单一,有的基地(营地)资源比较丰富。而无论是单一型还是综合型,研学旅行基地(营地)都应该因地制宜,充分挖掘当地特色资源,打造独特的资源品牌,不应忽略实际情况,盲目效仿其他研学基地(营地),这样不仅耗时耗力,而且失去了自身的独特性。同时,学生参与研学旅行的目的是学习知识、开拓视野,因此基地(营地)的建设和资源的开发要始终坚持教育性原则,注重内涵发展,要对景区资源进行更加深入的梳理,并进行优化升级,要让学生能在研学旅行基地(营地)中进行深度游,游有所得,而不仅仅是走马观花式游览。研学旅行对于基地(营地)资源禀赋的独特性、典型性、知识性、系统性等要求比较高,因此承接中小学研学旅行活动的基地(营地)应当从以下四个方面提升自己的资源优势与竞争力。

1. 独特性

独特性指的是"人无我有,人有我特"。这里的"特",一定要从教育角度体现其独特性,而不是一般意义的旅游资源的独特性,在考虑其独特性的同时也要注意其是否适合中小学生学习体验。例如,一些地方的博彩业、特殊的信仰十分有特色,但并不适合中小学生开展研学旅行活动;而苏州园林、景德镇瓷器等这类具有特色的研学旅游资源,不仅具有深厚的历史文化底蕴,而且可以和学生校内课堂所学知识相衔接,此类特色旅游资源就适合深度挖掘,以此开发研学旅行课程活动。

2. 典型性

基地(营地)或景区具有同一类型的研学资源,同一类型(同质型)的资源往往很多地方拥有。区域性开展研学旅行的学校,不可能每个基地(营地)都去研学旅行。在选择研学旅行基地(营地)时,学校或研学旅行组织服务机构,一般都会根据研学主题选择具有典型性特征的基地(营地)。因此,这就要求致力于开展研学旅行的基地(营地),要将无形资源与有形

资源进行典型化打造。

3. 知识性

知识性是指基地（营地）或景区的研学资源要体现知识的含量、教育的意义。目前，很多基地（营地）或景区之所以文化建设滞后，很大程度上是因为在资源的知识性上挖掘不够，体现得不全面、不深入、不系统。事实上，一个知识含量高的基地（营地）或景区，本身具备了很大的优势，对于开展研学旅行更是得天独厚。毫无疑问，一座博物馆、一个公园就比一个游乐园更适合成为研学旅行目的地。

4. 系统性

系统性是指基地（营地）或景区资源的不同层次、不同环节、不同因素围绕一个或若干主题进行有机的衔接与整合。基地（营地）或景区的资源分为有形资源与无形资源，在资源与资源之间，要有一条主线来贯穿，要有共同的主题来引领，要存在一个有机的内在关联。其实，这里的主线、主题、内在关联，就是所谓的无形资源。基地（营地）资源的系统性体现了基地（营地）的无形资源与有形资源之间的关系。

知识链接　　上海辰山植物园[①]

上海辰山植物园是集科研、科普和观赏游览于一体的综合性植物园，由上海市人民政府、中国科学院和国家林草局合作共建，占地207公顷，于2010年4月建成并对外开放。辰山植物园是国内植物园儿童园建设的倡导者，其儿童园包括儿童植物园、爬网、空中藤蔓园、小小动物园、海盗船、树屋六大区域，深受儿童的喜爱。还拥有热带花果馆、沙生植物馆和珍奇植物馆组成的温室群和月季园、樱花园、蕨类园、矿坑花园、药用植物园、岩石园等20多个专类园区。

辰山植物园以青少年儿童为重点目标群体，策划植物相关主题的适宜于中小学生的50多门自然探究性研学实践课程，并有针对亲子家庭的"12岁之前可以在辰山植物园做的30件事"。自2012年起，辰山植物园面向小学生，即8~10岁儿童开展"辰山奇妙夜"夏令营，已成功举办121期，共计5000余名儿童参加，已成为沪上及长三角夏季颇具影响力的品牌科普活动。此外，还面向小学生开展"小植物学家训练营"、面向初中及以上学生开展"准科学家培养计划"、面向学校开展"校园植物课堂"等重要科普品牌，并定期举办攀树自然体验、自然绘本阅读、宝宝坐王莲、昆虫旅馆等各项活动。辰山植物园还通过举办辰山草地音乐节、自然生活节、国际兰展、睡莲展、月季展等大型活动，吸引了广泛的公众参与。

上海辰山植物园是全国科普教育基地、全国中小学生研学实践教育基地和全国自然教育基地（见图8-2、图8-3、图8-4）。

---

① 上海辰山植物园提供。

图 8-2　海盗船

图 8-3　热带花果馆

图 8-4　自然体验游戏

(二)融合"道—学—术—物",实现立体呈现

陆庆祥、孙丽针对研学旅行基地(营地)资源开发的不足,提出一套"下学上达、本末一贯"的研学旅行资源的立体呈现模式,从"道—学—术—物"的角度构建了一个完整的研学旅行课程资源体系。由此规划基地(营地)的研学资源,开发研学课程,可以有效对应中小学生六大核心素养,形成一个容易操作的参照模型。

1."道"

所谓"道",就是理念、理想、情感等,这是研学旅行的核心。校园内的教育主要强调知识的积累,而学生实践能力和个人素养的培养更多地从校园外、生活中获得。研学旅行作为校内教育的有益补充,应当注重学生的情感教育,促使学生形成正确的"三观",无论是大好河山、历史人文,还是生产科技,都需要提炼出"道",让学生通过校外空间的身心游艺,通过对自然山水、历史人文、科技游乐的观察、互动体验,深刻感受到研学旅行基地(营地)所呈现与表达的理念教育。

2."学"

所谓"学",就是知识性的探求,或者是对"道"的学术性、知识性的探究。校外的研学旅行基地(营地)多是现场实景,可以作为学生校内课本的印证或延续。校内知识的学习主要依靠大脑,而校外的研学活动则主要通过身体的活动来进行学习,可称作具身化学习。通过调动眼、耳、鼻、舌、身、意"六触",全方位、全身心去感知和感悟,这是研学旅行学习的重要特点。所以,基地(营地)或景区研学资源的规划打造,就要遵循这个具身化学习的特点,对于"六触"都要有所引导、有所涉及,带给学生鲜活而全面的知识与感受。

3."术"

所谓"术",就是手段、方法、途径、技巧。研学旅行基地(营地)作为研学旅行的目的地,需要面向教育系统来宣传基地(营地)的教育资源、课程教材、产品优势及相关服务与安全保障。因此,研学旅行基地(营地)还需要根据资源特色来设计研学旅行课程与教材,以表明基地(营地)资源特色的教育价值;这些课程教材可以出版,也可以分发给学校、旅行社和研学旅行服务机构,让学生游前预习,游中深度体验与学习,游后复习。

4."物"

所谓"物",也叫器物,一般是指基地(营地)或景区可供中小学生研学的资源,多指有形的资源,如文物、建筑、自然风光、工艺器物等。以器物的展示、展览、表现为优势的基地(营地)或景区,则要充分挖掘并激活器物本身的文化内涵,也就是器物之道。通过对器物的观摩、使用、互动体验,使学生更容易学习广泛的知识,悟得深刻的道理,学生的研学旅行也会因此变得生动有趣、印象深刻。

二、基地(营地)的管理

(一)主导管理

研学旅行基地(营地)的运营管理应当是政府主导、社会参与,研学旅行的教育属性决定

了研学旅行基地(营地)的运营管理不能全盘市场化和过度商业化。强力的政策引导与合理的财政补贴是研学旅行基地(营地)运营管理的基本保障。各级地方政府宜建立由教育、文旅、民政等有关部门协作推进的研学旅行主管机构和机制,统筹管理本片区内的研学旅行基地(营地),并积极引入社会力量参与研学产品的运营,快速推动研学旅行产品的发展。

(二)组织管理

要多角度建立研学旅行基地(营地)的建设与管理方案,促进组织效能的发挥。

(1)要建立健全基地(营地)内部组织管理机构,在完善机构体系的作用下分工明确、职责明确地开展各项研学旅行课程指导和活动管理,全方位把握研学实践的基本情况。

(2)要对基地(营地)管理制度进行优化和完善,从教学、行政管理、学生管理及安全管理等角度对制度体系进行建设和完善,使制度保障作用得到有效的发挥。

(3)要加强研学实践教育基地(营地)与学校的合作,使学生参与到基地(营地)建设活动中,按照学生对研学旅行活动的现实需求,对基地(营地)建设方案和组织管理规划方案加以调整,提高基地(营地)建设的效果和运行的稳定性。很多研学旅行基地(营地)有丰富的自然资源或丰厚的人文底蕴,但不能吻合学校及学生的现实需求,或无法提供有效的安全保障,尚未形成良好的管理制度与方案。

(4)结合中小学研学活动设置相应的活动档案,在档案中反馈学生接受研学旅行课程的情况,并接纳学生的意见和建议,对各项工作进行优化创新,在不断改进的基础上提高工作效率。

(5)要加强对投诉处理的重视,并规范投诉处理行为,将投诉处理的结果完整妥善地在档案管理体系中记录下来,并利用投诉情况对各项工作加以调整,发挥组织管理的重要作用,为研学旅行基地(营地)的建设提供组织管理保障。

(三)人力资源管理

研学旅行基地(营地)应建立结构合理的专职、兼职、志愿者相结合的基地(营地)管理队伍。运营高效的研学旅行基地(营地)至少需要六种核心能力,即课程研发与实施能力、市场营销能力、综合管理能力、团队构建能力、资源联动能力、政府沟通能力,从而形成自身的核心竞争力。所以,研学旅行基地(营地)需要课程设计、研学导师、市场推广营销、后勤物业操作、行政管理等必不可少的五种人才。针对这五种人才,可以从知识、技能经验等方面进行相应的教育培训与评价,以促进人员优化与成长。研学旅行是与学校教育相补充的新型教学形式,因此,要注重研学导师的选择和培养。研学导师除了能传授知识外,还需要对学生的行为、表现等进行引导。同时,研学旅行基地(营地)的导师需要有一定的资历,必须经过正规的教师职业教育,接受户外培训,并掌握心理学知识及急救能力等,能及时应对研学旅行过程中出现的各种问题和情况。此外,研学旅行需要深入当地考察,让青少年开阔眼界,了解乡土乡情、县情市情、省情国情。当地居民、当地的工作者、该领域的学者通常比较了解当地资源与文化,培训并聘请他们作为研学导师对实现研学旅行目的大有裨益。

(四)设施资源管理

研学旅行基地(营地)应确保其环境安全、卫生,要对基础设施进行定期管理,建立检查、维护、保养、修缮、更换等制度，大型活动场所、安全通道和消防设备应由专人负责，确保设施完好有效。在旅游资源方面，应对不可移动的馆藏文物等定期进行安全检查与维护，建立文物检查登记制度，对重要的遗迹、遗存文物等应设警示标志，设专人巡视，避免人为破坏和自然损坏，对受到破坏的景观、文物古迹建立上报处置制度。

（五）安全管理

研学旅游基地（营地）主要面对的群体是学生，批量的学生到基地（营地）进行研学，基地（营地）内部是学生活动的主要区域，因此安全保障非常重要。研学旅行基地（营地）应建立安全管理机制，明确落实安全责任，制定相关的安全管理制度以确保研学旅行服务的安全提供。要开展适当的安全教育，提升全员的安全意识，基地（营地）内部的交通安全、基地（营地）设施定期检查维修、学生活动区域的安全路线、消防通道等安全设施、学生的食品质量安全都需要基地（营地）管理人员加强重视。研学旅行基地（营地）还应考虑到与安全有关的潜在风险，定期及不定期系统识别、评估、评价研学服务各环节中的相关安全风险，在存在潜在危险的地方要安排足够的安全员，同时要在显眼处摆放安全告示牌，并且根据所识别的重大风险，如地震、火灾、食品卫生等突发情况制定应急预案，采取适宜的措施，保障活动的安全进行。

三、对基地（营地）的评价

对研学旅行基地（营地）的评价是进行基地（营地）建设及开展研学旅行活动的重要部分。科学的评价不仅可以使基地（营地）的建设与发展更具规范性、科学性和前瞻性，还可以为教育行政部门及各类中小学推进研学旅行基地（营地）建设提供决策依据和参考，也可以更好地促进中小学研学旅行活动的开展，促进相关研学旅行基地（营地）硬件设施的完善及服务水平的提高。

（一）评价主体

研学旅行基地（营地）评价的主体应当包括如下三部分。

（1）由教育行政部门及相关专家，如高校旅游管理教授、户外教育教授、社会安全专家等组成的专家评价团队。他们可以对研学旅行基地（营地）的设施、安全、课程等进行专业评价，并在政策、专业指导、资金及与社会单位的协调方面给予支持。

（2）专业的研学导师。作为带领学生在研学旅行基地（营地）进行研学活动的组织者，研学导师可以说是学生与研学旅行基地（营地）间的桥梁，由于研学导师负责讲解基地（营地）相关知识，安排学生的研学活动，对研学旅行基地（营地）有更全面深入的了解，研学导师对基地（营地）的评价会更全面。

（3）参与研学旅行的学生。研学旅行基地（营地）是为参与的学生服务的，因此，学生的评价对研学旅行基地（营地）环境、设施、服务、课程的改善具有重要的参考意义。

（二）评价方法

根据研学旅行基地（营地）的特点，所采用的评价方法常见的有如下三种。

(1)现场考察法。即评价主体深入基地(营地)进行实地考察,从而真实了解、掌握基地(营地)的地理环境、软硬件条件、安全制度、教学情况等。

(2)专家评价法。即先根据基地(营地)的具体情况选定评价指标,每个指标又设定若干评价等级,每个评价等级用分值表示,然后由相关专家进行评价,确定每个评价指标的分值,最后算出总分值。

(3)问卷调查法。即通过设计并发放调查问卷,对基地(营地)的地理环境、研学旅行资源的特征及价值、研学指导力量、研学设施及服务水平、重要专业学术成果、安全制度及应急预案等进行调查评价。

(三)评价目标

科学的评价可以为教育行政部门提供有关研学旅行基地(营地)的全面信息,以便对基地(营地)建设做出全面部署,并科学地指导基地(营地)的建设及发展;还可以客观地了解基地(营地)的建设、运行情况,明确基地(营地)建设中的优势和不足,及时发现安全隐患,促进基地(营地)健康有序地发展;也可以进一步规范基地(营地)相关的建设,不断完善其软硬件设施,规范其服务水平,使其更好地服务于研学旅行活动。

(四)评价指标体系

评价指标可分为客观和主观两方面。客观来说,可以根据《研学旅行基地(营地)设施与服务规范》,从其资质、场所、服务人员、设施等多方面评价其是否符合研学旅行基地(营地)建设的各项标准。主观来说,可以调查学生或学校教师对研学旅行基地(营地)的课程、研学导师、设施、服务等方面的满意度来进行评价。同时,可以根据学校或旅行社与研学旅行基地(营地)的再次合作意愿来对研学旅行基地(营地)进行评价。

本章小结

(1)研学旅行基地(营地)选址的要素包含经济层面的消费条件、竞争与合作关系条件、发展条件和环境层面的使用条件、支持条件、资源条件、交通条件、土地及设施取得条件、气候条件。

(2)研学旅行基地(营地)建设的原则包含教育性原则、实践性原则、安全性原则、公益性原则、地域性原则和开放性原则。

(3)研学旅行基地(营地)的资源开发要挖掘特色资源、注重内涵发展,以及融合"道—学—术—物"、实现立体呈现。

(4)研学旅行基地(营地)应当从独特性、典型性、知识性、系统性这四个方面提升自己资源的优势与竞争力。

(5)研学旅行基地(营地)可以融合"道—学—术—物"来构建一个完整的研学旅行课程资源体系。"道"就是理念、理想、情感等;"学"就是知识性的探求;"术"就是手段、方法、途径、技巧;"物"也叫器物,如文物、建筑、自然风光、工艺器物等。

(6)研学旅行基地(营地)应注重这五方面的管理:主导管理、组织管理、人力资源管理、设施资源管理、安全管理。

(7)对研学旅行基地(营地)的科学评价,能为研学旅行基地(营地)建设提供决策依据和参考,可以更好地促进中小学研学旅行活动的开展,促进基地(营地)软硬件设施的完善及服务水平的提高。对基地(营地)的评价包含评价主体、评价方法、评价目标、评价指标体系这四部分。

 核心关键词

研学旅行基地(Study Travel Base)
研学旅行营地(Study Travel Camp)
设施与服务规范(Facility and Service Standard)
建设原则(Construction Principle)
资源开发(Resource Mining)
基地(营地)管理(Base/Camp Management)
基地(营地)评价(Base/Camp Evaluation)

 案例分析

安徽省地质博物馆①

安徽省地质博物馆(安徽古生物化石博物馆、安徽省古生物化石科学研究所)隶属安徽省自然资源厅,于2004年2月经安徽省编办批准成立,"一个机构三块牌子",主要承担古生物化石和地质标本收集、修复、管理、展示及研究等工作,肩负着组织开展全省地学科普教育工作的责任。

安徽省地质博物馆坐落于合肥市政务区省文化博物园内,占地面积约80亩,总建筑面积26495平方米,其中陈列面积16902平方米,目前在国内同类博物馆中面积最大。它围绕"自然和谐、科学发展"主题,以"宇宙、地球、生物、人类、资源"为展示主线,布设了序厅、地球厅、生命演化厅、恐龙厅、矿物岩石厅、资源与环境厅六个常设展厅,附设临时展厅、特效影院、科普教室(实验室)、综合商店、学术报告、互动体验、地质文化餐饮休闲、室外景观等区域。整个展馆以突出古生物化石为特色,兼顾其他地学知识的展示,安徽省地质博物馆以突出安徽本地为特色,兼顾国内外相关内容的展示。现有馆藏标本5万余件,包括不同地质时期各类化石、各类矿物岩石宝玉石等。

---

① http://www.ahgm.org.cn/ahgm/ahgm/dbjj/gngk/index.html.

主要有国内著名的生物群化石系列,如"贵州海生爬行动物群""辽西热河生物群""山东山旺动物群"等,以及安徽特色化石群标本,如"淮南生物群""巢湖鱼龙动物群""皖南恐龙动物群"等,还有各种尺寸的矿物晶体、造型石、观赏石、陨石等。

安徽省地质博物馆充分利用世界地球日、防灾减灾日、科技活动周、全国科普日和节假日,创新形式,丰富内容,开展了面向公众尤其是青少年的大型主题科普活动、日常互动体验和特色活动,受到了社会各界的广泛关注和普遍认可,其中小小讲解员培训、"博物馆奇妙夜"、地质研学游等特色活动正逐步形成品牌,受到广大青少年的青睐,影响力不断提升。安徽省地质博物馆积极开展科研和科普教育。具有一支从事地层古生物研究的团队,一直致力于安徽特色古生物资源的调查与研究,"十二五"以来共发表论文30多篇,其中有数篇发表在 Nature(《自然》)等国际顶级刊物上,尤其是在巢湖鱼龙动物群的研究方面,取得了一系列重大进展,引起了学术界广泛关注。

当前,安徽省地质博物馆正积极利用自身优势,挖掘地学内涵,丰富科普内容,打造科普品牌,努力做有特色、有影响力和感召力的地学知识普及者、地学文化传播者;不断丰富藏品,充实藏品类型和数量,提升藏品品质,积极推进藏品管理和保护的科学化、规范化、标准化,切实加大藏品管理力度;扎实开展以藏品研究和地层古生物研究为重点的基础性研究,强化与博物馆学相关的应用性研究;以人为本,丰富服务方式,增加公共服务设施,健全服务标准,提升服务质量,全面提升公共文化服务能力;以现代科技为基础,立足于博物馆业务需求,搭建综合应用管理平台,打造智慧服务体系,构建智慧化保护系统。通过以上努力,安徽省地质博物馆力争建设一流专业博物馆,为提高公众科学文化素质,促进经济社会发展贡献力量。

思考:

1. 请以安徽省地质博物馆为例,在学习小组内讨论并设计对研学旅行基地(营地)的评价策略,包含评价主体、评价方法、评价目标及评价指标体系。

2. 思考一下,若研学旅行基地(营地)改成地质公园(如黄山国家地质公园),以上的这个评价策略该如何修改与调整?

第九章

研学导师的培训与管理

学习目标

1. 了解研学导师的概念与特征及所需的能力。
2. 掌握研学导师的培训内容与培训机构。
3. 了解研学导师的考核内容、考核方式与考核要求。
4. 理解对研学导师的管理。

问题引导

1. 研学导师有哪些特征?
2. 优秀的研学导师需具备哪些能力?
3. 如何针对研学导师进行考核?
4. 如何针对研学导师进行有效的管理?

第一节 研学导师的能力与培训

一、研学导师的概念与特征

研学旅行是一种区别于传统的团体旅游和一般的课堂教学的新型学习活动,因此研学导师既不同于一般的学校教师,也不同于传统的导游。研学导师是在学生研学旅行过程中,负责活动组织、内容讲解、引导学生进行探究性和体验式学习的专业人员。研学导师要兼顾教师与导游的双重功能,既要善于研学的辅导,又要善于旅行的组织。

研学导师全称研学旅行指导师,集教师、导游、安全员、辅导员于一身,既要善于观察学生情绪的变化,及时进行生活及心理辅导,确保学生在研学旅行中围绕研学的主题开展活动;又要根据研学旅行课程的要求,通过模拟体验、游戏互动、手工制作等多种活动,以分工协作的形式完成创设的研学情境,点评学生完成的情况;还要具备导游的基本素质,熟悉各类旅游文化和资源,进行组织和讲解;最重要的是研学导师要履行学生安全责任人的责任,甚至承担救生员的职责。因此,研学导师是需要具备多种能力素质的综合性专业人才。

研学导师资格应由旅游行政主管部门和教育行政主管部门权威认证的研学导师考核机构采取笔试和面试相结合的评价方式进行认定,成绩合格者可颁发研学导师资格证书。取得研学导师资格证书后,方能从事研学导师工作。

二、研学导师所需的能力

虽然我国2013年首次提出研学旅行的概念,但前面章节已说明我国早在古代就有类似研学旅行的活动,只是名称不一样。例如,我国台湾地区将早期的研学旅行活动称为"环境教育",其他国家及地区也有称之为"户外教育""自然教育""修学旅行""教育旅游"等。许多国家及地区对环境教育者、户外教育者或自然教育者应具备的能力有不同的要求与规范,可供国内规范研学导师的能力提供借鉴与参考。

(一)联合国提出环境教育者所需的能力

1987年,联合国教育、科学及文化组织(UNESCO)在"国际环境教育计划"中,对从事环境教育教师的知识、技能、态度与行为能力提出了两个标准:一是跨学科的基本教育能力,二是应用于环境教育的特殊知识、态度、技能与行为表现。这可以归纳为基本教育专业和环境教育内容两方面的能力,分别说明如下。

1. 基本教育专业能力

基本教育专业能力指教育者能够运用现有的教育哲学理论、道德理论、学习理论、课程转换理论,以及知识、态度和行为理论去发展及实施环境教育,或是运用有效的教学策略,实践教学计划,将教学方法融入各科,有效地评估教学等项目。

2. 环境教育内容能力

环境教育内容能力包括有生态学基础、对环境教育有概念认知、能进行调查与评估,以及具有环境行动技能(如说服行动、消费主义、生态管理、法律与政治行动等)四个层次。

环境教育教师所需的能力,主要是将环境教育融入各学科中的能力。因此,基本的教育能力是必须的,而特殊的环境教育能力则强调以解决问题为核心,借由了解影响环境的各项因子、生态学概念、社会及自然环境的互动、不同文化的价值观点,然后通过教育的理论、原理、方法,转化并传达给学习者,使学习者具有解决环境问题的能力。

(二)北美环境教育学会提出环境教育者的核心能力

北美环境教育学会(NAAEE)在2004年出版的《环境教育者预备与专业发展指南》中提出,环境教育者需要具备六大主题24项环境教育核心能力,如表9-1所示。

表 9-1 环境教育者六大能力主题指标

能力主题	能力内涵	能力项目
环境素养	教育者必须具备足以胜任的环境知识与技能	发问、分析与解说能力； 环境演变过程与系统知识； 了解和陈述环境议题所需的技能； 个人和公民责任
环境教育基础	教育者对环境教育的目标、理论、实务和历史演进有基本认识	环境教育的特色和目标； 如何实施环境教育； 环境教育的历史演变
环境教育者的专业责任	教育者必须了解且接受实施环境教育应负的责任	展现环境教育的典范； 强调教育而非倡导； 持续学习和专业成长
规划和实施环境教育课程方案	教育者必须结合优质教育的基础和环境教育的独特性，设计及实施有效的教学活动	了解学习者； 掌握教学方法； 教学的规划； 环境教育教材和资源的知识； 辅助教学的科技； 创造教学情境； 课程设计与规划
促进学习	教育者应让学习者以开放的态度对事物进行调查，特别是对那些具有争议的环境议题，更需要严谨地思考自己和他人的观点	学习及探索环境的氛围； 合作的学习环境； 弹性和互动反馈的教学
评估与评价	环境教育者必须拥有知识、能力来拟订评估方案及评量学习成果	评价学习者的成果； 评价是教学的一部分； 改善教学； 拟订评估方案

为了让环境教育通过美国教育的认证，北美环境教育学会于2007年发布了环境教育者初次申请认证的标准，此标准参考了《环境教育者预备与专业发展指南》和《幼儿园到高中学习指南》。这个环境教育认证标准包括如下七大主轴。

①环境教育及环境素养的本质。强调环境教育在历史、理论，以及研究基础的内容知识。

②申请者的环境素养。强调环境素养在知识、技能和情感，以及要成功教导环境教育的内容知识。

③学习理论及有关学习者的知识。特别强调人类发展和学习、学习历程和个别差异的理论。

④课程标准和融入。

⑤教学设计和操作。强调教学法的知识、技能和情感,以及可以促进、提升学习兴趣与环境氛围的教学规划。

⑥评估。强调知识、技能和承诺方面,评估要与环境教育课程和教学结合,鼓励学习者在知识性、社会性、情感和身体方面的发展。

⑦环境教育的专业成长。强调专业性和伦理实践,专业发展是一个终身投入和不可缺少的资产,能为环境教育专业做出贡献。

知识链接　　台湾环境教育教师的专业职能[①]

王喜青等人在2011年曾列出30多项环境教育教师的工作内容并参考美国国家公园署解说发展方案与相关研究,归纳出中国台湾林务局自然教育中心环境教育教师的专业职能分为一般个人技能,以及基础专业职能、初级专业职能、中级专业职能、高级专业职能,如表9-2所示。

表9-2　环境教育教师的专业职能内容

职能类别	职能内涵	职能项目
一般个人技能	指所有从事自然教育的工作人员(不论级别)所需具备的技能	业务推动上的积极和自信; 与长官、同事有效的沟通能力; 与团队成员或其他人(单位)保持良好的关系; 保持个人仪容整洁; 情绪及压力管理; 业务执行优先顺序及时间管理; 积极主动学习的能力; 基础急救能力(如伤口清洁、包扎、CPR等)
基础专业职能	指环境教育教师在职业领域中所需具备的基本职能	能了解国内外自然教育中心的发展趋势; 能有效地协助林务局传达相关政策; 能了解及展现林务局发展自然教育中心的使命、愿景及目标; 能有效地展现自己所属自然教育中心的使命、愿景及目标

---

① 王喜青,林慧年,陈维立,等.林务局自然教育中心环境教育教师专业职能表现及成长需求初探[J].环境教育研究,2011,9(1):75-108.

续表

职能类别	职能内涵	职能项目
初级专业职能	指环境教育教师在职业领域中起步，使之具有适当的基本准备，可以引导教学活动及执行游客服务工作	能在户外场所与游客成功接触； 能准备与展现有效的人员解说； 能操作与引导具有目标性的活动； 能准备与展现符合学校课程目标教学的活动
中级专业职能	指环境教育教师已具备一些第一手工作经验，在职业领域中掌握及处理一些常态性工作，促使教育推广的业务顺利运转	能撰写有效的解说文案（包括折页、手册、解说牌等文案）； 能设计符合学校课程目标的教学课程； 能设计针对不同对象的营销方案； 能整合资源举办符合不同对象需求的教学活动
高级专业职能	指环境教育教师已具备丰富工作经验，在职业领域中已能掌握及处理多项常态及非常态性的工作，能以宏观视野优化自然教育中心课程及经营方向	能依资源规划主题式的解说系统； 能依当地的资源规划环境教育系统； 能发展多元的解说媒体； 能发展符合不同对象需求的教材； 能进行中心从业人员的领导、训练与教学； 能进行研究与评估； 能整合资源及建构伙伴关系

（三）研学导师的核心能力

参照研学导师的特征及联合国、美国、中国台湾地区等环境教育教师所需的能力，本书归纳出研学导师能力主题指标，包含四大能力主题（基本教育能力、旅游组织能力、安全保障能力、环境教育与解说能力）及19项能力项目，如表9-3所示。

表9-3 研学导师能力主题指标

能力主题	能力内涵	能力项目
基本教育能力	必须具备足以胜任研学旅行工作有关的教育知识与技能	了解学习者； 掌握教学方法； 课程设计与实施； 创造教学情境； 辅助教学的科技； 评价学习成果的能力

续表

能力主题	能力内涵	能力项目
旅游组织能力	必须具备足以胜任研学活动中"食、住、行、游"等的组织与规划能力	协调沟通的能力； 旅游接待的能力； 设计与安排旅游行程的能力； 掌握服务质量的能力
安全保障能力	必须具备足以胜任研学活动中安全预防与处理的能力	安全教育的能力； 风险控制的能力； 急救的能力； 危机处理与应变的能力
环境教育与解说能力	必须具备有关环境资源的知识与解说的能力，并能实践环境教育目标	掌握环境资源的知识； 解说环境资源的能力； 在不同场所进行有效解说的能力； 在校外（户外）操作具有目标性的教学活动； 具有将环境教育目标（保护环境的态度、负责任的环境行动等）传达给学习者的能力

1. 基本教育能力

优秀的研学导师是保证研学旅行质量的重要因素，而研学旅行是中小学综合实践活动课程的一种形式。不同于传统学校组织的参观游览等旅游活动，研学旅行有着非常明确的目的性，有着提前设定的教学目标和教学任务。从某种意义上说，研学旅行就是以校外旅游活动为载体，结合学生心理特征、知识层次和教学发展的综合性教学活动。在这个活动中，研学导师是主要的实施者，承担着教育学生的任务。因此，研学导师应具备基本的教育能力，必须具备足以胜任研学旅行工作的教育知识与技能。

研学导师要了解自己的教学对象，也就是学习者，了解学习者的智力发展、心理特征，以及目前已具备的知识与能力。研学导师不一定是学校教师，也可能不是教育专业，但必须了解各种不同的教学方法并能够设计与操作课程。由于在校外（户外）开展课程，研学旅行地点可能是博物馆、科技馆、动物园、公园等，它不像学校教室有独立的空间、安静的环境，所以要在研学旅行地点开展课程，需要合适的课程设计与教学方法。研学旅行的场所中，不是每一处、每一栋建筑都适合进行教学，研学导师要能创造教学情境，在户外甚至嘈杂的环境中也能进行教学。研学导师要善于利用辅助教学的科技，可多利用研学目的地已有的视频、多媒体设施，或引导学生用录音、拍照、录视频等方式做记录。回到室内后，可利用合适的科技产品或技术，引导学生做多媒体的成果展示。最后，研学导师要具备评价学生学习成果的能力。研学旅行活动强调培养核心素养、综合实践能力，所以研学导师要具备有效评价这些成果的能力。

2. 旅游组织能力

在研学旅行中，学生通过集体出行的方式走出校园、走出课堂，进而拓宽视野、丰富知

识、培养能力、修炼态度,加深与自然和文化的亲近感,加深对自我及社会的认识。而中小学生的自主性并不强,这个过程中的体验和实践,需要研学导师的带领和指导,需要研学导师具备良好的组织协调能力。研学导师应组织学生将其在研学过程的感想、感悟进行总结并分享,这也是增强研学旅行教育意义的重要途径。同时,因为活动的组织落实、安排是在更广阔的户外,并且活动的配合者不仅是组织方本身,而且包括景区、旅游企业等,因此研学导师需要有较强的与外界沟通协调的能力。只有这样,才能够更好地协调各个方面的情况,并确保学生各项活动能有序、安全地开展。研学旅行中"研学"是目的、"旅行"是方式,简单来说,即通过旅行的方式达到研学的目的,而研学导师在整个过程中扮演着十分重要的角色。研学导师需要具有良好的旅游接待与安排行程的能力,尤其对研学活动中的"食、住、行、游"都要有妥善的规划与安排。

3. 安全保障能力

《意见》明确指出,研学旅行要坚持四项原则,其中一项即是安全性原则。因为研学旅行的开展是以团队的方式进行,涉及的学生数量较多,而且在学校以外的环境会面临很多预料不到的事情,这就使安全成为学校和家长最为关注的事项。在出行前,研学导师要细心地安排每一个环节,确保万无一失;旅途中,要时刻观察每一位学生的状态,每个环节都设置对应的安全保护措施,维护学生秩序,发现问题及时解决,保障学生的安全,还应具备野外生存救护技能和急救常识;旅途结束后,要及时清点人数,将学生安全送回学校,让旅行安全成为学校和家长最放心的部分。

在研学旅行活动前,研学导师要做好安全教育工作,针对学生、学校教师说明研学目的地的情况,以及可能的风险及预防措施等。风险控制能力是指在问题和事故预防、处理过程中,采取积极有效的措施和方法,尽量减少或者避免风险的发生。研学导师应具有较强的风险控制能力,在研学过程中能够采取各种方法和措施来减少或者避免风险事件的发生,如对于晕车、晕船、中暑、食物中毒、跌倒等意外情况,有提前预防意识,并能进行现场急救。面对自然环境中可能遇到的滑坡、有毒的植物、野生动物等,能预先告知,现场遭遇时能妥善处理。虽然尽可能地避免风险的发生,但仍然可能出现意外,研学导师必须具备意外处理、医护急救、水上救生、野外求生等能力。

4. 环境教育与解说能力

研学活动大多在校外(户外)进行,如博物馆、历史古迹、公园等,所以研学导师不仅要具备基本的教育能力,还要具备有关环境资源的知识与解说的能力,能够很快地掌握研学目的地的环境资源知识,如博物馆展品的知识、古迹的历史故事、公园里动植物的特性等,并且将这些信息有效地解说给学生。研学导师不同于学校教师,研学导师经常在不同的地点或场所进行研学旅行课程,除了尽快掌握资源知识外,还要能在不同场所进行有效的解说,并能完成具有目标性的教学活动。研学旅行课程的目标通常不只是知识的获得,而且要能提出问题、找出解决方案、进行科学调查、制作研究报告、掌握数字科技、提升创新能力等。所以,研学导师要掌握合适的教学方法,达成所设定的教学目标。最后,研学旅行基地(营地)或研学旅行目的地通常是重要的自然保护地或历史古迹,研学导师要能在研学旅行活动过程中唤起学生对环境负责任的态度和社会道德意识,愿意保护绿水青山,落实生态文明建设,实现美丽中国的愿景。

三、研学导师的培训

如前所述,研学导师的核心能力包含四大主题及19项能力项目。要让研学导师具备这些核心能力,培训是有效的方法之一。学校、研学旅行服务机构、研学旅行基地(营地)等都可以培养自己的研学导师,只要培训相关的内容并使其累积足够的经验,优秀的研学导师指日可待。

(一)培训内容

研学导师,一般来说,可分成初级、中级与高级。初级研学导师主要负责操作与实施研学旅行课程;中级研学导师主要负责设计与评价研学旅行课程;高级研学导师通常是研学旅行部门的领导或管理阶层,能独立运营研学项目及妥善管理研学部门。这三级是循序渐进的,具备初级研学导师的所有能力,才能迈向中级;具备中级研学导师的所有能力,才能迈向高级。以下分别进行详细说明。

1. 初级研学导师

初级研学导师需具备上述四大能力主题(基本教育能力、旅游组织能力、安全保障能力、环境教育与解说能力)的基本要求。以"研学旅行真正落地"为目标,深刻解读研学旅行课程及活动内容,熟练掌握研学旅行课程实施全过程,主要包括教学导入、教学操作、教学反馈、教学评价、成果管理等各环节的开展,以及旅游行程的组织与接待、研学过程的安全保障、行程中有效的解说与教学目标的达成,具体如表9-4所示。

表9-4 初级研学导师的培训

能力主题	能力内涵	建议培训的课程及应掌握的技术
基本教育能力	必须具备足以胜任研学旅行工作有关的教育知识与技能	教育学、教学法、教育心理学、教育哲学、户外教育理论与实务、中小学德育及实践课程概论等
旅游组织能力	必须具备足以胜任研学活动中"食、住、行、游"等的组织与规划能力	旅游学概论、旅游接待业、研学旅行概论、研学旅行课程实施、研学旅行政策法规、研学旅行实施指导与评价、导游实务等
安全保障能力	必须具备足以胜任研学活动中安全预防与处理的能力	研学旅行安全管理、风险预测、安全事故预防与处理,以及意外处理、医护急救、水上救生、野外求生等技术
环境教育与解说能力	必须具备有关环境资源的知识与解说的能力,并能实践环境教育目标	环境解说概论、解说技巧与实务、口语传播、大众传播、沟通的艺术与技巧、环境教育概论、自然资源管理等

2. 中级研学导师

中级研学导师除了需要具备初级研学导师的所有能力,还必须具备能根据不同对象、不同目的地、不同需求规划与设计研学旅行课程及评价系统的能力。培养中级研学导师在设计与规划课程方面的能力,建议培训这些课程:研学旅行项目开发与运营、研学旅行产品线路设计、研学旅行咨询服务与市场营销、研学旅行课程开发等。中级研学导师也要熟悉旅行社计调的工作,争取做到成本领先与质量控制。研学旅行课程的使用者是中小学生,中级研学导师还必须学习发展心理学、中小学教学活动设计、教育评价学等,以了解中小学生的心理发展,掌握合适的教学活动设计、教学评价方法,具体如表9-5所示。

表 9-5 中级研学导师的培训

能力主题	能力内涵	建议培训的课程及应掌握的技术
研学课程设计与评价	必须具备能根据不同对象、不同目的地、不同需求规划与设计研学旅行课程及评价系统的能力	研学旅行项目开发与运营、研学旅行产品线路设计、研学旅行咨询服务与市场营销、研学旅行课程开发、发展心理学、中小学教学活动设计、教育评价学等

3. 高级研学导师

高级研学导师除需要具备初级、中级研学导师的所有能力,还必须具备独立运营研学项目及妥善管理研学部门的能力。这方面的能力与经营一家中小企业类似,建议培训这些课程:企业运营管理、财务管理学、人力资源管理、质量管理学、消费者行为学、市场营销学、服务营销、组织行为学、领导科学、项目管理等。因研学旅行项目的组织与运营要接触多样的对象,要面对政府部门、学校、教师、家长、学生、研学目的地、旅游服务企业(如交通公司、酒店、餐饮等),需要有良好的沟通与谈判能力,建议培训商务谈判、高等沟通技巧与实务等课程。最后建议高级研学导师学习社会研究方法,用科学的方法来了解研学旅行的社会影响,并从实务工作中发现问题、寻找解决方案,具体如表9-6所示。

表 9-6 高级研学导师的培训

能力主题	能力内涵	建议培训的课程及应掌握的技术
研学项目的运营与管理	必须具备能独立运营研学项目及妥善管理研学部门的能力	企业运营管理、财务管理学、人力资源管理、质量管理学、消费者行为学、市场营销学、服务营销、组织行为学、领导科学、项目管理、商务谈判、高等沟通技巧与实务、社会研究方法等

(二)培训机构

研学导师的培训机构主要有高等学校、研学旅行服务机构、研学旅行基地(营地)、认证的研学旅行培训机构这四类。

1. 高等学校

研学导师是一个综合性的新兴职业,研学导师对中小学生研学实践活动有着引导作用。因对从事该职业的人员要求较高,需要"旅游＋教育"跨学科的复合型人才来执行相关工作。高等学校应承担起培养人才的重任,发展相关学科,可在旅游专业的基础上增加教育相关课程,如教育学、教学法、教育心理学等能够提升教育素养的课程,这样能更好地适应研学市场的要求,培养出专业的研学导师人才。高等学校还可以培训班、座谈会等方式,加强对研学导师的培训,除此之外,高等学校可以与研学旅行服务机构和研学旅行基地(营地)合作,通过校企合作的方式联合培养研学导师人才,让研学导师既具有理论知识的素养,又有实践经验的积累。

高等学校可以成立研学旅行专业。参考《普通高等学校高等职业教育(专科)专业设置管理办法》,教育部已于2019年确定增设了"研学旅行管理与服务"专业,并对此职业所需的主要能力进行了说明。

(1)具备对新知识、新技能的学习能力和创新创业能力。

(2)具备较强的沟通协调、策划组织和语言表达能力。

(3)具备正确运用相关法律法规和规范标准的能力。

(4)具备研学旅行项目开发运营、策划咨询、线路设计、课程开发的能力。

(5)具备研学旅行安全管理、风险防控、系统保障的能力。

(6)具备研学旅行课程实施与指导的能力。

 知识链接 研学旅行管理与服务专业简介[①]

(1)专业代码:640107。

(2)专业名称:研学旅行管理与服务。

(3)基本修业年限:三年。

(4)培养目标:本专业培养德、智、体、美、劳全面发展,具有良好职业道德和人文素养,掌握研学旅行相关政策法规和规范标准,熟悉中小学研学旅行相关教育政策、目标、大纲和方案要求,从事研学旅行项目开发运营、策划咨询、线路设计、课程开发等运营、管理及服务工作的高素质技术技能人才。

(5)就业面向:主要在旅行社、相关旅行景区(点)、文博场馆、公共文化场馆、研学旅行基地(营地)等企事业单位从事研学旅行运营、设计、咨询、营销、方案实施等工作。

(6)核心课程与实习实训。

①核心课程:研学旅行政策法规、研学旅行项目开发与运营、研学旅行产品线

---

① 刘帆.研学旅行管理与服务专业简介[EB/OL].(2019-11-08)[2021-11-05]. https://www.educity.cn/danzhao/124433.html.

路设计、研学旅行咨询服务与市场营销、研学旅行安全管理、研学旅行课程开发、研学旅行实施指导与评价、计调实务、导游实务、中小学德育及实践课程概论。

②实习实训:在校内进行研学旅行产品线路设计、课程开发、实施指导与评价等方面的实训。在校外相关企事业单位从事研学旅行项目开发与运营、咨询服务与市场营销、实施指导与评价、安全管理等方面的实习。

2.研学旅行服务机构

有规模的研学旅行服务机构对研学导师的需求很大,除了从高校征聘专业对口的毕业生或有经验的研学导师外,自行培训研学导师也是有效的办法。由导游培训转化而来,是现有研学导师的主要来源。导游具备较好的旅游组织、协调和应变能力,而且很多研学旅行服务机构是从旅行社转型而来的,机构内部已有丰富的导游人才。但如前文所述,研学导师是"旅游+教育"跨学科的复合型人才,若没有系统的培训制度,很可能造成"只旅不学"或走马观花式的"春秋游"形式。

研学旅行服务机构的培训主要是针对内部的员工。培训的内容应围绕研学导师核心能力的四大主题及19项能力项目。其中,旅游组织能力、安全保障能力通常是导游已具备的能力,但基本教育能力、环境教育与解说能力是导游比较欠缺的能力,所以研学旅行服务机构针对导游的培训应加强这两大方面。研学旅行服务机构也应与高校、中小学校、研学旅行基地(营地)及相关专业团体协同合作,组织完善的培训体系,持续针对研学导师进行培训。

(1)岗前培训,严格设定标准。在实际带领研学旅行课程前,要进行完整的岗前培训,设定严格的标准。培训的重点为研学旅行政策法规的解读、教育理念与方法、研学旅行服务技能、研学旅行课程实施与操作、安全事故预防与处理等。

(2)在职培训,提升研学能力。研学导师在实际带领课程的过程中会出现非常多的问题,尤其是以前较少接触中小学生的研学导师,而且担任研学导师一段时间后,他们也很容易出现职业倦怠。这种情况下,在职培训就显得格外重要,一方面可以解决带领课程的问题或找出解决方案,另一方面培训增加相关知识与技能,可以让研学导师有更多的能量面对未来的工作与挑战。

(3)发展培训,展望未来。发展培训也可称为升级培训。前面提到,研学导师可分成初级研学导师、中级研学导师与高级研学导师。当研学导师已具备初级研学导师的所有能力,便要展开发展培训,向中级研学导师迈进。若已具备中级研学导师的所有能力,则要朝向高级研学导师迈进。这个培训不是一两次就可以完成的,需要一段时间有计划的培训。这个培训对研学导师来说是很大的鼓励,更能使其展望未来,对其职业生涯有较大的激励与支持作用。

3.研学旅行基地(营地)

研学旅行基地(营地)也需要自行培训研学导师。一方面,研学旅行基地(营地)的研学导师最了解自身的环境资源与特色;另一方面,小规模或附近的学校,一般由学校教师直接带领学生开展研学旅行课程。这时就需要研学旅行基地(营地)的研学导师来操作课程。基地(营地)培训研学导师的内容也应围绕研学导师核心能力的四大主题及19项能力项目,培训的途径也是上述三种。但研学旅行基地(营地)通常没有足够合适的人员可培训成研学导师,所以研学旅行基地(营地)应加大与高校、研学旅行服务机构的合作,共同培训研学导师,或者善用大学生实习实践的机会,培训其研学技能。通常,这些人不能独立带领研学课程,但他们可以担任辅导员或助教协助研学课程的准备及实施。

4. 认证的研学旅行培训机构

研学旅行发展至一定的程度就应该推出认证制度,包括研学旅行培训机构、研学旅行基地(营地)、研学导师、研学旅行服务机构等。有良好的认证制度,才能确保研学旅行高质量的发展。有认证的研学旅行培训机构,才能吸引更多人投入研学导师的行列。因为有些人对研学旅行有兴趣、有热情,但因种种原因,不知道或不了解研学旅行相关知识,以至于没有相关学历或经验,不容易进入有规模的研学旅行服务机构或研学旅行基地(营地)。这时候他们就能参加认证的研学旅行培训机构,学习研学导师所需的知识与技能,取得研学导师证后,即可投入研学旅行的工作。

研学旅行培训机构除了可以培训有兴趣者成为研学导师外,也可以协助学校、研学旅行基地(营地)、研学旅行服务机构培训初、中、高级的研学导师。认证的研学导师都有期限的,到期后可以参加研学旅行培训机构重新认证或延期的培训课程。当研学旅行蓬勃发展时,认证研学旅行培训机构的角色就越来越重要。

第二节 研学导师的考核与管理

一、研学导师的考核

研学导师的考核可从评价内容、评价方式、评价要求三方面进行说明。

(一)评价内容

评价内容可参考2019年文旅部人才中心组织有关专家制定的《研学旅行指导师职业能力等级评价标准》(以下简称《评价标准》),主要从职业道德、基础知识两方面进行评价。

1. 职业道德

(1)职业道德基本知识。

认识并理解研学旅行指导师职业道德的基本要素:职业理想、职业责任、职业态度、职业纪律和职业荣誉等。

(2)职业守则。

①爱国守法、恪尽职守。

②为人师表、立德树人。

③关爱学生、保障安全。

④探索实践、开拓创新。

⑤知行合一、共同成长。

2. 基础知识

基础知识包含研学旅行知识和教育教学知识两部分。

(1)研学旅行知识。
①研学旅行相关法律知识。
②研学旅行政策和标准知识。
③安全防范和应急管理知识。
④导游基础和导游业务知识。
(2)教育教学知识。
①学生心理知识。
②班级管理知识。
③教学和课程知识。
④教育法律法规知识。

《评价标准》将研学旅行指导师分为四级,分别对四级、三级、二级、一级的技能要求和相关知识依次递进,高级别涵盖低级别的要求。详细说明如表9-7至表9-10所示。

表9-7 四级研学旅行指导师的技能要求和相关知识要求

职业功能	工作内容	技能要求	相关知识要求
研学教育	1.研学旅行课程准备	(1)能根据研学旅行课程方案,讲述研学目标、研学主题和研学任务。 (2)能做好课程方案相关知识及行程准备工作。 (3)能理解研学旅行手册内容,掌握其使用方法。 (4)能与研学旅行主办方和供应方做好课程衔接和沟通。 (5)能做好课程所需的物料准备、自身的仪容仪表等准备工作	(1)研学旅行课程方案的概念、内涵和内容。 (2)研学旅行课程相关知识。 (3)研学旅行手册内容和使用方法。 (4)研学旅行服务规范中主办方和供应方概念,以及沟通方法。 (5)仪容仪表和物料准备知识
	2.研学旅行课程实施	(1)能根据研学旅行出征仪式和结束仪式程序做好执行工作。 (2)能在旅行途中按照课程计划执行好研学任务。 (3)能在目的地根据课程计划执行研学任务。 (4)能指导学生完成研学成果展示和交流	(1)研学旅行活动流程。 (2)旅行途中的研学内容组织及教学方法。 (3)目的地的课堂概念、内涵、组织及教学方法。 (4)研学旅行分享课程组织和方法
	3.研学旅行课程反馈	(1)能掌握2种及以上的学习评价方法,能对学生进行客观评价。 (2)能对研学目标契合性、行程合理性和课程资源利用有效性等情况进行反馈	(1)研学旅行学生学习评价方法和知识。 (2)研学旅行课程评价方法和知识

续表

职业功能	工作内容	技能要求	相关知识要求
旅行保障	1. 交通服务	（1）能对学生乘坐的交通工具、安全注意事项及文明出行进行说明。 （2）能引导好学生有序集合，按规定出入交通工具。 （3）能引导学生遵守交通规则，保护自己的人身和财物安全。 （4）能处理学生在交通工具上的常见问题	（1）交通工具及其乘坐相关知识。 （2）集体出入交通工具的组织方法。 （3）交通安全及预防相关知识。 （4）学生在交通工具上常见问题的处理方法
	2. 住宿服务	（1）能对学生住宿的场所、文明入住及安全注意事项进行说明。 （2）能合理分配房间，办理好入住手续，做好查房工作。 （3）能带领学生熟悉逃生通道，讲解消防和逃生器材的使用方法。 （4）能及时提醒学生遵守住宿纪律，保护自己的人身和财物安全。 （5）能处理学生在住宿期间的常见问题	（1）营地、饭店安全住宿相关知识。 （2）办理集体入住的方法。 （3）消防和逃生器材的相关知识及使用方法。 （4）集体住宿管理知识。 （5）住宿期间常见问题的处理方法
	3. 用餐服务	（1）能对用餐场所、用餐规定和用餐安全注意事项进行说明。 （2）能及时提醒学生遵守用餐规定，保护自己的人身和财物安全。 （3）能处理学生在用餐期间的常见问题	（1）用餐规定和用餐流程。 （2）集体用餐管理的相关知识和方法。 （3）用餐期间常见问题的处理方法
	4. 生活照料	（1）能发现并照顾身体不适的学生。 （2）能根据学生病情采取相应措施。 （3）能照顾好有特殊情况的学生	（1）生活照料的相关知识。 （2）一般疾病处理的流程和方法。 （3）特殊情况处理方法

续表

职业功能	工作内容	技能要求	相关知识要求
安全防控	1.安全事故预防	(1)能分析研学旅行安全事故发生的原因,并能针对性地讲述安全预防内容。 (2)能编制研学旅行安全书面告知书,并予以解释说明。 (3)能熟知研学旅行安全应急预案,并按照课程设置和研学线路进行模拟安全应急演练	(1)研学旅行安全事故发生的类型及其原因。 (2)旅游安全相关政策及法律法规。 (3)旅游安全应急预案相关知识
	2.安全事故处置	(1)能按照应急预案流程处置旅游安全事故。 (2)能采取相应措施现场处理学生摔伤、割伤、撞伤、烫伤、互伤、走失等多发性事故。 (3)能在安全事故发生后固定和保存证据,协助伤者向保险公司索赔	(1)旅游安全事故应急处理流程。 (2)研学旅行相关安全事故处置和急救处理知识。 (3)保险相关法律知识

表 9-8　三级研学旅行指导师的技能要求和相关知识要求

职业功能	工作内容	技能要求	相关知识要求
研学教育	1.研学旅行课程准备	(1)能参与研学旅行课程方案和研学旅行手册等内容的策划设计,并能提出合理化建议。 (2)能准确讲述研学目标、研学主题和研学任务,能熟练指导学生正确使用研学手册。 (3)能分析研学主办方和供应方的诉求,并能做好有效沟通。 (4)能根据主办方的要求进行行前课程讲授	(1)研学旅行课程方案、研学手册的概念、内涵和设计方法。 (2)研学旅行课程教育教学知识和方法。 (3)研学旅行服务规范中主办方和供应方概念,以及沟通方法。 (4)研学旅行行前课程概念和包含内容

续表

职业功能	工作内容	技 能 要 求	相关知识要求
研学教育	2.研学旅行课程实施	(1)能组织研学旅行出征仪式和结束仪式,并能对仪式程序提出合理化建议。 (2)在旅行途中,能分析把握课程实施的关键点,提出合理化建议,并能组织完成研学任务。 (3)在目的地,能根据课程方案分析把握课程实施的关键点,提出合理化建议,并能组织完成研学任务。 (4)能及时解答学生提出相关问题,能指导学生完成研学成果展示和交流	(1)研学旅行活动流程。 (2)旅行途中的研学内容组织及教学方法。 (3)目的地的课堂概念、内涵、组织及教学方法。 (4)研学旅行分享课程知识和组织方法
	3.研学旅行课程反馈	(1)能掌握3种及以上的研学旅行评价方法,能对学生进行客观评价。 (2)能对研学目标契合性、教学行为和课程资源利用的有效性进行评价,并能提出合理化建议	(1)研学旅行学习评价方法和知识。 (2)研学旅行课程评价方法和知识
旅行保障	1.交通服务	(1)能对学生在乘坐交通工具时,发生的常见安全事故和不文明行为进行案例讲述。 (2)能统一组织好学生有序集合,按规定乘车和下车(船、飞机)。 (3)能引导学生遵守交通规则,能及时保护学生的人身和财物安全。 (4)能按照应急预案处理学生在交通工具上的突发事件	(1)交通工具及其乘坐相关知识。 (2)交通安全及预防相关知识和文明旅游相关知识。 (3)集体出入交通工具知识和组织方法。 (4)交通应急预案及常见交通突发事件处理知识和方法
	2.住宿服务	(1)能对学生在住宿时发生的常见安全事故和不文明行为进行案例讲述。 (2)能带领学生熟悉逃生通道,讲解消防和逃生器材的使用。 (3)能引导学生遵守住宿纪律,能及时保护学生的人身和财物安全。 (4)能按照应急预案处理学生在住宿期间的突发事件	(1)营地、饭店及其文明入住知识。 (2)消防和逃生器材的相关知识。 (3)集体住宿管理知识。 (4)住宿应急预案及住宿突发事件处理知识

续表

职业功能	工作内容	技能要求	相关知识要求
旅行保障	3. 用餐服务	(1)能对学生在用餐时发生的常见安全事故和不文明行为进行案例讲述。 (2)能照顾好有特殊饮食的学生。 (3)能在用餐场所预防和保护学生的人身和财物安全。 (4)能按照应急预案处理学生在用餐时的突发事故	(1)餐厅及其文明用餐、安全用餐相关知识。 (2)用餐特殊情况处理知识。 (3)用餐事故预防和保护知识和方法。 (4)用餐应急预案及用餐突发事故处理知识和方法
旅行保障	4. 生活照料	(1)能提前发现并照顾身体不适的学生。 (2)能及时处理好生病的学生。 (3)能照顾好有特殊情况的学生	(1)生活照料的相关知识。 (2)一般疾病处理的流程和方法。 (3)心理疏导与情感交流的方法
安全防控	1. 安全事故预防	(1)能分析研学旅行安全事故发生的原因,并能针对性地讲述安全预防内容。 (2)能编制研学旅行安全书面告知书,并予以解释说明。 (3)能编制研学旅行安全应急预案,并按照课程设置和研学线路进行模拟安全应急演练	(1)研学旅行安全事故发生的类型及其原因。 (2)旅游安全相关政策及法律法规。 (3)旅游安全应急预案相关知识
安全防控	2. 安全事故处置	(1)能按照应急预案流程处置旅游安全事故。 (2)能采取相应措施现场处理学生摔伤、割伤、撞伤、烫伤、互伤、走失等多发性事故。 (3)能在安全事故发生后固定和保存证据,协助伤者向保险公司索赔	(1)旅游安全事故应急处理流程。 (2)研学旅行相关安全事故处置和急救处理知识。 (3)保险相关法律知识

表 9-9　二级研学旅行指导师的技能要求和相关知识要求

职业功能	工作内容	技　能　要　求	相关知识要求
研学教育	1.研学旅行课程准备	(1)能准确解释研学旅行课程方案,能指导四级、三级研学旅行指导师理解研学目标、研学主题和研学任务。 (2)能准确解释研学旅行手册,能指导四级、三级研学旅行指导师正确运用手册。 (3)能设计研学旅行行前课程,能演示和讲授行前课程	(1)研学旅行课程方案知识和业务指导知识。 (2)研学旅行手册内容和使用方法。 (3)研学旅行前课程知识和授课方法
研学教育	2.研学旅行课程实施	(1)能策划组织和主持研学旅行出征仪式和结束仪式。 (2)能分析研学课程实施的关键点,能进行现场操作指导。 (3)能设计研学成果展示形式,能组织好分享课程	(1)研学旅行活动流程及主持方法。 (2)研学旅行实践活动的教学知识、组织及监控方法。 (3)研学成果设计知识及组织分享课程方法
研学教育	3.研学旅行课程反馈	(1)能对研学旅行整体效果进行综合评价。 (2)能修订和完善研学旅行课程方案	(1)研学旅行评价知识。 (2)研学旅行课程方案编制知识
旅行保障	1.交通服务	(1)能制定学生交通突发事件的应急预案。 (2)能正确处理学生交通途中发生的突发事件	(1)交通安全知识和应急预案编写方法。 (2)交通途中学生突发事故处理知识和方法
旅行保障	2.住宿服务	(1)能制定住宿期间学生突发事故的应急预案。 (2)能正确处理学生住宿期间的突发事件	(1)住宿安全知识和应急预案编写方法。 (2)住宿期间学生突发事件处理知识和方法
旅行保障	3.用餐服务	(1)能制定用餐期间学生突发事件的应急预案。 (2)能正确处理学生用餐期间的突发事件	(1)用餐安全知识和应急预案编写方法。 (2)用餐期间学生突发事件处理知识和方法
旅行保障	4.生活照料	(1)能及时发现、照顾和处理有特殊情况的学生。 (2)能对学生进行心理辅导	(1)生活照料和特殊情况处理的相关知识。 (2)心理辅导知识和方法

续表

职业功能	工作内容	技能要求	相关知识要求
安全防控	1.安全事故预防	(1)能分析研学旅行安全事故发生的原因,并在课程设置中设计针对性的安全预防内容。 (2)能编制研学旅行安全书面告知书,并予以解释说明。 (3)能编制研学旅行安全应急预案,并按照课程设置和研学线路进行模拟安全应急演练	(1)研学旅行安全事故发生的类型及其原因。 (2)旅游安全相关政策及法律法规。 (3)旅游安全应急预案相关知识
	2.安全事故处置	(1)能按照应急预案流程处置旅游安全事故。 (2)能采取相应措施现场处理学生摔伤、割伤、撞伤、烫伤、互伤、走失等多发性事故。 (3)能在安全事故发生后固定和保存证据,协助伤者向保险公司索赔	(1)旅游安全事故应急处理流程。 (2)研学旅行相关安全事故处置和急救处理知识。 (3)保险相关法律知识
课程研发	1.课程设计	(1)能选择适宜的研学主题。 (2)能对课程资源进行评估。 (3)能制定准确的课程目标。 (4)能对行线路进行设计。 (5)能对交通工具进行评估。 (6)能对目的地课程进行评估。 (7)能设计两种及以上的不同类型的研学课程	研学旅行课程设计知识和方法
	2.课程方案编制	(1)能编制2种及以上不同类型的课程方案。 (2)能对课程方案进行评估,并修改完善	研学旅行课程方案编制知识和方法
	3.研学手册编写	(1)能编写研学旅行手册。 (2)能对研学旅行手册进行评估,并修改完善	研学旅行手册编写知识和方法

续表

职业功能	工作内容	技能要求	相关知识要求
培训指导	1. 业务培训	（1）能对四级、三级研学旅行指导师进行培训。 （2）能编制业务培训方案	（1）业务培训知识和培训方法。 （2）业务培训方案编制知识和方法
	2. 操作指导	（1）能对研学旅行指导师操作中的主要疑难问题进行示范、指导。 （2）能制定研学旅行操作手册	（1）业务操作知识和操作方法。 （2）业务操作编写知识和方法

表 9-10　一级研学旅行指导师的技能要求和相关知识要求

职业功能	工作内容	技能要求	相关知识要求
研学教育	1. 研学旅行课程准备	（1）能对行前课程内容和流程进行设计，能对行前课程进行修改和完善，能指导研学旅行指导师执行。 （2）能对研学旅行手册进行设计、修改完善，能指导研学旅行指导师正确运用手册	（1）研学旅行课程设计、培训知识和方法。 （2）研学旅行手册设计知识和培训方法
	2. 研学旅行课程实施	（1）能拟定研学课程实施关键点的控制计划。 （2）能进行研学现场组织、协调和指导	（1）研学旅行课程实施监控知识和方法。 （2）研学旅行实践活动的教学知识、组织及指导方法
	3. 研学旅行课程反馈	（1）能撰写研学旅行课程评价报告。 （2）能撰写研学旅行案例分析报告	（1）研学旅行课程评价知识和撰写方法。 （2）研学旅行案例分析报告编写知识和方法

续表

职业功能	工作内容	技 能 要 求	相关知识要求
旅行保障	1.交通服务	(1)能现场组织、协调、指导交通突发事件的处理。 (2)能撰写研学旅行交通案例分析报告	(1)交通安全知识和突发事故处理方法。 (2)研学旅行交通案例分析报告编写知识和方法
	2.住宿服务	(1)能现场组织、协调、指导住宿突发事件的处理。 (2)能撰写研学旅行住宿案例分析报告	(1)住宿安全知识和突发事故处理方法。 (2)研学旅行住宿案例分析报告编写知识和方法
	3.用餐服务	(1)能现场组织、协调、指导用餐突发事件的处理。 (2)能撰写研学旅行用餐案例分析报告	(1)用餐安全知识和突发事故处理方法。 (2)研学旅行用餐案例分析报告编写知识和方法
	4.心理服务	(1)能对学生进行心理辅导。 (2)能撰写研学旅行学生心理案例分析报告	(1)心理辅导知识和方法。 (2)研学旅行学生心理案例分析报告编写知识和方法
安全防控	1.安全事故预防	(1)能分析研学旅行安全事故发生的原因,并在课程设置中设计针对性的安全预防内容。 (2)能编制研学旅行安全书面告知书,并予以解释说明。 (3)能编制研学旅行安全应急预案,并按照课程设置和研学线路进行模拟安全应急演练	(1)研学旅行安全事故发生的类型及其原因。 (2)旅游安全相关政策及法律法规。 (3)旅游安全应急预案相关知识
	2.安全事故处置	(1)能按照应急预案流程处置旅游安全事故。 (2)能采取相应措施现场处理学生摔伤、割伤、撞伤、烫伤、互伤、走失等多发性事故。 (3)能在安全事故发生后固定和保存证据,协助伤者向保险公司索赔	(1)旅游安全事故应急处理流程。 (2)研学旅行相关安全事故处置和急救处理知识。 (3)保险相关法律知识

续表

职业功能	工作内容	技 能 要 求	相关知识要求
课程研发	1.课程设计及评估指导	(1)能设计3种及以上不同类型的研学课程。 (2)能指导3种及以上不同类型的研学课程研发。 (3)能对不同类型的研学课程进行评估	(1)研学旅行课程设计知识和方法。 (2)研学旅行课程指导教学知识和方法。 (3)研学旅行课程评估知识和方法
	2.课程方案编制及评估指导	(1)能对不同类型的课程方案进行评估。 (2)能指导不同类型的课程方案编写	研学旅行课程方案编制知识和指导方法
	3.研学手册编写及评估指导	(1)能对不同类型的研学手册进行评估。 (2)能指导不同类型的研学手册编写	研学旅行手册编写知识和方法
培训指导	1.业务培训	(1)能制定培训大纲、编制培训教材、编写培训教案。 (2)能制订系统的培训方案,细分课程并能组织实施。 (3)能按标准培训各级研学旅行指导师,能讲解研学旅行的新理念、新知识、新技能	(1)教学法和教案大纲编制方法。 (2)培训方案、课程设置知识和方法。 (3)培训及标准知识,以及研学旅行最新知识和技能
	2.操作指导	(1)能对各级研学旅行指导师的操作进行示范、指导。 (2)能制定完善的操作手册	(1)业务操作知识和操作方法。 (2)业务操作编写知识和方法
管理研究	1.质量管理	(1)能制订研学旅行指导师岗位职责和工作程序。 (2)能制订研学旅行质量控制方案并能组织实施	(1)研学旅行指导师岗位职责和工作程序制订知识和方法。 (2)制订研学旅行质量控制方案知识和组织实施方法
	2.总结研究	(1)能撰写研学旅行经验总结、案例分析等报告。 (2)能撰写研学旅行相关论文和教材	(1)撰写研学旅行分析等报告知识和方法。 (2)撰写研学旅行相关论文和教材的知识和方法

从表9-7至表9-10可以看出,关于研学导师,四级与三级主要评价聚焦在研学教育、旅行保障与安全防控三方面,而二级的评价除了包含这三方面,还增加了课程研发与培训指导的评价。也就是说,二级研学导师除了要有研学教育、旅行保障与安全防控的能力,还需要课程研发与培训指导的技能。一级研学导师的评价更增加了管理研究的评价,也就是说,一级研学导师除了要有以上五方面技能,还需要有质量管理与总结研究的能力。

(二)评价方式

研学导师的评价应采取多元的方式。除了采用笔试、口试方式外,还建议设计研学导师带团意见征询表发给学校教师、学生或研学旅行基地(营地)工作人员填写,从这些人员填写的意见征询表能侧面了解研学导师的真实服务质量。也可以采用研学导师的每周工作记录作为评价的依据。针对研学导师的评价不应只是打分,而应将评价结果作为提升和培训的重要参考数据。

(三)评价要求

研学导师所在企业或机构要建立研学导师个人档案,对研学导师的实际工作量、外部评价、事故记录、培训、表扬、投诉和奖惩等进行完整记录和客观评价。可制定评价等级标准,量化指标体系,实行分等级评定和管理;最重要的是建立研学导师奖惩制度,以评价数据为依据,对优秀者给予奖励,对不合格者应予以观察或处罚。唯有做到评价透明、公平、公正,奖罚分明,才能真正达到评价的激励效应,营造积极向上、有活力的团队氛围。

二、研学导师的管理

研学旅行中,研学导师的角色至关重要,研学导师的素养直接关系着研学旅行的质量与未来的发展。因此,加强研学导师的有效管理尤为必要。针对研学导师的有效管理应从提高入职门槛、保障福利待遇、增强能力培训、持续科学评价四方面着手。

(一)提高入职门槛

研学导师是"教师+导游"的复合型人才。2020年统计资料显示,我国有约70万名导游,但导游的入职门槛不高,以致服务质量低下,其社会地位偏低。因此,研学导师要避免重走导游的老路,首先要提高入职门槛,提高学历要求,如至少为本科学历。除了学历要求外,研学导师还需要一定的心智技能,如善解人意、擅长沟通交流、爱好学习,能力方面则侧重管理、组织、协调及应变调整等。只有提高其入职门槛,让知识水平较高且整体素质和能力较佳的人才进入,才能确保研学旅行高质量的发展。

(二)保障福利待遇

由于我国旅游市场中导游生存环境不大理想,一些导游的劳动报酬得不到保障。绝大部分导游不是旅行社的正式员工,没有工资的基本保障,没有劳动的合理报酬,因此降低了旅游的服务质量,造成游客不满,也严重破坏了其职业形象,影响旅游业的整体发展。研学导师的管理一定要避免这些问题。特别是研学旅行的主管单位(教育部、文旅部)未来要共同制定研学旅行的管理办法,不仅要有研学导师的分级制度,而且要有研学旅行服务机构的分级制度。其中,不同等级的研学旅行服务机构要有合理比例的专职研学导师,如此,研学导师才能成为研学旅行服务机构的正式员工,并受劳动法的保护,有合理的工作与休息时间,能参与社会保险与劳动保险等,其基本的福利待遇得到保障。

(三)增强能力培训

现今许多导游的培训工作流于形式,效果并不理想。缩小导游素质需求与现实之间的差距,仅靠导游的自身努力是远远不够的。研学导师需要的能力更多元、要求更高,所以研学导师的培训也就更重要。前面已说明研学导师的培训应包含岗前培训、在职培训、发展培训。有关培训的内容,根据初、中、高级不同的需求,培训的内容必须有所不同。同时,不仅要有相关知识的培训,更应加强能力的培训。建议采用多元的培训方式,可根据培训内容,选用启发式、研讨式、活动式培训,充分运用案例分析、角色扮演、自我指导学习、行动学习、拓展训练等多种新颖的方式和方法。

(四)持续科学评价

现今导游的评价是年审制,以笔试为主,但笔试常常无法反映导游的整体实力。年审的评价也常流于形式和走过场。建议研学导师的评价采取一年多次且多元的评价方式。建立明确的评价和遴选标准与程序,保障研学导师的素质。同时建立科学、合理、可操作的考评标准,定期评价研学导师的岗位责任心、行为规范和指导水平。除了由研学旅行服务机构领导针对研学导师进行评价外,还可以收集研学导师自评、学校教师和学生对其的评价。这些评价结果除了用于计算研学导师的薪酬与奖励外,更应根据研学导师的缺点和不足,重新设计或调整培训的方向与内容。

本章小结

(1)研学导师的特征是集教师、导游、安全员、辅导员于一身,是具备多种能力素质的综合性专业人才。

(2)研学导师需具备基本教育能力、旅游组织能力、安全保障能力、环境教育与解说能力这四大能力。

(3)初级研学导师需具备以上四大能力。中级研学导师除了需要具备初级研学导师的所有能力,还需要能设计研学旅行课程与规划评价系统的能力。高级研学导师除了需要具备初级、中级研学导师的所有能力,还需要具备独立运营研学旅行项目及妥善管理研学旅行部门的能力。

(4)研学导师的培训机构主要有高等学校、研学旅行服务机构、研学旅行基地(营地)、认证的研学旅行培训机构四类。

(5)根据2019年文化和旅游部人才中心制定的《研学旅行指导师职业能力等级评价标准》,将研学导师分为四级。最高级别研学导师,即一级研学导师需具备研学教育、旅行保障、安全防控、课程研发、培训指导与管理研究六方面的能力。

核心关键词

研学旅行指导师特征(Characteristics of Study Travel Tutor)
初级研学旅行指导师(Junior Study Travel Tutor)
中级研学旅行指导师(Intermediate Study Travel Tutor)
高级研学旅行指导师(Senior Study Travel Course)
培训机构(Training Agency)

做优秀的研学导师①

研学旅行作为一种复杂的学习行为,需要导师的引导。研学导师的角色和职能,显然有别于景区导游、讲解员。研学导师的"导",是指导、引导、教导、传导。

如何成为一位优秀的研学导师呢?要掌握以下几点内容。

(1)要有爱,没有爱就没有教育。

研学导师要爱自己的工作,研学导师对研学项目的热爱之情,可以深深地感染、激励学生。

(2)要有开发能力,跨学科整合。

要有开发课程的能力,遵循教育性、趣味性、可操作性原则设计研学实践课程。研学旅行是课堂学习的延伸,是理论学习的再现。研学导师要具有跨学科知识整合能力。

(3)要准确定位,主体是学生。

研学旅行的主体是学生而非导师。要启发、引导学生,让学生进行小组讨论,提高其参与度,增强体验感,激发他们探索、研究的欲望,这样学生才会有成就感。

思考:

1.成为一位优秀的研学导师,除了做到以上三点,还要掌握什么能力?
2.研学导师要爱自己的工作,如何将这种爱扩散出去?

---

① 河南省实验教育集团.做"五项全能"的研学导师[N].中国教师报:研学旅行专刊,2021-08-25(012),https://www.sohu.com/a/485783757_243614.

第十章

研学旅行服务机构的角色与评价

1. 了解研学旅行服务机构的角色与策略。
2. 了解《研学旅行服务规范》对供应方的规范。
3. 学习如何对研学旅行服务机构进行评价。

1. 研学旅行服务机构具有哪些重要的角色?
2. 研学旅行服务机构应有哪些积极的策略?
3. 研学旅行服务机构外部评价及内部评价的侧重点有何不同?

第一节 研学旅行服务机构的角色与策略

研学旅行相关政策发布后,部分旅行社抓住政策红利,快速推进研学旅行相关举措,这一过程中,出现一些突出的问题,例如,将研学旅行混同于旅游、用行程替代课程、将导游等同于研学导师等,使研学旅行出现了形式化、碎片化、肤浅化的倾向。要使研学旅行健康发展,研学旅行服务机构的专业化十分重要。以下分别说明研学旅行服务机构的角色与策略。

一、研学旅行服务机构的角色

研学旅行服务机构在研学旅行推动中有以下四种角色:串连各要素的中介角色、教育的角色、旅游的角色、安全的角色,如图10-1所示。

图 10-1 研学旅行服务机构的角色

（一）串连各要素的中介角色

研学旅行服务机构是研学旅行的要素之一，更是串连学生、学校及教师、研学旅行课程、研学旅行基地（营地）、研学导师与教育部门的中介角色。首先，研学旅行服务机构要遵循教育部门及相关部门研学旅行的政策及法规；其次，研学旅行服务机构要设计合适的研学旅行课程或实施学校、基地（营地）开发的课程来满足学生、学校及教师的需求；再次，研学旅行服务机构要培训优秀的研学导师；最后，研学旅行服务机构要熟悉并掌握研学旅行基地（营地）的资源特色。所以，研学旅行服务机构在研学旅行活动的实施中有重要且具有枢纽作用的角色。

（二）教育的角色

研学旅行服务机构大多数是由旅行社转型而来。而研学旅行和传统旅游最大的不同是，研学旅行以学生教育为目标，有明确的教育目标和清晰的教育主题，旅行产品需要基于中小学生认知特点和心理特点来设计，重在培养学生发现问题、分析问题、解决问题的能力及批判性和创造性思维；传统旅游以旅游者心情愉悦为目标，突出休闲的特点，是一种消费、服务型的活动。研学旅行服务机构要紧抓教育的原则来设计与执行研学旅行的课程，发挥教育的重要角色。

（三）旅游的角色

研学旅行和传统旅游都属于参与者离开惯常环境前往异地的活动，二者都具备异地性活动的特点，进而产生"食、宿、行、游"等物质需求和求新求异的心理需求。研学旅行服务机构要扮演组织旅游的角色，如开展线路设计、交通及食宿安排等工作。因研学旅行的参与者大多是中小学生，所以必须根据中小学生的生理、心理发展来安排旅游活动。研学旅行服务机构如果是由旅行社转型而来，应充分发挥旅行社在线路设计、食宿安排、交通安排等方面的优势。

（四）安全的角色

中小学生研学旅行要注重安全保障，研学旅行要坚持安全第一的原则。研学旅行服务机构要建立安全保障机制,明确安全保障责任,落实安全保障措施,这是《意见》中提出的明确要求。要制定科学有效的研学旅行安全保障方案,建立行之有效的安全责任、事故处理、责任界定及纠纷处理机制,做到层层落实,责任到人。另外,针对学生要制定安全手册,对研学旅行线路中可能发生的安全事件、天气与交通、食品卫生、疾病预防、保险保障等都要做详细说明,提前做好突发事故的应急预案。学生研学旅行一定要购买保险,避免让学校承担无限的责任。

二、研学旅行服务机构的策略

研学旅行服务机构要扮演好以上四种角色,应有下列三项积极的策略:开发高质量的研学旅行课程、打造专业化的研学导师队伍、建立完善的研学旅行安全机制。

(一)开发高质量的研学旅行课程

研学旅行课程不是面向大众需求设计的旅游线路,而是基于学校需求和学生认知及心理特点定制的课程活动,包括设计主题、甄选教育资源、设定教育目标、规划探究活动,既要满足课程的基本元素,即课程目标、课程资源、课程组织、课程评价,又要体现课程设计的原则,即教育性、实践性、整合性、专业性。为此,研学旅行服务机构需要成立专门的研学旅行部门,打造专业的课程研发团队,运用多元智能、建构主义等教育理论完成研学旅行课程的总体设计。同时,研学旅行服务机构要甄选有教育价值的旅游资源并深度开发。总之,研学旅行不能沿用旅行社传统业务中设计旅游路线的做法,而是要结合教育主题去深度挖掘资源的教育价值,通过严格筛选旅游资源确保达成所设定的教育目标。

(二)打造专业化的研学导师队伍

研学导师是具备多种能力素质的综合性专业人才。《研学旅行服务规范》明确规定,研学导师是"在研学旅行过程中,具体制定或实施研学旅行教育方案,指导学生开展各类体验活动的专业人员"。研学导师负责制定研学旅行教育工作计划,在带队教师、导游等工作人员的配合下提供研学旅行教育服务。由此可知,研学导师在研学旅行课程实践中是重要的灵魂人物。所以,研学旅行服务机构要扮演好教育的角色,必须打造专业化的研学导师队伍。至于如何拥有专业化的研学导师,还须对研学导师进行持续的、有系统的培训及科学化的考核与管理等。

(三)建立完善的研学旅行安全机制

研学旅行要坚持安全第一的原则,建立安全保障机制,明确安全保障责任,落实安全保障措施,确保学生安全。作为承办方的研学旅行服务机构,必须将学生的安全放在首位,建立完善的研学旅行安全机制。

1. 设立安全管理部门

可以在研学旅行服务机构内部成立研学旅行的安全管理部门,或由专人负责安全管理工作。建立安全管理制度,明确安全管理人员及其工作职责与内容。

2. 制定安全应急预案

研学旅行的服务机构应制定研学旅行安全和应急预案,真正做到"应急有预案"。研学旅行安全应急预案应考虑研学旅行过程中的各个环节,包括:人员走失情况、财物丢失情况

的处理,食物中毒的预防及应急处理,突发疾病的应急处理,交通事故、治安事故的预防及处理,设施设备突发故障的应急处理,突发自然灾害的应急处理等。在完善应急预案的同时需要制定操作手册,并定期组织员工演练,不仅将安全意识深植于所有工作人员心中,还要增强研学服务团队的安全应急能力。

3. 审核相关企业资质

研学旅行服务涉及餐饮、住宿、交通、游乐场所、研学旅行基地(营地)、旅游景区等各方面,研学旅行服务机构在开展研学旅行时,一定要严格审核相关企业和组织的资质,提前进行实地考察,选择有信誉、有保障、资质完备的企业与组织合作,以确保研学旅行中学生的安全。在与相关企业组织签订合同时,应针对研学旅行团队的特征,明确罗列涉及安全的条款。

4. 充分宣传形成合力

首先,研学旅行服务机构可与学校共同商议安全管理流程与方案。其次,研学导师或安全员在研学旅行活动开始之前,应到学校进行安全知识宣讲,从而提高教师的安全意识和责任意识,让学生接受研学旅行的安全教育,知晓旅行过程中的交通安全、饮食安全、财产安全等方面的注意事项,始终牢记安全第一。最后,保证家长的选择权和知情权,发放告家长说明书明确安全注意事项,通过微信群、App、公众号等保持与家长的即时沟通。

5. 购买保险并配置安全员

研学旅行的承办方要为学生购买合适的旅游意外险。要配备足够的安全员,安全员要在研学旅行过程中随团开展安全教育和防控工作。

第二节 研学旅行服务机构的要求与评价

一、研学旅行服务机构的要求

《研学旅行服务规范》(LB/T 054—2016)中,对研学旅行承办方在基本要求、人员配置、研学旅行产品、服务项目及安全管理等几大方面进行了详细规定。承办方是指与研学旅行活动主办方签订合同,提供教育旅游服务的旅行社,也就是本书所说的研学旅行服务机构。

(一)基本要求

(1)应为依法注册的旅行社。

(2)符合《旅行社国内旅游服务规范》(LB/T 004)和《旅行社服务通则》(GB/T 31385—2015)的要求,宜具有 AA 及以上等级,并符合《旅行社等级的划分与评定》(GB/T 31380)的要求。

(3)连续三年内无重大质量投诉、不良诚信记录、经济纠纷及重大安全责任事故。

(4)应设立研学旅行的部门或专职人员,宜有承接 100 人以上中小学生旅游团队的经验。

(5)应与供应方签订旅游服务合同,按照合同约定履行义务。

(二)人员配置

(1)应为研学旅行活动配置一名项目组长,项目组长全程随团活动,负责统筹协调研学旅行各项工作。

(2)应至少为每个研学旅行团队配置一名安全员,安全员在研学旅行过程中随团开展安全教育和防控工作。

(3)应至少为每个研学旅行团队配置一名研学导师,研学导师负责制定研学旅行教育工作计划,在带队教师、导游等工作人员的配合下提供研学旅行教育服务。

(4)应至少为每个研学旅行团队配置一名导游人员,导游人员负责提供导游服务,并配合相关工作人员提供研学旅行教育服务和生活保障服务。

(三)研学旅行产品

1. 产品设计

承办方应根据主办方需求,针对不同学段特点和教育目标,设计研学旅行产品。

(1)承办方应根据主办方需求,针对不同学段特点和教育目标,设计研学旅行产品。

(2)小学一至三年级参与研学旅行时,宜设计以知识科普型和文化康乐型资源为主的产品,并以乡土乡情研学为主。

(3)小学四至六年级参与研学旅行时,宜设计以知识科普型、自然观赏型和励志拓展型资源为主的产品,并以县情市情研学为主。

(4)初中年级参与研学旅行时,宜设计以知识科普型、体验考察型和励志拓展型资源为主的产品,并以县情市情省情研学为主。

(5)高中年级参与研学旅行时,宜设计以体验考察型和励志拓展型资源为主的产品,并以省情国情研学为主。

2. 产品说明书

研学旅行服务机构应制作并提供研学旅行产品说明书,产品说明书除应符合《中华人民共和国旅游法》和《旅行社服务通则》中有关规定外,还应包括以下内容。

(1)研学旅行安全防控措施。

(2)研学旅行教育服务项目及评价方法。

(3)未成年人监护办法。

(四)研学旅行服务项目

1. 教育服务

(1)教育服务计划。承办方和主办方应围绕学校相关教育目标,共同制定研学旅行教育服务计划,明确教育活动目标和内容,针对不同学龄段学生提出相应学时要求,其中每天体验教育课程项目或活动时间应不少于45分钟。

(2)教育服务流程。教育服务流程宜包括如下内容。

①在出行前,指导学生做好准备工作,如阅读相关书籍、查阅相关资料、制定学习计划等。

②在旅行过程中,组织学生参与教育活动项目,指导学生撰写研学日记或调查报告。

③在旅行结束后,组织学生分享心得体会,如组织征文展示、分享交流会等。

(3)教育服务设施及教材。教育服务设施及教材要求如下。

①应设计不同学龄段学生使用的研学旅行教材,如研学旅行知识读本。

②应根据研学旅行教育服务计划,配备相应的辅助设施,如电脑、多媒体、各类体验教育设施或教具等。

(4)研学旅行教育服务应由研学导师主导实施,由导游员和带队老师等共同配合完成。

(5)应建立教育服务评价机制,对教育服务效果进行评价,持续改进教育服务。

2. 交通服务

(1)应按照以下要求选择交通方式。

①单次路程在400千米以上的,不宜选择汽车,应优先选择铁路、航空等交通方式。

②选择水运交通方式的,水运交通工具应符合《水路客运服务质量要求》(GB/T 16890)的要求,不宜选择木船、划艇、快艇。

③选择汽车客运交通方式的,行驶道路不宜低于省级公路等级,驾驶人连续驾车不得超过2小时,停车休息时间不得少于20分钟。

(2)应提前告知学生及家长相关交通信息,以便其掌握乘坐交通工具的类型、时间、地点及需准备的有关证件。

(3)宜提前与相应交通部门取得工作联系,组织绿色通道或开辟专门的候乘区域。

(4)应加强交通服务环节的安全防范,向学生宣讲交通安全知识和紧急疏散要求,组织学生安全有序乘坐交通工具。

(5)应在承运全程随机开展安全巡查工作,并在学生上、下交通工具时清点人数,防范出现滞留或走失。

(6)遭遇恶劣天气时,应认真分析安全风险,及时调整研学旅行行程和交通方式。

3. 住宿服务

(1)应以安全、卫生和舒适为基本要求,提前对住宿营地进行实地考察,主要要求如下。

①应便于集中管理。

②应方便承运汽车安全进出、停靠。

③应有健全的公共信息导向标识,并符合《标志用公共信息图形符号》(GB/T 10001)的要求。

④应有安全逃生通道。

(2)应提前将住宿营地相关信息告知学生和家长,以便做好相关准备工作。

(3)应详细告知学生入住注意事项,宣讲住宿安全知识,带领学生熟悉逃生通道。

(4)应在学生入住后及时进行首次查房,帮助学生熟悉房间设施,解决相关问题。

(5)宜安排男、女学生分区(片)住宿,女生片区管理员应为女性。

(6)应制定住宿安全管理制度,开展巡查、夜查工作。

(7)选择在露营地住宿时还应达到以下要求。

①露营地应符合《休闲露营地建设与服务规范》(GB/T 31710)的要求。

②应在实地考察的基础上,对露营地进行安全评估,并充分评价露营接待条件、周边环境和可能发生的自然灾害对学生造成的影响。

③应制定露营安全防控专项措施,加强值班、巡查和夜查工作。

4. 餐饮服务

(1)应以食品卫生安全为前提,选择餐饮服务提供方。

(2)应提前制定就餐座次表,组织学生有序进餐。

(3)应督促餐饮服务提供方按照有关规定,做好食品留样工作。

(4)应在学生用餐时做好巡查工作,确保餐饮服务质量。

5. 导游讲解服务

(1)导游讲解服务应符合《导游服务规范》(GB/T 15971)的要求。

(2)应将安全知识、文明礼仪作为导游讲解服务的重要内容,随时提醒引导学生安全旅游、文明旅游。

(3)应结合教育服务要求,提供有针对性、互动性、趣味性、启发性和引导性的讲解服务。

6. 医疗及救助服务

(1)应提前调研和掌握研学营地周边的医疗及救助资源状况。

(2)学生生病或受伤,应及时送往医院或急救中心治疗,妥善保管就诊医疗记录。返程后,应将就诊医疗记录复印并转交家长或带队老师。

(3)宜聘请具有职业资格的医护人员随团提供医疗及救助服务。

(五)安全管理

1. 安全管理制度

主办方、承办方及供应方应针对研学旅行活动,分别制定安全管理制度,构建完善有效的安全防控机制。研学旅行安全管理制度体系包括但不限于以下内容。

(1)研学旅行安全管理工作方案。

(2)研学旅行应急预案及操作手册。

(3)研学旅行产品安全评估制度。

(4)研学旅行安全教育培训制度。

2. 安全管理人员

承办方和主办方应根据各项安全管理制度的要求,明确安全管理责任人员及其工作职责,在研学旅行活动过程中安排安全管理人员随团开展安全管理工作。

3. 安全教育

(1)工作人员安全教育。

应制定安全教育和安全培训专项工作计划,定期对参与研学旅行活动的工作人员进行培训。培训内容包括:安全管理工作制度、工作职责与要求、应急处置规范与流程等。

(2)学生安全教育。

学生安全教育要求如下。

①应对参加研学旅行活动的学生进行多种形式的安全教育。

②应提供安全防控教育知识读本。

③应召开行前说明会,对学生进行行前安全教育。

④应在研学旅行过程中对学生进行安全知识教育,根据行程安排及具体情况及时进行安全提示与警示,强化学生安全防范意识。

4. 应急预案

主办方、承办方及供应方应制定和完善包括：地震、火灾、食品卫生、治安事件、设施设备突发故障等在内的各项突发事件应急预案，并定期组织演练。

（六）服务改进

承办方应对各方面反馈的质量信息及时进行汇总分析，明确产品中的主要缺陷，找准发生质量问题的具体原因，通过健全制度、加强培训、调整供应方、优化产品设计、完善服务要素和运行环节等措施，持续改进研学旅行服务质量。

（七）投诉处理

(1)承办方应建立投诉处理制度，并确定专职人员处理相关事宜。

(2)承办方应公布投诉电话、投诉处理程序和时限等信息。

(3)承办方应及时建立投诉信息档案和回访制度。

《研学旅行服务规范》中对承办方（研学旅行服务机构）的规范从基本要求、人员配置、研学旅行产品、研学旅行服务项目（包含教育服务、交通服务、住宿服务、餐饮服务、导游讲解服务、医疗及救助服务）、安全管理、服务改进、投诉处理等都有详细的规范与要求。由此可见，研学旅行服务机构在研学旅行实施上有十分重要的功能与责任。若研学旅行服务机构不能达到这些要求，很可能无法达成研学旅行所设定的目标，甚至有安全上的隐患与担忧。

二、研学旅行服务机构的评价

针对研学旅行服务机构的评价可分为外部评价和内部评价两种。外部评价包含教育或文旅部门依据研学旅行相关规范对研学旅行服务机构进行评审与稽查，以及学校、教师、学生对研学旅行课程、研学导师进行评价。内部评价是指研学旅行服务机构根据研学旅行相关规范自行评价，以及服务机构对内部研学导师进行评价。

（一）外部评价

1. 依《研学旅行服务规范》评价

(1)是否满足研学服务资质。

应是在中华人民共和国内依法注册的旅行社或旅行服务机构，近三年内无较大数额罚款的旅游行政处罚，无不良诚信记录，无重大安全责任事故，有效投诉率不超过当年组织和接待人次的万分之二。研学旅行服务流程符合《旅行社国内旅游服务规范》(LB/T 004—2013)、《旅行社服务通则》(GB/T 31385—2015)和《研学旅行服务规范》(LB/T 054—2016)的要求。

(2)人力配置是否满足要求。

应有专业的研学旅行部门，有专门人员从事研学旅行工作，建立和培养专业的研学导师队伍，有专职培训教师、场地、教材和经费保障，应与参与研学旅行服务的员工签订劳动合同并缴纳社会保险。有承接100人以上中小学生旅游团队的经验。

(3)是否具备研学线路研发能力。

研学旅行服务机构应具备研学课程线路研发的能力，能配合学校，依托研学旅行基地，开发设计出可以满足校方需求的研学旅行路线，形成科普教育、历史文化、地方文化、国防教育、红色革命遗迹、农耕体验等特色鲜明的研学旅行精品路线。

(4)研学服务是否依照规范。

研学旅行服务机构与委托学校制定研学旅行方案,签订研学接待服务合同,其内容必须满足国家和地方研学服务规范的相关规定,并严格履行合同约定的内容。主要从安全保障、价格优惠、人员配备、交通服务、住宿服务、餐饮服务、课程项目服务等方面对研学旅行服务机构的服务进行评价考核。

(5)安全保障服务是否到位。

研学服务机构要重点强化研学旅行安全管理,严格选购经相关部门认可的交通、餐饮和住宿等服务产品。研学服务机构从业人员(含研学导师)上岗前应进行安全风险防范及应急救助技能培训。研学服务机构应对学生进行风险提示,开展安全培训。研学服务机构应有应急处理预案和启动机制,遇到紧急情况,能随时启动,快速反应。研学服务机构应购买文化和旅游部与中国保监会共同推广的统保示范项目的旅行社责任险,履行提示参加研学旅行的师生购买人身意外伤害保险的责任。

(6)是否履行价格优惠政策。

依据国家研学旅行服务的公益性原则,研学服务机构应制定相对低廉的研学旅行服务收费标准,积极协调风景名胜区、自然保护区、文物保护单位等研学旅行目的地,商定统一的中小学生研学旅行的优惠价格,优惠价格原则上不得高于旅游团队和学生票的价格。

(7)接待服务是否符合规范。

根据国家和行业相关研学旅行服务规定要求,要考核研学旅行服务机构是否为研学旅行活动团队至少配置一名项目组长、安全员、研学导师、导游员;是否选择了合适的交通方式,400千米以上的单次路程是否优先选择铁路或航空,司机驾驶路线选择是否优先选择省级以上道路,连续驾车超过2小时是否休息了20分钟以上,学生转移途中安全防范工作是否到位等;对住宿条件是否提前实地考察,是否满足安全、卫生和舒适基本要求,是否方便集中管理,是否方便集体交通工具进出,安排住宿是否注意男女生分区,是否充分考虑学生入住安全和告知注意事项,是否做好入住安全维护工作等;餐饮服务是否做到食品卫生安全,是否做到引导学生有序就餐,是否有效督促餐厅保证餐饮质量及做好食品留样等。

(8)课程项目服务是否达到预期。

课程项目是研学旅行的核心内容,对于导游服务来说,主要考核其讲解服务是否符合研学对象需求,是否与研学项目课程有机结合,是否引导了学生安全旅游和文明旅游;对于研学导师主要考核其是否有序组织完成研学课程项目,是否有效引导学生开展活动,是否实时指导学生深入思考和探究,是否及时适当点评和小结,是否认真批阅研学手册并给予学生相对客观的评价等。

(9)是否做好了监督和配合工作。

包括在课程实施前、实施中、实施后是否与校方进行了有效沟通和配合,是否及时处理校方提出的要求和遇到的问题,是否履行了对研学基地(营地)、餐厅、住宿等服务提供单位的协调和监督职责,是否有效保障了服务质量等。

(10)是否有完善的安全管理制度与安全教育。

针对研学旅行活动,制定安全管理制度,构建完善有效的安全防控机制,包括:研学旅行安全管理工作方案;研学旅行应急预案及操作手册;研学旅行产品安全评估制度;研学旅行安全教育培训制度。

是否明确安全管理责任人员及其工作职责,在研学旅行活动过程中安排安全管理人员随团开展安全管理工作。

是否制定安全教育和安全培训专项工作计划,定期对参与研学旅行活动的工作人员进行培训。培训内容包括:安全管理工作制度、工作职责与要求、应急处置规范与流程等。

是否对学生进行安全教育,包含:参加研学旅行活动的学生进行多种形式的安全教育;提供安全防控教育知识读本;召开行前说明会,对学生进行行前安全教育;在研学旅行过程中对学生进行安全知识教育,根据行程安排及具体情况及时进行安全提示与警示,强化学生安全防范意识。

(11)是否建立应急预案、服务改进和投诉处理措施。

是否制定和完善包括地震、火灾、食品卫生、治安事件、设施设备突发故障等在内的各项突发事件的应急预案,并定期组织演练。

是否针对各方面反馈的质量信息及时进行汇总分析,明确产品中的主要缺陷,找准发生质量问题的具体原因,通过健全制度、加强培训、调整供应方、优化产品设计、完善服务要素和运行环节等措施,持续改进研学旅行服务质量。

是否建立投诉处理制度,并确定专职人员处理相关事宜。

2.收集学校及教师的评价意见

(1)产品设计是否符合学校、教师的需求。

研学产品是否根据不同学段特点和教育目标设计研学旅行课程及产品。设计小学一至三年级研学课程,宜设计以知识科普型和文化康乐型为主的产品,并以乡土乡情研学为主;小学四至六年级研学课程,宜设计以知识科普型、自然观赏型和励志拓展型为主的产品,并以县情市情研学为主;初中年级的研学课程,宜设计以知识科普型、体验考察型和励志拓展型为主的产品,并以县情市情省情研学为主。

教育服务是否围绕学校相关教育目标。应与学校共同制定研学旅行教育服务计划,明确教育活动目标和内容,针对不同学龄段学生设计合宜的学时。

教育服务流程是否合适,包括:①在出行前,是否能指导学生做好准备工作,如阅读相关书籍、查阅相关资料、制定学习计划等;②在旅行过程中,是否组织学生参与教育活动项目,指导学生撰写研学日记或调查报告;③在旅行结束后,是否组织学生分享心得体会,如组织征文展示、分享交流会等。

是否设计不同学龄段学生使用的研学旅行教材,包括是否根据研学旅行教育服务计划,配备相应的辅助设施,如电脑、多媒体、各类体验教育设施或教具等。要建立教育服务评价机制,对教育服务效果进行评价,持续改进教育服务。

(2)安全管理制度是否完善。

是否与学校及供应方针对研学旅行活动分别制定安全管理制度,构建完善有效的安全防控机制。

是否根据各项安全管理制度的要求,明确安全管理责任人员及其工作职责,在研学旅行活动过程中安排安全管理人员随团开展安全管理工作。

是否制定安全教育和安全培训专项工作计划。

是否对学生进行安全教育,根据行程安排、具体情况及时进行安全提示与警示,强化学生安全防范意识。

3. 收集学生的评价意见

学生是研学旅行的主体,也是研学旅行中第一核心要素。收集学生的意见,可以了解学生的学习成效,并由学习成效评价课程与服务机构。如何收集学生的评价意见,可参照前文,针对学生的评价无论在对象、方式还是在工具及内容上最好都采用多元的方式。

知识链接 国宝金丝猴中学研学课程(基地版)[①]

研学旅行现今归属于综合实践活动课程,强调的是培养学生综合能力与素质,所以评价学生研学旅行的成果,应该评价其综合的知识与能力。以笔者与神农架国家公园共同设计的国宝金丝猴中学研学课程(基地版)为例,针对学生的自评表,评价内容不只包含知识与情感的素养,而且包含自我管理、实践活动与协作精神等能力。可从不同方向了解学生的学习成果,详情如表10-1所示。

表10-1 国宝金丝猴研学课程后学生自我评价

一级指标	二级指标	评价内容	等级
自我管理	文明素养	爱护花草树木,不乱采乱摘	
		使用文明用语,不大声喧哗	
		仔细观察,不做危害金丝猴的行为	
		边走边学,不推不挤,不妨碍他人	
	遵规守序	遵纪守法,安全意识强	
		不随意离队,服从带队管理	
		遵守时间节点,不影响活动流程	
	生活能力	注意饮食健康,不乱吃零食	
		生活有序,不丢三落四	
知识素养	基础知识	能识别金丝猴,并说出金丝猴主要的外貌特征	
	能力提升	认识金丝猴的行为特征、生活习惯、社会结构	
情感素养	思想意识	认识金丝猴与人类的关系,形成尊重、爱护金丝猴的观念和态度	
	行为实践	愿意为保护金丝猴做出行动	

---

① 杨敬元,潘淑兰. 国宝金丝猴中学研学旅行手册[M]. 武汉:华中科技大学出版社,2021.

续表

一级指标	二级指标	评价内容	等级
实践活动	实践能力	能够依据活动主题，自主选择恰当的活动方式开展活动	
		能够在自主探究的学习中，运用所学知识解决实际问题	
		参与活动踊跃，敢于尝试，乐于发表自己独到的见解	
	参与意识	不怕困难、思维灵活，恰当选择解决问题的方法	
		及时完成活动，积极参与交流分享	
协作精神	合作精神	小组成员团结协作，合理分工、乐于分享	
		认真倾听其他小伙伴的观点和意见	
	合作态度	关心同学，相互尊重，发挥优势，取长补短	
		主动承担组内工作，不推诿，有责任意识	

（二）内部评价

1. 依《研学旅行服务规范》自行评价

研学旅行服务机构根据《研学旅行服务规范》中，是否满足研学服务资质、人力配置是否满足要求、是否具备研学线路研发能力、研学服务是否依照规范、安全保障服务是否到位、是否履行价格优惠政策、接待服务是否符合规范、课程项目服务是否达到预期、是否做好了监督和配合工作、是否有完善的安全管理制度与安全教育，以及是否建立应急预案、服务改进和投诉处理措施11项，在外部评价之前，自行进行内部评价。

2. 对内部研学导师进行评价

研学导师是第一线接触学生或学校教师的人员，在研学过程中扮演着举足轻重的角色，研学导师的服务质量也代表着研学旅行服务机构的服务品质，因此研学服务机构要十分重视对研学导师的评价。针对研学导师的评价，请参考第九章第二节"研学导师的考核与管理"。评价的结果不只呈现研学导师的素质，更应从评价结果发现研学导师的不足，以此调整未来研学导师培训与提升的重点，成为研学旅行服务机构提升质量的重要方向。

 本章小结

(1) 研学旅行服务机构有以下四种角色：串连各要素的中介角色、教育的角色、旅游的角色、安全的角色。

(2) 研学旅行服务机构应有下列三项积极的策略：开发高质量的研学旅行课程、打造专业化的研学导师队伍、建立完善的研学旅行安全机制。

(3)研学旅行服务机构要建立完善的研学旅行安全机制应包含以下工作内容：设立安全管理部门；制定安全应急预案；审核相关企业资质；充分宣传形成合力；购买保险并配置安全员。

(4)《研学旅行服务规范》中对研学旅行服务机构在基本要求、人员配置、研学旅行产品、服务项目、安全管理、服务改进、投诉处理等几方面进行了详细规定。

(5)针对研学旅行服务机构的评价可分为外部评价和内部评价两种。外部评价包含教育或文旅部门及学校、教师和学生对旅行服务机构的评价。内部评价是指研学旅行服务机构根据研学旅行相关规范自行评价，以及对内部研学导师的评价。

核心关键词

承办方(Undertaker)
供应方(Supplier)
研学旅行服务机构(Study Travel Service Organization)
研学旅行服务机构的角色(the Roles of Study Travel Service Organization)
评价(Evaluation)

案例分析

疫情下,对研学旅行的反思与建议①

目前,为降低新冠肺炎疫情风险,很多地方都出现了交通管制、限制出行等情况,我国中小学研学旅行的发展显得更为困难。然而,中小学研学旅行教育不容搁置,为了不耽误祖国幼苗的成长教育,学校、家长及研学旅行机构应该在做好疫情防控和确保学生安全的前提下,促进研学旅行的健康可持续发展。

1.结合当地文化,开展以本地为主题的研学旅行活动

出省、出境的远途研学旅行无疑会加大人员的流动而造成疫情防控的不便,开展以本地为主题的研学旅行活动,既可以减少跨省跨境的人员流动,保障学生的生命安全,又可以充分利用当地的文化旅游资源,打造具有本土研学旅行特色名片,从而让学生学习故乡传统优良文化,更好地激发学生"知乡爱乡"情怀,提升其人文素养。

2.发挥"互联网+"优势,开展线上研学旅行活动

对于部分疫情形势比较严峻的地区,可以选择利用网络资源开展线上互动研学

---

① 推巨量.疫情下.对研学旅行的反思与建议[EB/OL].(2021-01-28)[2021-10-03]. https://baijiahao.baidu.com/s?id=1690120339638334247&wfr=spider&for=pc.

旅行活动,减少线下人员聚集带来的直接接触。作为研学主办方的学校,可以发挥"互联网+"技术的优势,举办以传承红色基因为主题的网络直播、云课堂、线上参观博物馆等研学旅行活动。

学生通过参与一系列线上红色研学旅行活动,不仅避免了线下大规模的人员聚集,而且可以从红色文化故事中,加强自身思想道德教育。

3.与疫情防控相结合,将养生保健融入研学旅行活动

研学旅行活动还可以和疫情防控要求相结合,在活动中,学校可以聘请专业的健康教育人员进校园开展研学旅行活动。除此之外,校方还可以将一些养生功法融入研学旅行活动中。

学生通过学习八段锦、五禽戏、易筋经、太极拳等传统养生功法,不仅可以达到增强体质抵抗病毒的目的,而且可以从养生功法中领悟到中国传统医学文化的魅力。

思考:

1.疫情防控的要求下,除了以上三点对研学旅行的建议,你还有其他建议吗?

2.如果将养生保健融入研学旅行活动中,哪些场所(或地点)适合进行养生研学旅行活动?

第十一章

研学旅行的挑战与展望

学习目标

1. 了解研学旅行的价值与意义。
2. 了解研学旅行面临的挑战及其应对方式。
3. 思考研学旅行的展望。

问题引导

1. 研学旅行有哪些重要的价值与意义？
2. 研学旅行面临哪些挑战？应如何应对？
3. "双减"之后研学旅行市场存在哪些机遇与挑战？

第一节 研学旅行的价值与意义

开展研学旅行对国家、学校、学生来说意义重大。对国家而言，研学旅行是贯彻《国家中长期教育改革和发展规划纲要（2010—2020年）》的行动，是培育学生践行社会主义核心价值观的重要载体，也是拓展文化旅游发展空间的重要举措；对学校而言，研学旅行是深化基础教育课程改革的重要途径，是推进实施素质教育的重要阵地，是学校教育与校外教育相结合的重要组成部分；对学生而言，研学旅行让学生有机会接触社会和自然，在旅游体验中学习和锻炼，从而培养生活技能、集体观念、创新精神和实践能力，养成自理自立、文明礼貌、互勉互助、吃苦耐劳、艰苦朴素等优秀品质和精神。具体来说，研学旅行的价值与意义体现在以下四点。

一、有利于培养学生核心素养

研学旅行能培养学生核心素养。培养学生核心素养是落实立德树人根本任务的重要举措。研学旅行的开展可以有效克服中小学长期存在的教育脱离实践、脱离生活、轻视实践育人的弊病,在开放的学习情境下、实际问题的解决过程中提升学生的核心素养。研学旅行为学生提供真实的学习情境,融合多种学科为一体,并加入情感体验与兴趣养成等,让学生能领会到课堂以外的综合性内容,从而有助于学生智力、情感、意志、能力的展现与发展,实现学生的全面发展。研学旅行课程作为中小学综合实践活动的一个重要模块,将校内教育向校外拓展和延伸,是培育学生的价值体验、责任担当、实践创新等方面的有益补充;它致力于知行合一,从内心深处唤醒学生的自我意识,促使学生树立正确的价值观,激发学生的创造力,进而使学生成为"全面发展的人"。因此,研学旅行不仅能有效地实现综合实践活动课程的目标与价值,而且在丰富学生的学习体验方式、促进学生主体性发展和塑造学生健全人格等方面发挥着积极的推动作用。一次有意义的研学旅行可以使学生经受文化洗礼,对其价值取向、思想道德产生积极正面的影响,发挥重要的教育旅游功能。

研学旅行能让学生增长见识、培养能力。研学旅行是让学生增长见识的好机会,在没有危险的前提下,尽可能让学生尝试冒险,这是他们锻炼自己独立能力的机会。研学旅行有助于培养学生的健康品质,帮助学生养成良好性格,培养其合作互助的精神。在研学课程中,集体活动有助于培养学生的优秀行为习惯和集体精神,特别是在旅游中的相关实践和劳动教育,让学生切实体验到自己动手劳作的感觉,这样能够促进学生综合发展,不仅使学生加强了身体锻炼,而且丰富了学生的精神层面,对学生的社会责任感、团队精神、实践能力的培养产生积极影响。

研学旅行能让学生学会思考、感悟生活。研学旅行的一个重要意义在于引导学生从书本走向生活,从学校走向社会,从课堂走向世界,让他们经历知识产生的整个过程,同时在这一过程中发展思维能力,做一个"有思想"的人。研学旅行意味着引导学生利用所学的书本知识解决旅游过程中遇到的实际问题,鼓励学生独立思考,培养其解决问题的能力。研学旅行过程中,会发生很多意想不到的情况,需要学生养成安全意识和自我防卫能力,以科学为核心,积极地思考研究对策。

二、有利于培养爱国情怀,促进文化传承

书本知识是感象,研学是一个知识具象化的过程。通过研学旅行,原本从课本上获得的文字感知转化为具体景色展现在学生面前,学生对知识的理解会更加深入。在研学旅行过程中,学生通过探访名山大川,可以提升对祖国大好河山的认知;通过访问改革之地,可以领悟先驱的优秀品质与精神,产生对革命光荣历史的敬仰之情和对改革开放伟大成就的自豪感;通过接受中华民族传统美德的熏陶,加深对中国优秀文化的理解,加深学生的民族认同感和自豪感,从而坚定对党和国家的热爱,增强对中华传统文化的认同,有利于其形成正确的世界观、人生观、价值观。另外,在游览遗产旅游地,参与非遗项目和民俗活动体验时,学生能直观地了解其价值,促进文化传承与保护意识的形成。

三、有利于深化教育改革

随着我国教育模式由"应试教育"向"素质教育"转变,研学旅行作为我国基础教育课程深化改革中的一门新的活动类课程,它的设置与实施能有效地推进基础教育育人方式的变革。新一轮教育改革把研学旅行列为基础教育不可或缺的一部分。传统游学"读万卷书,行万里路"的教育理念和人文精神,成为素质教育的新内容和新方式。研学旅行是一种立足实践、体验与互动相结合的教育活动,是引导学生走向社会的研究性、探究性的学习。研学旅行是"教育+旅行"的有机结合,教育是它的第一属性,旅行是教育的方式,其根本目的是让学生在旅行游览的过程中,认知自然、社会,体验生活、生存,感悟自然之道、修身之学和社会之理,从而获取书本之外、课堂之外、学校之外有益的社会性、生活性的知识和技能。研学旅行革新了传统学习方式,有机结合了素质教育与传统教育,可以让学生"从教室走出来",打破校园和教科书对学习的限制。在研学旅行实际活动中,可以通过融合历史背景、自然风景等,激发学生的学习兴趣,帮助学生更好地理解相关的书本知识。研学旅行中,还可以探究、讨论、实际体验等教学方式,给学生提供更多感受和思考的机会,通过理论知识与社会实践相结合,达到学生素质教育和传统教育的有机组合。

四、有利于推动旅游业发展

文旅融合是当前旅游业的主旋律,研学旅行是旅游业的新业态,研学旅行本身就是文化和旅游的结合。研学旅行更加关注目的地的文化旅游资源,是一种满足自我提升需求的高层次文化旅游,已成为旅游业发展的一个增长点,有助于推动旅游事业的健康发展。在家乡周边进行的研学旅行可以让学生对于自己生长的地方有更全面的了解,更深入地感受家乡的美丽,培养乡土情怀,主动地对外传播家乡的魅力,形成"人人皆窗口"的局面。对于乡村及偏远地区来说,研学旅行能促进乡村文旅融合,在城乡交流中促进地方创生。研学旅行是一个当前游客和未来潜在游客两手抓的利器,一方面,能让青少年直接感受祖国的魅力,形成以点扩面的宣传效果,可成为我国旅游市场开发的一个重要抓手;另一方面,在研学旅行过程中,研学导师会向学生普及当地的民俗习惯,学生在研学旅行后通过向父母、朋友讲述旅游经验,共享旅游文化,对推动旅游发展有正向的促进作用。

第二节 研学旅行面临的挑战及其应对方式

"研学旅行"这个词语虽在 2013 年就已提出,但从 2016 年教育部等 11 部门联合发布《意见》开始,研学旅行才在全国各地迅速推进。在快速推进的过程中,出现了不少问题与难点,如"只游不学""只学不游"的现象、粗放的"讲解+参观"、夸大的"宣传+包装",以及走向旅游化、形式化、碎片化、功利化的倾向。归纳起来,目前研学旅行主要面临以下六项挑战,即"只游不学""只学不游"现象、课程设计缺乏创新与目标定位不足、专业研学导师人才匮乏、保障机制不够健全、地区发展不平衡、缺乏标准与认证。笔者尝试对这六项挑战,分别提出对应的解决方案。

一、"只游不学""只学不游"现象

学校在组织研学旅行时,有时过分考虑经济、时间成本,把行程尽可能压缩,追求"短平快",导致学生学习如同蜻蜓点水,浮光掠影。没有充足的时间保障,学生的研学实践往往有形无质。不少研学旅行者与组织者将研学旅行等同于"走马观花"的一般旅游,满足于旅游过程中的"听一听,看一看,拍一拍",以摆脱工作学习中的压力,追求身心的放松与愉悦,缺少与他人的互动分享,这种"只游不学,只游少学,缺乏互动"的做法不但违背了研学旅行的初衷,也大大地降低了研学旅行的研学效果,这样的研学旅行使得"研学"与"旅行"割裂开来,碎片化、娱乐化的游学经历使活动本身失去其教学意义。

要避免这种"只游不学"的现象,最重要的是平衡"游"与"学"的比例。

第一,正确认识"游"与"学"之间的关系,要明确"学"是"游"的目的,而"游"是"学"的形式,二者并非非此即彼的关系,而是可以相伴相生的和谐关系。"读万卷书,行万里路"就反映了"游"与"学"之间紧密结合的关系。研学旅行就是认知学习与实践体验的紧密结合。

第二,主动平衡好"学"与"游"的关系。要避免出现"只游不学""只学不游"的现象,或是重"学"轻"游",使学生背负沉重学习负担,抑或重"游"轻"学",将其变成一般性的观光游览,使学生缺乏收获。

此外,要注重让课程活动化。一方面,将其纳入中小学教育教学计划,与学校课程进行有机融合;另一方面,应按照课程要素进行设计,研学旅行不单是旅游,它还是一门课程,作为课程,目标要明确,过程要设计,结果可评价,要有目标、有内容、有实施办法、有评价。总之,要从意识到行动,努力达到"游"与"学"之间的平衡。

二、课程设计缺乏创新与目标定位不足

对研学旅行本质和内涵存在的误解和偏差,导致研学产品的开发设计存在很多问题。目前最大的问题是产品设计缺乏统筹规划,同质化严重。当前的研学产品往往都是在传统旅游产品的基础上添加一些教育元素,将研学行程与校内课程进行表面上的结合,而不能从本质上做到二者的有机融合,并且随着"研学热"的到来和各企业之间竞争的加剧,许多经营者无暇去研发新的产品,只忙着去效仿和照搬其他企业的产品,不但使研学旅行产品日趋同质,而且使产品缺少应有的文化内涵与技术创新。更为严重的是,有的研学旅行线路只是几个景点的简单拼凑,景点之间几乎没有衔接和过渡,既缺少地方特色,又缺少明确的主题,严重影响了研学旅行的效果。

针对这种情况,研学旅行服务机构与基地(营地)在开发研学产品时应做到以下几点。

第一,注重研学产品的内涵性。研学课程应与课本结合,并紧密结合不同学段特点、学生心理生理特点和地域特色,多层次、分梯度、多维度、差异化地设计研学旅行产品,积极利用当地旅游资源,与学校教学目标靠拢,设计开发具有教育意义的研学旅行产品,拓展产品的深度。

第二,明确研学主题与目标。研学旅行的核心是教育,想实现教育价值就必须拥有一个正确的、明确的研学主题与目标,否则就会像在大海中失去罗盘的轮船,容易迷失方向。因此,为了达到良好的实施效果,确保课程具有科学性与合理性,设计课程一定要设定明确的

主题和目标。

第三,注重研学产品的实践性、体验性与趣味性,提高学生的参与度。从教育的维度出发,无论是顶层设计还是落地实施,都要围绕"学习+体验"展开,强化知识提升、技能提升、素养提升,打造可持续的进阶式课程,帮助学生不断地进步。在课程设计中,可以问题引导、项目式学习的方式设计研学旅行课程。

三、专业研学导师人才匮乏

研学旅行处于成长阶段,市场相对混乱,入局者众多,但专业人才匮乏。研学旅行活动的顺利开展需要大量懂教育和旅游的复合型人才,研学导师就是其中需求最大的专业人才,而现实情况却是从业人员的数量和质量都难以满足市场需求。一般来说,一名合格的研学导师需要具备娴熟的导游技巧,还要有扎实的理论知识及教学技能,但是有些研学旅行服务机构的研学导师数量和素质偏低,知识结构和教学能力难以保证研学质量。现阶段,对研学导师的任职资格、能力水平的考评还不够完善,从业人员素质参差不齐,直接影响到研学旅行活动质量。教育部已于2019年在高等职业教育增设了"研学旅行管理与服务"专业,但因刚刚起步,缺乏完善的课程设置,没有充足的专业师资与教材等,专业研学导师呈现明显不足的状况。

研学导师是具备多种能力素质的综合性专业人才。研学导师的培训机构主要包含高等学校、研学旅行服务机构、研学旅行基地(营地)、认证的研学旅行培训机构。目前,这四种培训机构的培训能力与质量还需要提升,因此教育部门应鼓励高校及高职增设研学旅行管理与服务专业或设置研学旅行相关课程,以及认证专业的培训机构。而文旅部门应协助并辅导研学旅行服务机构、研学旅行基地(营地)积极培养研学导师。人才培养中最关键的环节就是实操训练,应鼓励研学导师对外交流,与国内国际专家学者进行学习与交流,提高教学能力,做到"理论+实践"的搭配教学。建议由高校牵头,联合研学旅行服务机构、研学旅行基地(营地)等共同搭建专业化的人才培训平台,建立长期的合作关系,让学生进行深入长期的实践学习,提高其专业素养和能力。

四、保障机制不够健全

保障机制主要是指安全保障和经费保障。

(一)安全保障方面

学生集体外出,其饮食、住宿、交通及各种参观考察活动可能出现各种意外,如何加强安全管控,建立一套完善的意外防范体系,是当务之急。由于中小学生的研学旅行是公益性活动,不得开展以营利为目的的经营性创收,基地(营地)运营和服务又需要可持续的经费保障,如何处理好研学旅行的公益性和基地(营地)的可持续发展,是目前面临的一个挑战。

研学旅行要确保以安全为基本前提。调查表明,安全是学校和家长十分关注的问题,也是当前一些中小学推进研学旅行活动的重要制约性因素。因此,要确保研学旅行健康发展,建立政府主导,学校、企业、机构、家庭各负其责的安全保障机制是重要的前提。

第一,精心制定周密的研学旅行活动方案和安全保障方案,做到"活动有方案,行前有备案,应急有预案"。教育部门负责督促学校落实安全责任,审核学校报送的活动方案(含保单

信息)和应急预案,加强对中小学生校外研学旅行的安全主题教育。协同旅游、交通、公安、食药监等有关部门共同研究制定研学旅行活动的出行标准,建立安全审查制度,切实落实安全责任和安全举措。

第二,建立健全研学旅行安全预警和应急体系,建立包括旅行意外保险、研学专项保险在内的安全和应急综合保障体系。

第三,出台研学旅行学生意外事故处理方面的法律规章,明确交通、旅游、公安、学校、教育部门等各方安全责任。要建立行之有效的安全责任落实、事故处理、责任界定及纠纷处理机制,切实将学校和教育部门从安全的高压线下解放出来。

(二)经费保障方面

有关经费保障部分,要构建多元研学旅行的经费筹措机制。

第一,进一步争取加大政府财政投入,支持社会资源机构开展研学旅行活动,通过加强研学旅行基地(营地)建设、减免景点和场馆费用、严格执行学生交通优惠政策等降低研学旅行成本。

第二,坚持公益性原则。同等条件下,优先到公益性基地开展研学旅行等,以便让更多的农村学校的学生有机会参加研学旅行活动,开拓视野,增长见识。

第三,加大对偏远农村地区学生和家庭经济困难学生的资助,引导研学服务机构为贫困家庭学生减免费用或提供补助,鼓励通过社会捐赠、公益性活动等形式,让每一个孩子都有机会参加研学旅行。

五、地区发展不平衡

目前,我国中小学生研学旅行呈现"城市好于农村、名校好于普通学校、非毕业班好于毕业班、东部好于中西部、经济发达地区好于不发达地区"的特点。在教育资源方面,无论是教师资源还是学校硬件设施,农村学校与城市学校都存在一定的差距,农村学校面临可以提供的经费不足、教师研究方案不完善、工作需要的基础设施缺乏等难题。同时,农村自身发展的局限性和应试教育的观念根深蒂固,进一步加大了研学旅行在农村开展的难度。

对于这种情况,可以采取以下方法解决。

第一,加强对国家相关政策的宣传普及并结合其他农村学校开展研学旅行的成功案例,对学生家长开展教育讲座,获得家长的支持。

第二,依托乡土资源,建设研学旅行基地(营地)。农村地区大多有原汁原味的历史文化产物、特征明显的人文风景及劳动人民伟大的智慧结晶,这些都是教育的极好素材,加以整理利用会发挥重要的作用,另外在农村建设研学旅行基地(营地),会给学生带来更真实熟悉的环境,对学生的体验起到积极作用。

第三,依靠网络技术,软硬实力双开发。目前,我国互联网技术发展的形势较好,除了部分山区,极大部分地区已实现网络覆盖,农村的网络建设也得到了完善,可以通过网络获取赞助资源,教师也可以通过网络学习,丰富研学旅行课程内容。

第四,落实农村地区开展研学旅行的经费支持。农村地区学校在研学旅行开展过程中暴露出来的财政赤字问题需要引起当地政府及教育部门的重视,建议国家大力倡导各级政府部门及教育部门加大对农村地区学校开展研学旅行的经费支持,使学校从政策上获得实际支持。另外,还可以通过向企业募捐、网络众筹等形式来筹款,以支持农村地区学校开展研学旅行。

六、缺乏标准与认证

目前,出台有关研学旅行的政策最具权威性的就是教育部等11个部门联合出台的《意见》,它属于宏观性的指导意见。其他如《研学旅行服务规范》《研学旅行基地(营地)设施与服务规范》《中小学生研学实践教育基地、营地建设与管理规范》《研学旅行指导师(中小学)专业标准》等,大多属于行业标准及团体标准,细化的标准及规定较少,研学导师培训机构、研学导师准入门槛、升级标准、安全标准、收费标准等尚不明确,相关的监督管理及认证机制还不完善。

相关标准规范不完善、监督管理及认证评估机制不到位可能造成中小学研学旅行存在目标偏离、安全隐患、乱收费、市场逐利等风险。对此,在研学旅行中要注重标准的建设、规范的普及、监督的落实,教育部门和文旅部门应联合完善研学旅行相关规范。在标准制定和实施过程中,要充分发挥市场机制,注重企业主体、高校、协(学)会在实践和理论研究中的作用。研学旅行要注重推行典范引领,可以从各地找典范、从实践企业中找样板、从示范学校中找范例。转型而来的旅行社、教育机构、景区可以围绕研学旅行工作展开交流,从而培养在地研学导师,开发特色研学课程。各地高校,尤其是有旅游管理专业的学校,应该加强对研学旅行的研究,为业界和主管部门提供更多参考。在研学旅行发展越来越好的过程中,各部门要继续通力合作,努力在出行安全体系、责任体系、工作机制、法律体系、学习机制、保障体系、网络安全体系七个方面的建设取得进展,让学生能够"学得透彻、游得尽兴"。应建立健全监督指导工作机制与相应的指标考核体系,实现对研学旅行产品的质量控制,完善研学效果的反馈评估机制,分析存在的问题与缺陷,做到有针对性地对研学旅行产品进行优化升级。要积极探索研学旅行评价体系,并将评价结果与教师绩效、学生综合素质评价及考试制度联系起来,为研学旅行找到清楚的"方向和归属"。

第三节 研学旅行的展望

一、完善管理体系,健全运行机制,促进合作共赢

搭建正规化的国家研学平台是研学旅行健康发展不可忽视的一步,规范公开的平台搭建可以为研学旅行提供政策指导,促进研学旅行参与者包括教育部、教育行政组织、学校和旅游团体之间的交流沟通,以及课程构建和成果示范,形成多元互动的组织体系。

(一)完善管理体系

需要完善教育部、教育行政组织和学校三级管理体系。当前,教育部和教育行政组织参与研学旅行活动的方式主要是颁布相关的文件,将研学旅行活动作为支持性活动展开,并未形成强制性要求,因此学校在执行上难免存在四处观望、执行力度不强的现象。所以,教育部和教育行政部门作为研学旅行的上级行政部分,需要制定相关实施政策和评估指标、健全

的责任机制和安全的保障机制为学校实施提供监督和保障。

（二）健全运行机制

研学旅行涉及政府、学校、研学旅行基地（营地）、学生、家长和相关机构。要想保证研学旅行健康、长期、稳定发展，必须健全研学旅行运行机制，协调政府、学校、研学旅行基地（营地）、学生、家长和相关机构的关系，因此，需要政府出台政策进行支持和引导，学校制定完善的课程体系和评价标准，研学旅行基地（营地）配合课程体系开展高质量研学旅行活动，学生做好课程预备知识，家长做好支持工作。所以，研学旅行要从政策、经费、组织、安全、课程体系、评价标准等方面一起抓，以保证研学旅行良好地运转。

（三）促进合作共赢

研学旅行活动涉及不同区域、不同部门、不同行业之间的衔接与配合，合作共赢是研学旅行业稳定、持续发展的基础。合作所实现的效力远大于个体的作用。特别是在旅游这个特殊的行业中，合作经营与资源整合有助于研学旅行形成巨大的市场影响力。在研学旅行中，不但其主题的设计与提炼需要相关行业的携手合作，并保证充足的人力、物力、财力，以打造研学旅行名牌产品，提升竞争力，而且为研学旅行业提供住宿、交通、餐饮、娱乐、购物等子行业间的产业链，彼此之间的沟通与合作，能够保证研学旅行的顺利开展。因此，研学旅行绝不是单个旅行社或组织者的"单打独斗"，而需要在国家政策的指导之下，实现不同区域、部门、行业及社会的通力合作与支持，共创研学旅行持续、稳健的发展。

二、打造特色文化，落实"两山"理论

从一定意义上来说，研学旅行活动本身就是旅游者在异地进行的一种求新、求异、求奇的文化体验和学习活动。因此，研学旅行产品文化内涵的丰富性和特色性既是吸引和招徕旅游者的关键，也是提高旅游者体验质量的关键因素。研学旅行产品的特色化打造必须在凝练主题的基础上，将旅游目的地特有的民族文化、地域文化、历史文化等有形和无形的元素融入研学旅行产品的开发中，并以特定的形式和形象呈现在旅游者面前，实现研学旅行产品的精致化、内涵化和稀缺化。只有这样，才能吸引研学旅行者的眼球并满足研学旅行者"研学"的需要。研学作为泛游学概念中的细分领域，未来研学的主题将更加丰富多样，生态研学、体育研学、工业科技研学、农业研学、文化研学、拓展研学、红色研学等研学在内涵层面的丰富将成为其未来的发展重点。

同时，研学旅行应该朝沉浸式旅行、深度体验式旅行发展，在旅行中有效促进中小学生的素质成长。更重要的是，在研学旅行课程与活动中，要深度展现中华文化，在体验祖国大好河山的活动中学习中华传统美德，并将传统美德体现在日常生活中。

习近平总书记多次强调，人与自然是生命共同体，人类必须尊重自然、顺应自然、保护自然。这深刻揭示了人与自然的关系，明确提出了人与自然共处共生的要求。现在很多学生生活在远离大自然的城市中，容易忽略大自然的美好与珍贵，通过研学旅行的实地探索，学生更能体会自然的美好与珍贵。通过研学实践、在自然中学习，学生可以深刻体会"绿水青山就是金山银山"这一理念。

三、科技赋能提升科学素养

5G时代实现了"云上游览",我们不用走出家门也能"云游四海",轻轻松松长知识,这是这个时代赋予我们的特殊的技能。VR技术虽然还处于发展初期,但随着5G时代的到来,高宽带、低时延、高速率的网络优势会有效突破制约VR技术发展的瓶颈,为VR技术在各个领域的应用提供广阔的发展空间。研学实践领域也不例外,VR技术的沉浸性、想象性、交互性等显著优势,有望使其成为研学实践的一个重要发展方向,以全新视角和创新思路解决当前中小学研学实践中存在的问题,为研学实践领域带来新模式和新机遇。

充分利用科技手段,能够让研学数据更专业、研学场景更生动、研学旅行活动更多元、研学体验更深刻。大数据时代,可以利用区块链技术建立学生的教育成长档案、研学课程体系、研学产品智慧平台;可以利用科技手段营造逼真的研学场景,如消防安全教育、防灾抗灾教育、生命安全教育等互动体验场景;可以通过科技研学,让学生更全面地了解计算机、机器人、无人机、航空航天等高科技知识;动手制作、亲身体验是科技研学最大的特点,这种沉浸式的实践活动能够帮助学生加深对科技原理的认知与了解。在信息时代下,以科技创新应用场景,创造智能型研学旅行模式,以科技促进教育现代化,正是科技赋能推动研学旅行创新发展,提升学生科学素养的重要途径。

四、促进跨学科研究和合作研究

目前,我国相关学者针对教育和旅游两个方面开展了有关研学旅行的研究。教育领域的重点是优化课程设计、强化价值体现、创新教学模式等方面;旅游领域主要集中于高效地开发并利用资源、有效融合产业、提升旅游效果等方面。国内研学旅行作为一门综合实践育人途径的新研究领域,学术研究内容具有从概念普及向研究领域多元化、研究思维从单一化向综合化发展的趋势。针对当前研学旅行研究中存在的问题,需要不断拓宽研究领域,完善研学旅行的基础理论体系,如研学旅行的政策跟进与深化研究、研学旅行的课程化建构研究、学生在研学旅行中的学习机制研究、教师研学旅行的专业素养研究、研学旅行中的爱国主义价值观教育研究、研学旅行课程主题分类研究、研学旅行基地(营地)和研学旅行机构产品的可探究性研究,以及研学旅行综合效应研究等。

研学旅行研究也需要采取跨学科研究的视角、理论和方法,整合社会学、地理学、旅游学、历史学、教育学及信息技术等多门学科理论对研学旅行中出现的现象进行严谨的实证分析。最后,学者们还要根据已有理论和实践探索成果,选择优质案例及时归纳成功经验,提炼出具有典型意义的研学旅行课程开发和实施模式,形成具有促进理论构建和实践借鉴双重意义的研究成果。

量化研究将成为研究方向。研学旅行现有文献主要集中于定性研究,未来关于研学旅行的量化研究应着重关注学生、家长、教师、企业等方面的诉求及影响其参与的重要因素。针对研学过程建立一套评价主体明确但评价内容开放的全方位、多环节、立体式的体系,促进理论研究者和基层实践者充分沟通交流,以便对研学主体的体验和感受开展更精确的量化研究。

合作研究是研究的必然趋势。研学旅行研究逐渐深化,研究领域、方法向多元化发展,而单一的研究机构学术视野和知识储备有限,这限制了其深化研究。因此,研究机构内部合作、跨区域和跨领域合作是未来研究的必然趋势。研究机构建立长期稳固的合作关系,一方面实现了跨领域研究,扩充了研学旅行研究视角、理论和方法,进而拓展新的研究领域;另一方面实现了研究理论与实践的协调性,研究机构与中小学、研学旅行基地(营地)等相关主体进行合作,有利于研究者及时掌握研学旅行实施中的有效信息,其研究成果对理论研究和实践均有重要的借鉴意义。

五、"双减"之后研学旅行市场的机遇与挑战

2021年7月,中共中央办公厅、国务院办公厅印发《关于进一步减轻义务教育阶段学生作业负担和校外培训负担的意见》,明确校外培训机构不得占用国家法定节假日、休息日及寒暑假期组织学科类培训,严禁校外培训机构资本化运作,不再审批学科类校外培训机构。虽然研学旅行等非学科类培训不在要求范围内,但作为紧密相关行业,研学旅行市场将面临以下新的机会和挑战。

"双减"政策实施之后,学生的课业负担减轻、空闲时间增加,可能转换成参加研学旅行活动。学校主导的研学旅行会增加,而家庭主导的研学旅行也会增加。家庭主导的研学旅行属于广义研学旅行的范畴。在节假日及寒暑假,家庭主导的研学旅行将是研学服务机构的主要业务。所以,研学服务不仅要规划符合学校及教师需求的课程,而且要设计满足家庭及亲子需求的研学产品。

"双减"政策落地后,研学旅行活动成为素质教育领域的重要赛道之一,大量教育培训及文旅机构可能会进入研学市场,市场竞争将变得十分激烈。尤其目前现况是研学服务机构多是旅行社转型而来,出现了"重旅游、轻教育""只旅不学"等现象。而教培机构大多教育基础雄厚、教育经验丰富,对一些素质不佳的研学服务机构将造成很大的冲击。其他领域的企业进入研学旅行行业,在加大竞争的同时,也会倒逼整个研学行业转型、提升,产生新的商业形态,引入新的研学元素,实现跨界合作,诞生新的研学机会等。整个行业的产业链将进一步优化升级,分工更细,服务更优质。

面对"双减"政策,研学旅行中开展劳动教育将成为一个新的课题。现在,家务劳动可以作为研学旅行的课程进行开发,从最基础的洗碗、洗衣、叠被子、整理房间,到做饭,或是种植、养殖。在研学旅行中开展劳动教育,不是简单的带着学生劳动,而是把劳动作为一门课程进行开发,这样才能达到科学、高效、实用的目的。

总的来说,在"双减"政策落地及教育部门更重视研学旅行的情况下,研学旅行市场与需求将持续扩大,但竞争也将加剧。唯有高质量、有口碑,且遵循教育性、实践性、安全性、公益性原则的研学服务才会被市场认可与接受。为提高研学旅行的质量,研学主、承办单位一方面应引进教育专家和课程研发人员,聘用优秀的研学导师,提升研学课程开发与服务质量;另一方面,要加强与高校旅游院系合作,打造"教育+旅行"有机融合的研学模式,完美结合教育的专业性与旅游的服务性。

第十一章
研学旅行的挑战与展望

本章小结

（1）研学旅行有四点价值与意义：有利于培养学生核心素养；有利于培养爱国情怀，促进文化传承；有利于深化教育改革；有利于推动旅游发展。

（2）研学旅行目前面临六项挑战："只游不学""只学不游"现象；课程设计缺乏创新与目标定位不足；专业研学导师人才匮乏；保障机制不够健全；地区发展不平衡；缺乏标准与认证。

（3）研学旅行的展望：完善管理体系，健全运行机制，促进合作共赢；打造特色文化、落实"两山"理论；科技赋能提升科学素养；促进跨学科研究和合作研究；"双减"之后研学旅行市场的机遇与挑战。

核心关键词

价值与意义（Value and Meaning）

挑战与应对（Challenge and Response）

未来展望（Future Outlook）

双减（Ease the Burden of Excessive Homework and Off-Campus Tutoring for Students Undergoing Compulsory Education，减轻义务教育阶段学生作业负担和校外培训负担）

案例分析

文旅融合时代下研学旅行的发展和展望——以上海市为例[①]

2018年4月，上海发布了《关于全力打响上海"四大品牌"率先推动高质量发展的若干意见》。其中提到打响"上海文化"品牌，要充分利用上海丰富的红色文化、海派文化、江南文化资源，促进文化与教育、旅游、体育等融合发展。从江南文化到海派文化，从海派文化到红色文化，上海文化经历了极其深刻、复杂的变迁，在不同历史阶段呈现出不同的样态和面貌，正是江南文化、海派文化、红色文化三种资源，丰富了上海这座城市的文化个性，使其在中国现代化进程中具有独特的重要地位。

---

① 严钰帆，杨崝源，马倩怡.文旅融合时代下我国研学旅行的发展和展望——以上海市为例[J].地理教学，2020(11)：60-64.

1. 品味江南文化

上海的江南文化是在吴文化、越文化和徽文化的基础上融汇不同区域文化的产物，以精致、优雅著称。近几年，上海致力于打造江南文化的国际展示地、传播地和体验地，每年召开有国际学界、政界和业界参加的江南文化国际论坛，还在青浦区大观园成立市级江南文化研究中心上海江南文化书院。将江南文化与研学旅行相融合，引导学生探寻、感悟本土文化的环境起源、丰富内涵和当代价值，使他们从中获得审美体验和心灵滋养，提升探究能力、创新意识和实践智慧。

2. 领悟海派文化

海派文化是在中国江南文化的基础上，融合开埠后传入上海的欧美近现代工业文明而逐步形成的上海特有的文化现象。海派文化既有江南文化的古典与雅致，又有国际大都市的现代与时尚，它区别于中国其他文化，具有开放而又自成一体的独特风格。推动海派文化传承和创新，需要一个集研究、展示、交流、传播、创新应用等多种功能于一体的公共文化平台，而海派文化中心就是这样一个平台。在经历了新冠肺炎疫情之后，海派文化中心重新对外开放，并且"认真出色——喝彩2020·艺术联展"再次开幕。可以结合海派文化和艺术展览开发一系列研学课程，让学生在研学旅行活动中体验海派文化的开放性与独特性。

3. 传承红色文化

上海有着丰饶且与众不同的红色文化资源，街头巷尾遍布红色记忆。早在2005年，上海市委宣传部、市委党史研究室等部门就联手系统性地发掘梳理上海的红色文化资源。截至2020年，上海革命遗址遗迹总数为657处，其中包含国家级文物保护单位7处。一方面，上海作为中国现代工业和中国工人阶级的摇篮，为中国共产党的诞生提供了阶级基础；另一方面，由于上海与世界联系紧密，特别容易受国际思潮的影响，西方的新思潮、新学术、新文化最早在上海登陆，并借助上海的文化生产能力、文化组织能力、文化融汇能力和文化传播能力，源源不断地输送到全国各地。而这些为马克思主义学说传播、红色文化壮大等提供了坚实的基础。

学生群体是国家未来的建设者，将上海丰富的红色文化资源注入研学旅行有利于培养学生艰苦奋斗、自强不息的精神和爱国主义情怀，使学生构建正确的世界观、人生观、价值观，引领学生健康成长。

思考：

1. 以你所在（或家乡）的城市为例，在文旅融合视角下找出三种最具代表性的文化，并说明文化源起与特色。
2. 以上面的其中一种文化为例，规划一个系列的研学旅行课程体系，以促进文化的传播与保护。

参考文献

[1] 陈东军,钟林生.我国研学旅游历史发展与思想演变[J].地理教学,2020(23):56-57.

[2] 肖菊梅,李如密.中国古代游学的发展嬗变、教育价值及现实启示[J].河北师范大学学报(教育科学版),2017(6):34-39.

[3] 李明月,李德才.从实用主义教育到"生活教育"——杜威与陶行知教育理论之比较[J].福建论坛(社科教育版),2007(6):47-50.

[4] 朱肃霞,闫引堂.陶行知的"教学做合一"思想的演进[J].南京晓庄学院学报,2010(4):10-13.

[5] 梁姝,徐绍永.行走在路上的"课堂"——研学旅行策略初探[J].教书育人,2018(3):18-21.

[6] 张志勇.研学旅行是落实立德树人根本任务的重要举措[J].基础教育参考,2017(2):6-8.

[7] 刘良华.教师研究与专家研究的大同小异[J].上海教育科研,2010(9):4-9.

[8] 白四座.修学旅游:如何"游""学"相长?[J].中国经济周刊,2008(25):30-31.

[9] 陈非.修学旅游初论[J].大连海事大学学报(社会科学版),2009(4):90-93.

[10] 曹晶晶.日本修学旅游发展及其对中国的启示[J].经济研究导刊,2011(4):140-142.

[11] Ritchie B W, Coughlan D. Understanding School Excursion Planning and Constraints:An Australian Case Study[J]. Tourism Review International,2004,8(2):113-126.

[12] 白长虹,王红玉.以优势行动价值看待研学旅游[J].南开学报,2017(1):151-159.

[13] 教育部等11部门.教育部等11部门关于推进中小学生研学旅行的意见[EB/OL].(2016-11-30)[2017-10-30].http://www.moe.gov.cn/srcsite/A06/s3325/201612/t20161219_292354.html.

[14] 苏珊·A·安布罗斯.聪明教学7原理:基于学习科学的教学策略[M].庞维国,译.上海:华东师范大学出版社,2012.

[15] 陈琦,刘儒德.当代教育心理学[M].北京:北京师范大学出版社,2007.

[16] 李金早.全域旅游的价值和途径[J].领导决策信息,2017(5):16-17.

[17] 余方云.谈谈日本野外活动的发展和青少年教育[J].成都体育学院学报,1996(4):95-97.

[18] 田村絵美,寺門征男.子どもの生活自立の「もと」を引き出す野外体験学習[J].千葉大学教育学部研究紀要:人文・社会科学編,2002,50(2):329-338.

[19] 森田勇造.日本人からの出発:教育人類学的国際化[M].東京:日本教育新聞社,1989:4,47,66,75-85,132,136,163-164.

[20] 崔英锦.在自然中培育生存能力:日本野外文化教育述评[J].比较教育研究,2020,42(3):97-104.

[21] 冉源懋,王浩霖.研学旅行的英国实践及启示[J].西南交通大学学报(社会科学版),2019,20(03):99-106.

[22] Robinson M, Andersen H C. Literature and Tourism: Essays in the Reading and Writing of Tourism[J]. Thomson Learning, 2004.

[23] 杜强.台湾地区环境教育的发展与启示[J].台湾研究,2011(6):50-54.

[24] 龙继军,曾亦斌,张少生.美国青少年户外教育发展的现状、特征与启示[J].广州体育学院学报,2020,40(02):38-43.

[25] 张媛.美国芝加哥植物园的环境教育及启示[C]//中国风景园林学会.中国风景园林学会2011年会论文集(上册).北京:中国风景园林学会,2011:5.

[26] 徐新容.案例1 加拿大科瑞特环保基地:以基地实践推动可持续发展教育[J].上海教育,2018(32):38-43.

[27] 郑永.公共图书馆研学旅行服务案例及启示——日本国际儿童图书馆研究室的经验[J/OL].图书馆建设:1-9.

[28] 刘璐,曾素林.国外中小学研学旅行课程实施的模式、特点及启示[J].课程·教材·教法,2018,38(4):136-140.

[29] 许庆勇.研学旅行学术研究综述[J].经济师,2020(10):29-31,33.

[30] 李军.近五年来国内研学旅行研究述评[J].北京教育学院学报,2017,31(6):13-19.

[31] 封安保.研学旅行课程标准化建设的探索[C]//安徽省教育厅、安徽省台办.第四届皖台基础教育论坛交流文集.安徽省教育厅、安徽省台办:安徽省基础教育改革与发展协同创新中心,2015:3.

[32] 曾素林,刘璐.基于关键能力的中小学研学旅行活动课程开发的挑战与对策[J].教育探索,2019(1):29-33.

[33] 陈海彬.研学旅行课程设计问题和对策[J].中学地理,2018(12):68-69.

[34] 王亚超.大世界 微课程:研学旅行的教育意义[M].北京:北京出版社,2018:148.

[35] 孙月飞,朱嘉奇,杨卫晶.解码研学旅行[M].长沙:湖南教育出版社,2019:166.

[36] 罗欢.高职院校学生德育教育的现状与教育途径探究[J].国际公关,2019(6):223.

[37] 郭元祥,伍远岳.学习的实践属性及其意义向度[J].教育研究,2016(2):102-109.

[38] 付素红.如何培养学生的创新能力[J].价值工程,2010(7):7-7.

[39] Louv R. Last Child in the Woods:Saving Our Children from Nature-deficit Disorde[M]r. North Carolina:Chapel Hill,2008.

[40] Rosenfeld A, Wise N. The Over-schedules Child:Avoiding the Hyperparenting Trap[M]. New York:St. Martin's Press,2001.

[41] Taylor A F, Kuo F E. Is Contact with Nature Important for Healthy Child Development? State of the Evidence[C]// Spencer C, Blades M(Eds.). Children and Their Environments: Learning, Using and Designing Spaces. New York: Cambridge University Press, 2006:124-140.

[42] 崔健霞.环境教育：由来、内容与目的[J].山东大学学报,2007(4):147-153.

[43] 徐仁立.文旅融合视阈下的原苏区研学旅行发展新探[J].经济论坛,2020(1):16-18.

[44] 徐仁武.谈传统文化学习对大学生的重要意义[J].才智,2018(28):12.

[45] 李翠芳,姜爱华.发展孔子研学旅行 弘扬优秀儒家文化--浅谈曲阜孔子故里研学旅行[J].人文天下,2018(9):48-51.

[46] 李芳.博物馆研学旅行课程的开发与实践[J].文物鉴定与鉴赏,2020,172(1):138-139.

[47] 教亚波.试论当前博物馆与研学旅行的有效结合[J].文物鉴定与鉴赏,2019,170(1):108-110.

[48] 吴婕妤,刘洪林,董媛.发挥区位优势,打造中小学生地方研学旅行基地研究——以陕西西安为例[J].旅游纵览（下半月）,2018(7):16-17.

[49] 梁烜.中小学研学旅行的现状分析与有效实施策略[J].中国教师,2017(9):25-28.

[50] 曲小毅.研学旅行课程化的路径探讨[J].教学与管理,2020(6):44-46.

[51] 莫芮.中国中小学研学旅行样态实证研究[J].教育科学论坛,2018(8):3-11.

[52] 于秀楠.中小学生研学旅行活动课程的探索与研究[J].课程教育研究,2018(13):230.

[53] 王婷婷,刚祥云.论中小学研学旅行面临的几个问题及其应对策略[J].黑龙江教育学院学报,2018,37(5):75-77.

[54] 钟业喜,邵海雁,徐晨璐.基于Cite Space的研学旅行热点分析[J].地理教学,2019(18):4-9.

[55] 滕丽霞,陶友华.研学旅行初探[J].价值工程,2015,34(35):251-253.

[56] 谢蕾.研学旅行背景下的研学导师方向人才培养探究[J].产业与科技论坛,2019,18(11):176-177.

[57] 曲小毅.研学旅行视角下旅行社应对机遇和挑战的策略——基于政策分析的研学旅行与传统导游比较研究[J].兰州教育学院学报,2019,35(12):81-82.

[58] 于书娟,王媛,毋慧君.我国研学旅行问题的成因及对策[J].教学与管理,2017(19):11-13.

[59] 陆庆祥,程迟.研学旅行的理论基础与实施策略研究[J].湖北理工学院学报（人文社会科学版）,2017,34(2):22-26.

[60] 黄丽,吴肖淮.海南研学旅行发展现状及对策建议[J].中国市场,2019(36):201-202.

[61] 樊启迪.青少年研学旅游发展思考[J].旅游纵览（下半月）,2018(6):211-212.

[62] Higgins P, Nicol R, Beames S, et al. Education and Culture Committee Outdoor Learning, 2013.

[63] Higgins P. Outdoor education in Scotland[J]. Journal of Adventure Education &

Outdoor Learning,2002,2(2):149-168.

[64] Christie B, Beames S, Higgins P, et al. Christie, Beth, Beames, Simon, Higgins, Peter, Nicol, Robbie, Ross, Hamish[R]. Outdoor Learning provision in Scottish Schools,2014:46.

[65] Sharp L. Basic considerations in Outdoor and Camping Education[C]//The Bulletin of the National Association of Secondary-School Principals. The Department of Secondary Education of the National Education Association,Washington,DC:1947.

[66] Outdoor Educator's Association of Queensland(OEAQ). Outdoor Education in schools:A guide for planning and implementation[R]. Brisbane:Outdoor Educator's Association of Queensland,1998.

[67] Brown M. Reconceptualising Outdoor Adventure Education:Activity in Search of an Appropriate Theory[J]. Australian Journal of Outdoor Education,2009,13(2):3-13.

[68] Australian Curriculum, Assessment and Reporting Authority (ACARA). General Capabilities in the Australian Curriculum[R]. Canberra:Commonwealth of Australia,2013.

[69] Queensland Department of Education (Education Queensland-EQ). P12-Environmental education curriculum guide[R]. Brisbane:State of Queensland,1993.

[70] 赵晖.战后日本现代化进程中的学校公民教育[J].外国教育研究,2002,29(11):5-10.

[71] 财团法人日本修学旅游协会《修学旅游的历史》专题[EB/OL].[2021-11-20]. http://shugakuryoko.com/.

[72] 日本海外修学旅游调研统计[G]//第23回全国修学旅行研究大会报告书,2006:15-30.

[73] 曹晶晶.日本修学旅游发展及其对中国的启示[J].经济研究导刊,2011(4):134-136.

[74] Smith J W,Carlson R E,Donaldson G W,et al. Outdoor education(2nd ed.)[M]. Englewood Cliffs,NJ:Prentice Hall,1963.

[75] Salazar K,Vilsack T,Jackson L,et al. America's Great Outdoors:A Promise to Future Generations[M]. Washington DC:Government Printing Office,2011.

[76] 黄茂在,何宜谦.放眼国际——户外教育的多元演替与发展趋势[M].台湾:台湾教育研究院,2017.

[77] 薛调霞.小学生研学旅行综合实践活动课程的研究[J].学周刊,2019(8):51.

[78] 殷世东.中小学研学旅行的意旨:变革学习方式[J].教育评论,2019(11):3-7.

[79] 梁烜.中小学研学旅行的现状分析与有效实施策略[J].中国教师,2017(9):25-28.

[80] 教育部.教育部关于全面深化课程改革落实立德树人根本任务的意见[N/OL].(2014-04-24)[2021-11-15]. http://www.moe.gov.cn/jyb_xwfb/xw_fbh/moe_2069/s7861/s8010/s8011/201404/t20140424_167612.html.

[81] 教育部.中国学生发展核心素养研究成果正式发布[N/OL].(2016-09-14)[2021-11-

22]. https://gaokao.eol.cn/news/201609/t20160914_1448876.shtml.

[82] 教育部. 教育部关于印发《中小学德育工作指南》的通知[N/OL].(2017-08-22)[2021-11-22]. http://www.moe.gov.cn/srcsite/A06/s3325/201709/t20170904_313128.html.

[83] 教育部基础教育司. 中小学德育工作指南实施手册[M]. 北京:教育科学出版社,2017.

[84] 中央国务院. 中共中央国务院发布《关于全面加强新时代大中小学劳动教育的意见》[N/OL]. (2020-03-27) [2021-11-22]. http://www.gov.cn/xinwen/2020-03/27/content_5496238.htm.

[85] 殷世东,程静. 中小学研学旅行课程化的价值意蕴与实践路径[J]. 课程·教材·教法,2018,38(4):116-120,115.

[86] 吴支奎,杨洁. 研学旅行:培育学生核心素养的重要路径[J]. 课程·教材·教法,2018,38(4):126-130.

[87] 徐欣. 基于劳动教育的非遗类校本课程实施策略——以济南市历城区王舍人实验小学为例[J]. 现代教育,2019(10):16-17.

[88] 李先跃. 研学旅行发展与服务体系研究[M]. 武汉:华中科技大学出版社,2020:84-85.

[89] 王晓燕. 研学旅行:课程开发是关键[J]. 中小学信息技术教育 2018(10):9-11.

[90] 曾磊,张蕊. 研学旅行课程开发研究——以"雄安新区研学旅行"为例[J]. 产业与科技论坛,2020,19(22):138-139.

[91] 王晓燕. 研学旅行亟须专业化引领发展[J]. 人民教育,2019(24):13-16.

[92] 国家旅游局. 研学旅行服务规范(LB/T054-2016)[Z]. 2018-06-05. http://www.sohu.com/a/234134885_188910.

[93] 李臣之,纪海吉. 研学旅行的实施困境与出路选择[J]. 教育科学研究,2018(9):56-61.

[94] 张慧敏,程琳. 行走的课堂:研学旅行的现实困境与课程实施构想[J]. 教育观察,2019,8(42):29-30,33.

[95] 曲小毅,邸磊,孟妍红. 研学旅行视阈下建立研学导师评价体系的探索——基于研学导师与传统导游的比较研究[J]. 科教导刊(中旬刊),2020(11):55-56.

[96] 徐春阳. 博物馆开展青少年研学旅行策略探究[J]. 中国民族博览,2019(12):203-205.

[97] 许梅,宁琼,李楠. 文旅背景下连云港市"研学旅行"课程的研究[J]. 教育教学论坛,2020(53):125-128.

[98] 臧其林,殷虹刚. 从产品视角对苏州研学旅行与文化旅游资源对接的思考——以山塘街为例[J]. 旅游纵览(下半月),2019(22):59-62.

[99] 余国志. 研学实战方法论[M]. 北京:中国旅游出版社,2020.

[100] 朱洪秋. "三阶段四环节"研学旅行课程模型[J]. 中国德育,2017(12):16-20.

[101] 周维国,段玉山,郭锋涛,袁书琪. 研学旅行课程标准(四)——课程实施、课程评价

[J]. 地理教学,2019(8):4-7.

[102] Webb J. Off-school Field Centres for Environmental Education[C]//McRae K (Ed.) Outdoor and Environmental Education: Diverse Purposes and Practices. South Melbourne, Victoria, Australia: Macmillan Company of Australia PTY LTD, 1990:107-124.

[103] 杨崇君,薛兵旺. 我国研学旅行基地营地的内涵与建设要素探讨[J]. 武汉商学院学报,2019,33(6):5-8.

[104] 陆庆祥,孙丽. 研学旅行基地课程资源的开发之道[J]. 湖北理工学院学报(人文社会科学版),2019,36(5):8-11.

[105] 周坤. 研学旅行基地的规划与运营——以湖南紫鹊界为例[N]. 中国旅游报,2015-06-29(007).

[106] 邵春瑾. 研学实践教育基地建设研究[J]. 黑龙江教育学院学报,2018,37(12):77-79.

[107] 马静,张河清,王蕾蕾. 研学旅游的价值与意义及研学基地建设实践研究[J]. 产业与科技论坛,2019,18(14):101-103.

[108] 赵志峰,郭瑞清. 中学地理研学旅行基地建设及评价研究[J]. 基础教育参考,2019(15):17-19.

[109] 林佳亿. 连锁便利商店区位与加盟者选择因素之研究[D]. 台北:台湾大学,1994.

[110] 叶纯荣. 服饰零售业店址区位选择之研究——以连锁型服饰公司GIORDANO为例[D]. 台中:台湾逢甲大学,1996.

[111] 刘大伟. 连锁商店之商圈评估与店址选择策略——台湾快餐饮食产业之实证研究[D]. 高雄:台湾中山大学,1994.

[112] 周儒. 自然是最好的学校[M]. 上海:上海科学技术出版社,2013.

[113] 周儒,林明瑞,萧瑞棠. 地方环境学习中心之规划研究——以台中都会区为例[R]. 台北:教育部环境保护小组,2000.

[114] 卢丽蓉. 论旅行社在研学旅行中的"内功修炼"——以武汉为例[J]. 旅游纵览,2020(12):26-27,31.

[115] 王晓燕. 推进研学旅行需抓住关键环节[J]. 新课程导学,2019(6):4-5.

[116] 国家旅游局.《研学旅行服务规范》(LB/T 054—2016)[Z]. 2016-12-19.

[117] 国家旅游局监督管理司.《旅行社国内旅游服务规范》(LB/T004—2013)[Z]. 2013-01-14.

[118] 国家旅游局. 旅行社服务通则(LB/T 008—2011)[Z]. 2013-12-05.

[119] 李军. 近五年来国内研学旅行研究述评[J]. 北京教育学院学报,2017,31(6):13-19.

[120] 朱沙沙. 中小学研学旅行的价值、困境与突破路径[J]. 江苏教育研究,2020(Z1):7-11.

[121] 孟楠. 身行万里半天下——探索研学旅行的创新发展路径[J]. 中国会展(中国会议),2020(22):50-55.

[122] 许梅,宁琼,李楠. 文旅背景下连云港市"研学旅行"课程的研究[J]. 教育教学论坛,

2020(53):125-128.

[123] 付仲东.探讨研学旅行在青少年素质教育中的作用[J].天天爱科学(教育前沿),2021(2):151-152.

[124] 林高明.研学旅行必备的"四项法宝"[J].福建教育,2021(1):17-19.

[125] 王晓红.研学,给孩子美丽的诗和远方[N].安阳日报,2021-02-18(006).

[126] 许小兰.研学旅行课程开发的策略与方法[J].鄂州大学学报,2021,28(1):70-72.

[127] 朱蔚琦.文旅融合背景下研学旅行的发展研究[J].齐齐哈尔师范高等专科学校学报,2019(4):30-31.

[128] 章静波.日本教育旅行对我国研学旅行的启示[J].浙江万里学院学报,2021,34(1):76-81.

[129] 乐进军.研学旅行的重要特征及有效实施策略[J].教学与管理,2020(27):5-7.

[130] 谢春山,张金洋.研学旅游的内在运行机制及其优化研究[J].旅游研究,2021,13(1):1-13.

[131] 刘淑容.课程思政视域下"研学旅行"融入高职"跨文化交际"课程的探索与实践[J].教育教学论坛,2020(53):200-202.

[132] 谌春玲.研学旅游市场的挑战与发展问题研究[J].经济问题,2020(6):88-93.

[133] 周婷婷.新教改背景下研学旅行产品发展定位探讨[C]//教育部基础教育课程改革研究中心.2020年"基于核心素养的课堂教学改革"研讨会论文集.教育部基础教育课程改革研究中心:2020.

[134] 郭珊珊,严小燕,邬艳艳.基于研学旅行的高职旅游教育人才培养策略[J].山西财经大学学报,2020,42(S2):91-94.

[135] 简彪.研学旅行:让教育与旅游同频共振[N].中国文化报,2019-11-15(005).

[136] 王燕,路娜.浅析农村学校开展研学旅行的困境与对策[J].家长,2020(12):176-177.

[137] 李祥,郭杨.中小学研学旅行的风险及其规避[J].中小学管理,2017(8):28-30.

[138] 占晓婷,张晓瑜,汤美萍.我国研学课程建设的问题透视及未来展望[J].科教导刊(中旬刊),2019(9):30-31.

[139] 许庆勇.研学旅行学术研究综述[J].经济师,2020(10):29-31,33.

[140] 王悦,储德平,林霏阳,等.研学旅行的研究热点与脉络演进[J].教育评论,2021(2):132-138.

[141] 郑红京,胡穗,文庭孝,等.文化行走视阈下的图书馆工业文化遗产资源挖掘与价值再塑[J].高校图书馆工作,2021,41(1):25-29.

[142] 傅彩云.5G时代"主题串连式"网络研学模式研究[J].天津教育,2020(21):54-56.

[143] 郝春娥.VR技术应用于中小学研学实践的探讨[J].中国信息技术教育,2020(24):81-82.

[144] 陶稳.研学游走俏,服务标准要跟上[N].工人日报,2021-09-26(002).

[145] 刘妮丽."双减"倒逼研学旅行市场走向何方[N].中国文化报,2021-09-25(001).

[146] 孙翼飞."双减"之后 机构去哪儿[N].新金融观察,2021-09-13(023).

[147] 游成."双减"政策催生新需求 研学旅行市场机遇与挑战并存[N].中国旅游报,2021-08-25(003).

[148] 杨敬元,潘淑兰.国宝金丝猴小学研学旅行手册(校园版 & 基地版)[M].武汉:华中科技大学出版社,2021.

[149] 杨敬元,潘淑兰.国宝金丝猴中学研学旅行手册(校园版 & 基地版)[M].武汉:华中科技大学出版社,2021.

教学支持说明

普通高等学校"十四五"规划旅游管理类精品教材系华中科技大学出版社"十四五"规划重点教材。

为了改善教学效果,提高教材的使用效率,满足高校授课教师的教学需求,本套教材备有与纸质教材配套的教学课件(PPT 电子教案)和拓展资源(案例库、习题库等)。

为保证本教学课件及相关教学资料仅为教材使用者所得,我们将向使用本套教材的高校授课教师免费赠送教学课件或者相关教学资料,烦请授课教师通过电话、邮件或加入旅游专家俱乐部 QQ 群等方式与我们联系,获取"教学课件资源申请表"文档并认真准确填写后发给我们,我们的联系方式如下:

地址:湖北省武汉市东湖新技术开发区华工科技园华工园六路

邮编:430223

电话:027-81321911

传真:027-81321917

E-mail:lyzjjlb@163.com

旅游专家俱乐部 QQ 群号:306110199

旅游专家俱乐部 QQ 群二维码:

群名称:旅游专家俱乐部
群　号:306110199

教学课件资源申请表

填表时间：_____年___月___日

1. 以下内容请教师按实际情况写，★为必填项。
2. 学生根据个人情况如实填写，相关内容可以酌情调整提交。

★姓名		★性别	□男 □女	出生年月		★职务	
						★职称	□教授 □副教授 □讲师 □助教

★学校		★院/系	
★教研室		★专业	
★办公电话		家庭电话		★移动电话	
★E-mail（请填写清晰）			★QQ号/微信号	
★联系地址		★邮编	

★现在主授课程情况	学生人数	教材所属出版社	教材满意度
课程一			□满意 □一般 □不满意
课程二			□满意 □一般 □不满意
课程三			□满意 □一般 □不满意
其 他			□满意 □一般 □不满意

教 材 出 版 信 息						
方向一	□准备写	□写作中	□已成稿	□已出版待修订	□有讲义
方向二	□准备写	□写作中	□已成稿	□已出版待修订	□有讲义
方向三	□准备写	□写作中	□已成稿	□已出版待修订	□有讲义

请教师认真填写表格下列内容，提供索取课件配套教材的相关信息，我社根据每位教师/学生填表信息的完整性、授课情况与索取课件的相关性，以及教材使用的情况赠送教材的配套课件及相关教学资源。

ISBN（书号）	书名	作者	索取课件简要说明	学生人数（如选作教材）
			□教学 □参考	
			□教学 □参考	

★您对与课件配套的纸质教材的意见和建议，希望提供哪些配套教学资源：